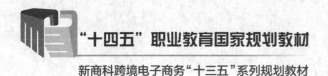

"十四五"职业教育国家规划教材

新商科跨境电子商务"十三五"系列规划教材

U0692025

跨境
电子商务基础

张函 / 主编　戴庆玲　陈然　严梦甜 / 副主编　嵇美华 / 主审

CROSS-BORDER
Electronic Commerce

人民邮电出版社

北京

图书在版编目（CIP）数据

跨境电子商务基础 / 张函主编. -- 北京：人民邮
电出版社，2019.5
新商科跨境电子商务"十三五"系列规划教材
ISBN 978-7-115-50877-5

Ⅰ．①跨… Ⅱ．①张… Ⅲ．①电子商务－高等职业教
育－教材 Ⅳ．①F713.36

中国版本图书馆CIP数据核字(2019)第034927号

内 容 提 要

　　本书兼顾了跨境电子商务职业教育的教学要求，以及一线跨境电子商务从业人员的业务实操需
要，以培养读者的跨境电子商务理论和实际运营操作能力为目标，详细介绍了跨境电子商务的理论
基础、主要商业模式和发展现状，以及跨境电子商务业务流程中的定位与选品、跨境物流、跨境支
付与结算、跨境电子商务营销和跨境电子商务客服等各个环节的理论和实践内容。

　　本书既可以作为高等院校、职业院校国际贸易、电子商务、外语等相关专业的教材，也可供从
事跨境电子商务的工作人员学习和参考。

♦ 主　　编　张　函

　　副 主 编　戴庆玲　陈　然　严梦甜

　　主　　审　嵇美华

　　责任编辑　侯潇雨

　　责任印制　马振武

♦ 人民邮电出版社出版发行　　北京市丰台区成寿寺路 11 号

　　邮编　100164　　电子邮件　315@ptpress.com.cn

　　网址　http://www.ptpress.com.cn

　　保定市中画美凯印刷有限公司印刷

♦ 开本：787×1092　1/16

　　印张：13.25　　　　　　　　　　2019 年 5 月第 1 版

　　字数：313 千字　　　　　　　2024 年 7 月河北第 21 次印刷

定价：42.00 元

读者服务热线：(010)81055256　印装质量热线：(010)81055316
反盗版热线：(010)81055315
广告经营许可证：京东市监广登字 20170147 号

序 言

跨境电子商务作为一种新兴的贸易模式，近年来在我国得到了迅猛的发展，同时也催生了行业对跨境电子商务专业人才的巨大需求。积极响应我国"一带一路"的倡议，培养出适应企业需求的跨境电子商务技能型人才，是我国电子商务职业教育界应尽的责任和义务。为了给跨境电子商务职业教育提供优质的教学资源，浙江省高职教育工商管理类专业教学委员会电子商务分会联合人民邮电出版社、深圳市浩方数联科技有限公司，共同策划了这套跨境电子商务系列教材——新商科跨境电子商务"十三五"系列规划教材。

为了保证该系列教材的质量，浙江省高职教育工商管理类专业教学委员会电子商务分会组建了由分会主任委员、人民邮电出版社编辑、深圳浩方数联科技有限公司高层管理人员等组成的教材编写委员会（以下简称编委会）。编委会由沈凤池教授担任主任，由嵇美华教授担任系列教材总主编。编委会尽最大努力保证本系列教材的质量。新商科跨境电子商务"十三五"系列规划教材编委会成员如下。

浙江省高职教育工商管理类专业教学委员会电子商务分会主任　　沈凤池 教授

湖州职业技术学院商贸与经济管理学院院长　　嵇美华 教授

浙江工商职业技术学院电子商务学院院长　　陈　明 教授

金华职业技术学院金义网络经济学院副院长　　胡华江 教授

嘉兴职业技术学院　　李玉清 教授

浙江经济职业技术学院商贸流通学院院长　　谈黎虹 教授

浙江经贸职业技术学院信息技术系主任　　商　玮 教授

浙江经济职业技术学院　　杨泳波 副教授

人民邮电出版社　　王　威 副编审

深圳浩方数联科技有限公司　　李维超 总经理

深圳浩方数联科技有限公司　　温开明 总监

浙江省是电子商务大省，杭州是电子商务之都。阿里巴巴全球交易市场与全球速卖通就诞生于浙江。杭州与宁波是我国首批开展跨境电子商务试点的城市。因此，浙江省具有跨境电子商务的先发优势。从 2012 年起，浙江省各高职院校就陆续开展了基于产教融合的跨境电子商务人才培养实践。经过多年的探索，他们积累了丰富的跨境电子商务高技能职业人才培养的经验，并希望将多年的积累融入本系列教材之中，为广大教学工作者提供帮助和便利。

　　深圳浩方数联科技有限公司为本系列教材的编写提供了真实的企业运营资源，编委会在此对该公司的大力支持表示感谢！

跨境电子商务系列教材编委会

2018 年 6 月

党的二十大报告指出："加快发展数字经济，促进数字经济和实体经济深度融合，打造具有国际竞争力的数字产业集群。"表明未来经济中网络经济、数字经济、电子商务新业态的重要地位和作用。目前，在全球电子商务日渐成熟的趋势下，跨境电子商务作为依附于互联网发展的国际贸易新形态，呈现出了巨大的发展潜力。快速发展的跨境电子商务正在不断改变着传统国际贸易的市场格局，成为稳定外贸增长、促进经济发展的新动力、新引擎。近年来，跨境电子商务行业的从业人员数量不断扩大，成为我国电子商务产业中一支举足轻重的力量。与传统外贸的"集装箱"式大额交易模式不同，跨境电子商务依托互联网平台，发展出一种大宗交易与小批量、多批次的"碎片化"贸易相结合的新形态。

跨境电子商务作为一种新兴的国际贸易形态，其主要业务流程兼具了传统国际贸易和电子商务两方面的特点。从各类跨境电子商务平台基础功能的使用，到跨境电子商务的选品及店铺定位；从跨境物流到跨境支付与结算，再到跨境电子商务的营销及客服等环节，对于跨境电子商务的初学者及初入职场的跨境电子商务从业者而言，上手都有一定的难度。这不仅体现在跨境电商平台复杂的操作流程方面，也体现在跨境背景多语言、多文化的客户沟通方面，还涉及不同国家和地区的贸易政策带来的实操层面的差异化处理。当前院校的教材很难从以上这些因素出发，为即将从事跨境电子商务的人员提供全流程、多视角的理论和实践指导。而传统的知识讲授已适应不了"互联网+"背景下的发展需求。

基于企业对跨境电子商务人才的现实需求，这本《跨境电子商务基础》教材应运而生。本书的主编有近5年的企业一线工作经验，并在金华职业技术学院成立的教学性公司——金华市双翼网络科技有限公司担任跨境电子商务实战指导教师。多年校企合作、理实一体的跨境电子商务教育工作，使之具备了扎实的理论基础和丰富的实操运营经验，为本书的最终成稿打下基础。本书共八章。前三章主要介绍跨境电子商务的概念和主要业务模式：第一章介绍跨境电子商务的基础知识和发展现状；第二章、第三章分别介绍进口和出口跨境电子商务的业务模式和主流平台。后五章介绍跨境电子商务的各个业务环节：第四章介绍跨境电子商务店铺定位及选品；第五章介绍跨境物流的方式和渠道；第六章介绍跨境支付和结算的方式及流程；第七章介绍跨境电子商务营销的理论和实践；第八章介绍跨境电子商务客服的流程及客户的选择与开发。

本书的具体特色如下。

1. 明确定位、突出重点。本书定位院校跨境电子商务类通识课程的教学，注重学生基础理论和实操能力的培养，在一定理论深度的基础上拓宽广度，同时将理论知识与实践相结合，着重培养学生的实践操作和运营能力。

2. 内容新颖、注重实战。本书涉及跨境电子商务过程中各个环节的理论背景和实操方案，广泛取材于近年来各类主流跨境电子商务平台的实际案例，并融入作者多年的一线跨境电子商务运营经验。书中的很多案例都是从实际运营过程中的问题整理而来的，因而具备非常强的可操作性。

3. 条理清晰、体例完备。本书整体的章节设计体现了从理论到现状、从现状到实践的编排思路，同时也符合跨境电子商务实操的一般业务流程。每章内容包括学习目标、知识导图、引例，以及理论和实践内容。每章的结尾都包含实训和同步测试内容，以实战训练和测试的方式帮助学生巩固所学内容，使学生能学以致用。同时，书中还提供了供学生扩展思路和视野的同步阅读内容。

4. 价值引领、润物无声。本书重视"有国才有商"的经世强国商业精神，结合跨境电子商务的学科属性与专业属性，融合国际贸易价值塑造、跨境电商知识传授以及实战运营能力培养，"抓住中国机遇、发挥中国智慧、做好中国商人"。以本书为基础开发的《跨境电子商务基础》课程于2021年6月被教育部认定为**第一批国家级思政示范课程**。通过课程教学引导学生树立"自信担当、平等互惠"的职业信仰，应对复杂的国际环境；推崇"务实创新、精益求精"的职业素养，助推中国智造2025；确立"遵纪守法、诚信守则"的职业底线，维护国家利益和形象，成为"有道、有信、有志、有德"的新时代"四有"中国商人。

5. 资源丰富，助力教学。本书配套了PPT、教案、课程标准、习题答案等资源，同时配有视频供学生学习、老师教学使用，用书老师可扫描右侧二维码下载相关资源。本书配套的国家级思政示范课程全套视频已于智慧职教公开，读者可登录并搜索"跨境电子商务"学习、使用。

本书由金华职业技术学院的张函任主编，由湖州职业技术学院嵇美华教授任主审。本书的编写得到了浙江省高职教育工商管理类专业教学委员会电子商务分会沈凤池教授、金华职业技术学院胡华江教授、浙江经济职业技术学院谈黎虹教授和浙江工商职业技术学院陈明教授的持续关注和指导。主编张函拟订大纲，除了参与编写外，还对书中所有章节的内容做了修改和补充。参与本书编写的人员有：张函（第二章、第七章）、戴庆玲（第六章、第八章）、陈然（第一章、第三章）、严梦甜（第四章、第五章）。此外，金华职业技术学院的优秀毕业生——嘉兴创启商贸有限公司总经理翁毓龙、跨境电子商务部门负责人胡钢卉对本书的编写提供了大力支持，编者在此对他们一并表示感谢。同时，本书在编写过程中吸收了国内外专家、学者的研究成果，参考了大量相关的资料，在此谨向所有专家、学者、参考文献的编著者表示衷心的感谢！

由于编者的水平所限，本书难免有疏漏之处，恳请广大读者不吝赐教和批评指正。

编者
2023年5月

目录 C O N T E N T S

Chapter 1

第一章
跨境电子商务概述

【学习目标】

了解跨境电子商务基础知识，掌握跨境电子商务的分类以及它与传统国际贸易的区别，开拓学生的国际视野，培养与时俱进的精神；通过了解中国跨境电子商务的发展历程及发展现状，树立四个自信，培养学生的民族自豪感和使命感；了解"eWTP"、"一带一路"倡议、RCEP，能从全球价值链分工体系理解人类命运共同体，向世界贡献中国智慧与中国方案。

【知识导图】

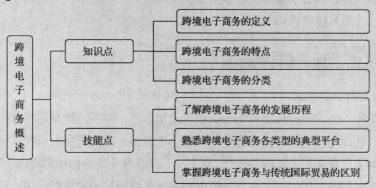

【引例】

在全球电子商务日渐成熟的趋势下，跨境电子商务作为依附于互联网发展的国际贸易新形式，呈现出了巨大的发展潜力。2021年8月发布的《2021年中国跨境电子商务市场数据监测报告》显示，2020年，中国跨境电子商务交易规模为12.5万亿元，同比增长19%。其中，出口跨境电子商务交易规模为9.7万亿元，同比增长20.7%；进口跨境电子商务交易规模达2.8万亿元，同比增长13.3%。总体来看，我国跨境电子商务行业交易额将会继续保持增长。跨境电子商务已经成为稳定外贸增长、促进经济发展的新动力、新引擎。

2020年4月7日，国家在已设立59个的跨境电子商务综合试验区的基础上，再新设46个跨境电子商务综合试验区。推广促进跨境电子商务发展的有效做法，同时实行对综合试验区内跨境电子商务零售出口货物按规定免征增值税和消费税、企业所得税核定征收等支持政策，并研究将具备条件的综合试验区所在城市纳入跨境电子商务零售进口试点范围，支持企业共建共享海外仓。

出口跨境电子商务趋于精细化、品牌化、本土化，进口跨境电子商务趋于向线下实体业务拓展，是近年来中国跨境电子商务的整体发展趋势。

【引例分析】

2020年跨境电商交易规模占中国进出口总值32.16万亿元的38.86%。可见，跨境电子商务在助推传统外贸发展上起到的作用更加凸显。近年来，跨境电子商务行业竞争不断加剧，从单纯追求性价比向品牌升级方向转型，跨境电子商务出口品牌化已成为未来企业发展的核心竞争力。受益于我国强大的供应链能力和外贸产业区域聚集优势以及海外市场互联网流量红利，我国正成为全球最大的跨境电子商务出口商贸中心之一，形成中国品牌出海的新模式。

进口跨境电子商务方面，我国进口跨境电子商务平台不断涌现，跨境网购用户逐年增加[①]，进口跨境电子商务市场规模增速迅猛。近年来，进口跨境电子商务在激烈竞争中不断提升用户体验、扩展商品种类、完善售后服务，预计未来我国进口跨境电子商务市场的交易额将会继续增长。

第一节 跨境电子商务的概念

"在自然演化过程中，能够存活下来的，不是那些最强壮的物种，也不是那些最聪明的物种，而是那些最能适应变化的物种。"这句出自达尔文的名言，放在外贸行业也同样适用。2015 年，由于国际市场不景气，世界贸易深度下滑，中国进出口总额同比下降了 7%。在此大背景下，企业要想继续存活、发展，必须主动适应环境的新变化。而跨境电子商务的出现，为企业开辟了新的生存之道，带动外贸营销向新的模式"进化"。

一、跨境电子商务的内涵

1. 跨境电子商务的概念

跨境电子商务（Cross Border E-Commerce）是指分属不同关境的交易主体，通过电子商务平台达成交易、进行支付结算，并通过跨境物流送达商品、完成交易的一种商业活动。

跨境电子商务有狭义和广义两种概念。狭义上，跨境电子商务特指跨境电子商务零售业务。广义上，跨境电子商务是指外贸电商，泛指电子商务在跨境贸易领域的应用。买卖双方可以通过互联网向采购方和消费者展示自己的商品。同时，买卖双方也可以自由地寻找适合自己的合作伙伴，进行贸易洽谈。完成洽谈之后，双方可以再利用网络购物车系统及网络支付系统，完成快捷交易。最后，双方可以通过网络办理海关、银行、税务、保险、运输等流程的相关事宜。

2. 跨境电子商务的特点

跨境电子商务是基于互联网发展起来的新型国际贸易形态，它不同于传统的贸易方式，呈现出自己的特点。

（1）全球性（Global）

互联网是一个没有边界的媒介。依附于互联网产生的跨境电子商务，能够帮助消费者购买全球各地的商品和服务，企业也可以把商品和服务卖遍全球。

---

①据中国电子商务研究中心《2019 年中国跨境电子商务市场数据监测报告》数据显示，截至 2019 年底，我国经常进行跨境网购的用户达 1.25 亿人，人数大幅度增长。

（2）无形性（Intangible）

传统交易以实物交易为主，而在跨境电子商务中，消费者整个交易过程都是在网络上完成的，交易的数据都是数字化传输的无形信息。

（3）匿名性（Anonymous）

在虚拟的跨境电子商务中，在线交易的消费者往往不显示自己的真实身份和地理位置，因此平台和卖家很难识别电子商务用户的身份和其所处的地理位置。网络的匿名性允许消费者匿名交易，保护了消费者的隐私，但也导致了自由与责任的不对称。

（4）即时性（Instantaneous）

在跨境电子商务环境中，人们不再像过去一样局限于地域、时间。通过互联网，企业能够快速实现商品和服务信息的发布，消费者能够 24 小时随时随地购买商品和服务。

（5）无纸化（Paperless）

跨境电子商务中的所有商务活动主要采取无纸化的操作方式。电商平台用数据电文取代了一系列的纸面交易文件，买卖双方通过邮件或即时聊天工具实现信息无纸化发送与接收。

（6）快速演进（Rapidly Evolving）

互联网是一个新生事物，它以前所未有的速度和无法预知的方式不断演进。短短的几十年中，电子交易经历了从电子数据交换（Electronic Date Interchange，EDI）到电子商务零售业兴起的过程，数字化商品和服务更是花样出新，不断地改变着人类的生活，而基于互联网的跨境电子商务活动也处在瞬息万变的过程之中。

 想一想

　我国跨境电子商务有哪些特点？

跨境电子商务
新特点

3. 跨境电子商务的意义

跨境电子商务作为推动经济一体化、贸场全球化的贸易形式，具有非常重要的战略意义。跨境电子商务不仅冲破了边境间的障碍，同时它也正在引起世界经济贸易的巨大变革。

在传统的外贸链条中，商品在生产、制造之后至少要通过 A 国（地）出口商、B 国（地）进口商、B 国（地）批发商、零售商等多级分销，最终才能送达消费者手中。消费者与生产商/制造商之间的互动与交流被阻断，生产商难以及时了解消费者需求的变化。交易流程各环节的服务商体量巨大形成垄断，使本应作为交易主角的买卖双方由于信息不对称处于劣势。这使得买卖双方的议价能力被压缩，难以取得产业链中的合理利益分配。跨境电子商务实现了传统"贸易链条"向"网络交易平台"的转变，减少了外贸的流通环节，增加了生产商/制造商的利润。

对企业来说，跨境电子商务构建的开放、多维、立体的多边经贸合作模式，极大地拓宽了企业进入国际市场的路径，大大促进了多边资源的优化配置与企业间的互利共赢；对消费者来说，跨境电子商务使他们非常容易地获取其他国家（地区）的信息并买到物美价廉的商品。

二、跨境电子商务的分类

跨境电子商务主要可以从四种角度来进行分类，下面从不同的角度对跨境电子商务的分类进行具体介绍。

1. 以交易主体进行分类

跨境电子商务主要的交易主体分为企业商户（Business）和个人消费者（Customer）。目前，我国跨境电子商务按照交易主体进行分类，可分为企业对企业（Business to Business，B2B）跨境电子商务、企业对个人（Business to Customer，B2C）跨境电子商务和个人对个人（Customer to Customer，C2C）跨境电子商务三种类型，其中后两者属于跨境网络零售的范畴。

（1）B2B 跨境电子商务

B2B 跨境电子商务的买卖双方都是企业或者集团客户。目前，B2B 跨境电子商务的市场交易规模占跨境电子商务市场交易总规模的 70% 以上（见图 1-1），处于市场主导地位，其代表平台有中国制造网、阿里巴巴国际站、环球资源网等。

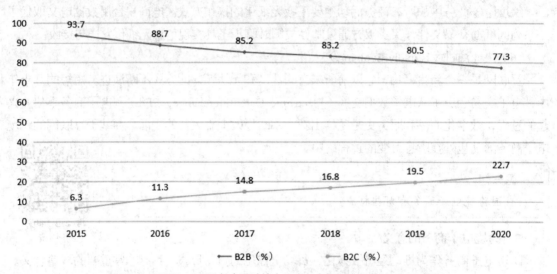

图 1-1　2015—2020 年中国跨境电子商务交易规模 B2B 与 B2C 结构

（2）B2C 跨境电子商务

B2C 跨境电子商务的卖方是企业，买方为个人消费者，是企业以零售方式将商品销售给消费者的模式。目前 B2C 模式在跨境电子商务市场占比并不大，但有不断上升的趋势（见图 1-1），未来发展空间巨大，其代表平台有速卖通、亚马逊、兰亭集势等。

（3）C2C 跨境电子商务

C2C 跨境电子商务的买卖双方都是个人，即经营主体是个人，面向的也是个人消费者。

2. 以服务类型进行分类

（1）信息服务平台

信息服务平台主要是通过为供应商及采购者提供信息服务让双方能够完成交易的平台。信息服务模式是 B2B 跨境电子商务的主流模式，代表平台有阿里巴巴国际站、环球资源网、中国制造网等。环球资源网展示产品并提供相关的信息服务，采购商可以通过单击"Inquire Now"按钮直接向企业询单，但平台不提供商品在线销售服务，如图 1-2、图 1-3 所示。

图1-2 环球资源网首页产品展示

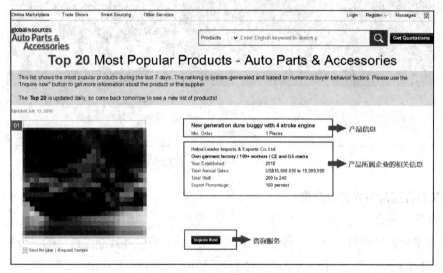

图1-3 环球资源网信息服务

（2）在线交易平台

在线交易平台通过产品、服务等多方面的信息展示，让消费者在平台即可完成搜索、咨询、下单、支付结算、确认收货、评价等各个购物环节。在线交易模式是零售跨境电子商务（B2C和C2C）的主流模式，代表平台有亚马逊、eBay、速卖通、敦煌网等。亚马逊平台向消费者展示产品信息，消费者可将自己感兴趣的商品加入购物车并实现在线交易，如图1-4所示。

（3）综合服务平台

综合服务平台主要是为企业提供境外商标注册代理、通关、物流、海外仓、结算、退税、保险、融资等一系列的服务，帮助企业高效便捷地完成商品进口或出口的流通环节，解决企业跨境贸易中的各项难题，其代表平台有阿里巴巴一达通（见图1-5）、派安盈、四海商周和递四方等。

图1-4　亚马逊平台的购物页面

图1-5　阿里巴巴一达通

3. 以平台运营方式进行分类

（1）自营型平台

自营型平台是平台自己整合资源、寻找货源、采购商品，并且通过自己的平台售卖商品，赚取商品差价的平台，代表平台有兰亭集势、米兰网、大龙网、FocalPrice 等。

（2）第三方开放平台

第三方开放平台是指在线上搭建商城，通过对物流、支付等资源进行整合，吸引商家入驻平台，为商家提供跨境电子商务交易服务的平台。交易成功以后，第三方开放平台从中获取佣金或服务费，代表平台有亚马逊、eBay、速卖通、Wish、阿里巴巴国际站等。

4. 以进出口方向进行分类

（1）出口跨境电子商务（Export Electronic Commerce）

出口跨境电子商务又称出境电子商务，是指境内生产或加工的商品通过电子商务平台达成交易，并通过跨境物流输往境外市场销售的一种国际商业活动，代表平台有速卖通、阿里巴巴国际站、Wish、eBay、敦煌网、兰亭集势等。

（2）进口跨境电子商务（Import Electronic Commerce）

进口跨境电子商务又称入境电子商务，是指将境外的商品通过电子商务平台达成交易，并通过跨境物流输入境内市场销售的一种国际商业活动，代表平台有洋码头、考拉海购、天猫国际、亚马逊海外购等。

三、跨境电子商务与传统国际贸易

跨境电子商务与传统国际贸易模式相比，受到地理范围的限制较少，受各国（地）贸易保护措施影响较小，交易环节涉及中间商少，因而跨境电子商务有着价格低廉、利润率高的特点。但是，跨境电子商务同时也存在明显的劣势，例如，跨境电子商务在通关、结汇和退税环节存在障碍，其贸易争端处理机制也不尽完善。对传统国际贸易与跨境电子商务进行对比，两种贸易形态的差异和优劣势如表 1-1 所示。

表 1-1　传统国际贸易与跨境电子商务对比

	传统国际贸易	跨境电子商务
交易主体交流方式	面对面，直接接触	通过互联网平台，间接接触
运作模式	基于商务合同运作	借助互联网电子商务平台运作
订单类型	批量大、批次少、订单集中、周期长	批量少、批次多、订单分散、周期较短
利润率	利润率相对低	利润率高
产品类目	产品类目少、更新速度慢	产品类目多、更新速度快
规模、增速	市场规模大但受地域限制，增长速度相对缓慢	面向全球市场，规模大，增长速度快
交易环节	涉及中间商多，交易环节多且复杂	涉及中间商较少，交易环节简单
通关时间	线下报关，通关慢	电子报关，通关快速便捷
支付	正常贸易支付	借助第三方支付工具支付结算
物流	以集装箱海运、空运为主，物流因素对交易主体影响不明显	多以商业快递发货，物流因素对交易主体影响明显

归纳来看，跨境电子商务呈现出传统国际贸易所不具备的五大新特点。

（1）多边化

"多边化"是指跨境电子商务贸易过程相关的信息流、商流、物流、资金流已由传统的双边逐步向多边的网状结构演进。传统的国际贸易主要表现为两国（地）之间的双边贸易，即使有多边贸易，也是通过多个双边贸易实现的，呈线状结构。而跨境电子商务可以通过 A 国（地）的交易平台、B 国（地）的支付结算平台、C 国（地）的物流平台，实现不同国家（地区）间的直接贸易。

（2）小批量

随着中小企业纷纷涌入跨境电子商务市场以及 B2C 跨境电子商务的迅速发展，跨境电子商务呈现出订单"小批量"化的特点。而传统国际贸易主要为 B2B 模式，因此单笔订单批量较大。跨境电子商务相比传统国际贸易，具有产品类目多、更新速度快、商品信息海量、广告推送个性化、支付方式简便多样等优势。同时，基于对客户数据的分析，跨境电子商务企业能设计和生产出差异化、定制化的产品，更好地为客户提供服务。

（3）高频度

"高频度"是指跨境电子商务能够实现单个企业或消费者即时按需采购、销售或消费，不像传统国际贸易受到交易规模的限制。跨境电子商务将信息流、资金流和物流集合在一个平台上，交易效率的提高促使买卖双方的交易频率大幅度提高。

（4）透明化

"透明化"是指跨境电子商务通过电子商务交易与服务平台实现多国（地）企业之间、企业与最终消费者之间的直接交易。这种直接交易，让供求双方的贸易活动采用标准化、电子化的合同、提单、发票和凭证，使得各种相关单证在网上即可实现瞬间传递。这种标准化、电子化的信息传递增加了贸易信息的透明度，减少了信息不对称造成的贸易风险。传统贸易中一些重要的中间角色被弱化甚至替代，国际贸易供应链更加扁平化，形成了生产商/制造商和消费者的"双赢"局面。跨境电子商务平台大大降低了国际贸易的门槛，使得贸易主体更加多样化，丰富了国际贸易的主体阵营。

（5）品牌化

"品牌化"是指跨境电子商务企业开始走品牌化运营路线。一些较大的企业开始规模化经营，自建或入驻跨境电子商务平台，将品牌推向境外市场，提升品牌价值及产品利润。而在传统国际贸易中，大多数外贸企业是以销售物美价廉的产品及代工（Original Equipment Manufacturer，OEM[①]）为主，没有打造出自己的品牌。

第二节　跨境电子商务的发展概况

一、我国跨境电子商务的发展历程

跨境电子商务的发展历程也可理解为外贸电子商务的发展历程。我国跨境电子商务起步较晚，最早可追溯到 20 世纪 90 年代的"金关工程[②]"。随着互联网在国内的兴起，我国跨境电子商务得到了快速发展。中国跨境电商经历了网上黄页模式、网上交易模式及外贸综合服务模式，具体可分别参见第二章的"进口跨境电子商务发展历程"和第三章的"出口跨境电子商务发展历程"。

二、我国跨境电子商务的现状

1. 我国国际贸易的现状

随着全球经济的快速发展，我国国际贸易遇到了新的机遇与挑战。目前，全球经济一体化格局已初步形成。近几年，我国在世界国际贸易领域的地位逐渐提升，综合国力逐渐加强，但同时也受到产业结构、产业技术、外部环境等方面的制约。我国国际贸易面临着较大的下行压力，外部环境的不稳定和不确定因素增多，面临的形势依然严峻复杂。

（1）国际市场需求疲弱

一方面，自金融危机以来，发达国家投资活动低迷，对能源资源、中间产品、机械设备的需求不振，使得投资品国际贸易增长显著放缓。在经济低增长的环境下，发达国家消费者信心

[①] OEM 是指托厂商按原厂之需求与授权，依特定的条件而生产。所有的设计图等都完全依照上游厂商的设计来进行制造加工，即代工。

[②] 1993 年国务院提出实施"金关工程"，2001 年正式启动。"金关工程"的目标是要建设现代化的外贸电子信息网，将海关、商检、外经贸、金融、外汇管理和税务等部门实现计算机联网，用 EDI 的方式进行无纸贸易，全面实现国家进出口贸易业务的计算机化。"金关工程"留下来的机构和成果，最突出的是中国电子口岸、中国国际电子商务中心。同时"金关工程"也催生了马云创立阿里巴巴的想法。

不足，耐用品消费增长有限。另一方面，新兴经济体增速总体放缓，居民收入增长缓慢，需求不振使得消费品国际贸易缺乏增长动能。

根据世界贸易组织（World Trade Organization，WTO）发布的《世界贸易统计数据》显示，2015年全球贸易呈现疲弱态势，全球贸易总量缓慢增长2.7%，与全球GDP增速（2.4%）基本持平。由于出口价格下滑15%，货物贸易金额（以美元计）下降了13%，创2009年以来的最低水平。在2008年金融危机之前，全球贸易数十年来一直以两倍于全球经济增速的速度增长。而2011年以来，全球贸易增速已放缓至与全球经济增速持平，甚至更低。

2016年全球货物贸易额降幅有所收窄。2017年的货物贸易量同比增长4.7%，全球货物出口额和进口额分别增长约11%。贸易总额排名前五位的国家分别是中国、美国、德国、日本、荷兰，中国以4.1万亿美元位居榜首。但2018年世界贸易出现了异变的迹象：据荷兰经济政策分析局①统计显示，2018年4—6月全球贸易量同比持平，意味着维持了两年的贸易持续增长出现了停止的迹象。国际局势、政策的不确定性为我国国际贸易发展带来了巨大的考验。

（2）外贸传统竞争优势继续弱化

中国外贸传统竞争优势正在减弱，新的竞争优势尚未形成，正处于"青黄不接"的阶段，产业发展面临着发达国家和其他发展中国家的"双头挤压"。一方面，中国与其他发展中国家在劳动密集型产业方面的竞争更加激烈；另一方面，中国与发达国家资本、技术密集型领域以互补为主的关系将发展为互补与竞争并存的关系，尤其新兴产业的发展将面临发达国家更严苛的遏制。

微观层面，劳动力、原材料、环境保护等各项成本上升，以及企业创新能力不足等因素，使得企业传统外贸订单量依旧在走下坡路，订单碎片化已经成为传统外贸企业的共识。

（3）贸易摩擦加剧

全球贸易救济调查愈演愈烈，对中国贸易负面影响加大。根据商务部统计，2017年我国产品共遭遇来自21个国家和地区发起的75起贸易救济调查，其中反倾销55起、反补贴13起、保障措施7起，涉案金额总计110亿美元。与2016年相比，案件的数量和金额分别下降了37%和23%，但我国仍然是全球贸易救济调查的最大目标国。

2. 我国跨境电子商务的现状

（1）跨境电子商务市场交易规模

近年来，在传统贸易增长缓慢甚至出现下滑的背景下，跨境电子商务行业快速发展，保持高速增长态势。据数据显示，2020年中国跨境电子商务交易规模为12.5万亿元，同比增长19.0%，如图1-6所示。

（2）跨境电子商务进出口结构

在中国整体跨境电子商务市场交易中，出口跨境电子商务交易规模为9.7万亿元，同比增长20.7%；进口跨境电子商务市场交易规模达到2.8万亿元，同比增长13.3%。一方面，由于我国制造业在成本及规模上具有较大优势，同时受到"一带一路"倡议及资本市场推动，我国目前跨境电子商务主要以出口为主。另一方面，由于国内消费者对海外优质商品需求增长强劲，在政策保持利好的情况下，进口跨境电子商务市场仍将保持平稳增长。而在跨境电子商务进出口结构上，进口电商的比例正逐步扩大，如图1-7所示。

---

① 荷兰经济政策分析局给出的世界贸易状况的指标受到广泛的关注。

金额（万亿元人民币）

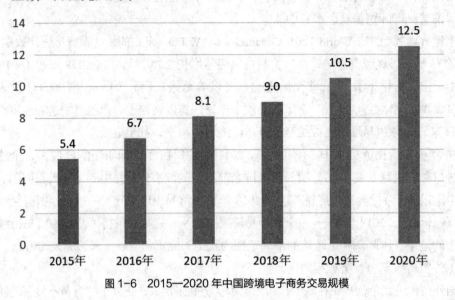

图 1-6　2015—2020 年中国跨境电子商务交易规模

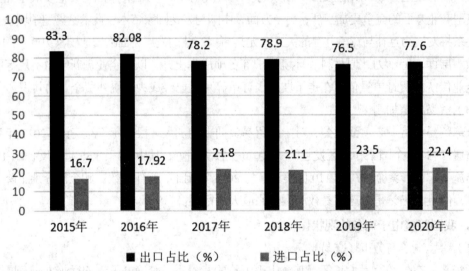

■ 出口占比（%）　　■ 进口占比（%）

图 1-7　2015—2020 年中国跨境电子商务交易规模进出口结构

（3）跨境电子商务 B2B 和 B2C 结构

据中国电子商务研究中心监测数据显示，2020 年中国 B2B 跨境电子商务交易占比达 77.3%，B2C 占比 22.7%，如图 1-8 所示。

可见，跨境 B2B 模式依然占据跨境电子商务的主导地位。该模式产业链条长，服务需求多，包括营销、支付、供应链金融、关检税汇、物流仓储、法律法规等各种服务。从我国国家及地方的跨境电子商务政策来看，B2B 模式受到政府的重点关注和扶持，也是未来跨境电子商务发展的重要商业模式。

跨境 B2C 模式虽占比不大但近年来发展迅猛，国内消费升级和海外新兴市场崛起引发零售跨境电子商务热潮。

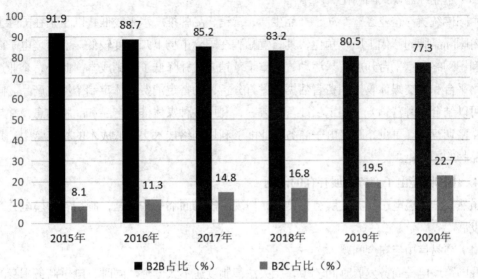

图 1-8 2015—2020 年中国跨境电子商务交易 B2B 与 B2C 结构

总体来看，跨境 B2B 和跨境 B2C 发展不是彼此孤立，而是相互影响、相互促进的。B2B 发展为 B2C 创造条件，而 B2C 发展反过来又促进 B2B 进一步深入发展。

3. 我国跨境电子商务发展的特点

（1）简化供应链环节，降低成本

跨境电子商务能更好地服务最终消费者。与传统外贸相比，跨境电子商务打破了渠道垄断，减少了中间环节，缩短了供应链，让中国制造商通过跨境电子商务平台直接面对境外的消费者。供应链的扁平化降低了企业的成本，使之能获得更高的利润，激发了中小企业参与国际贸易的动力和热情。

（2）参与主体多元化

传统外贸参与主体为外贸企业和制造商，而跨境电子商务的主体则较为多元化。最初，跨境电子商务主体以小微企业、个体业主、网络公司为主。随着产业的发展，许多传统外贸行业产业链上的制造商、外贸企业、代理商、经销商等纷纷进入该行业，推进产业规模化运作。

（3）交易呈现网状化

传统外贸交易以双边贸易为主，买卖双方分处不同的国家（或地区）达成交易完成结算。例如，外贸中常见的转口贸易就是由几笔双边贸易构成的。而跨境电子商务涉及的交易方远远多于传统贸易，呈现网状化、多边协作的特点。

（4）打破地区差异，竞争异常激烈

我国传统外贸交易主要集中于沿海经济较发达地区。据统计，我国对外贸易 80％集中于广东、浙江、上海、北京、福建、山东、江苏等发达地区。天然的地域优势及经济环境优势使得这些地区的对外贸易发展快于其他地区。但跨境电子商务通过渠道扁平化，集中海内外仓库配送发货，极大减弱了地区差异带来的发展差异。这也给其他地区外贸提升带来了新机遇，同时也加剧了外贸领域的竞争。而这种竞争则体现在产品的品质、客户服务及物流配送等有助于改善消费者体验的关键竞争因素上。

（5）企业经营模式国际化、网络化

中国传统贸易企业经营专注于产品生产，营销、品牌推广水平较低，以至于在国际上主要承担着国际品牌的"代工厂"角色，其自营品牌在国际市场上知名度较低。而跨境电子商务让企业利用网络信息平台开展贸易活动，丰富了营销方式并降低了营销成本。此外，企业还可通过网络平台和社交媒体收集消费者数据并进行分析，为特定消费群体定制个性化产品。同时，企业可以结合多种营销方式制定精准营销方案，利用多种媒体推送产品和品牌信息，并与消费者保持密切互动。可见，跨境电子商务企业能够利用网络技术实现低成本的精准营销，并推动企业品牌的国际化。

4. 中国跨境电子商务发展存在的问题

虽然我国跨境电子商务发展势头良好，但现阶段仍面临一些问题，制约着跨境电子商务的良性发展。

（1）交易信用与安全问题

我国跨境电子商务发展时间较短，相关法律制度还不太健全。同时，电子商务本身的虚拟特性也使得一些不良商家有机可乘，从中谋取高额收益。而在跨境电子商务交易过程中，一旦买卖双方发生商业纠纷，将直接影响到交易的最终达成。消费者的交易体验将决定其未来的购买行为。因此，交易信用与安全问题制约着我国跨境电子商务的发展。

（2）跨境物流运输问题

物流是电子商务"四流"中唯一的线下环节，其安全性、迅捷性与时效性一直是影响电子商务快速发展的关键因素。而跨境物流与境内物流相比，具有时效慢、周期长、成本高、响应慢等弊端。加之我国跨境物流刚刚起步，仓储、运输的设施和手段，以及管理理念还不够成熟，跟不上跨境电子商务发展的需求。

（3）跨境电子支付安全

电子支付安全是跨境电子商务作为新商业模式发展的根本。电子支付安全主要包括电子商务网站安全、第三方支付平台安全和银行支付系统安全三个方面。我国跨境电子支付环境一般是由传统电子支付平台升级而来的。如果跨境电子支付平台对跨境电子支付中的资金沉积、汇率差异、币值风险、系统故障等情况考虑不周，同时我国跨境电子支付监管制度尚不健全，就容易引发支付安全漏洞。一旦这类漏洞被不法分子加以利用，必将扰乱正常的跨境电子支付秩序。

（4）通关与退税问题

与国内电子商务相比，通关和退税问题是跨境电子商务所独有的。传统的外贸企业经历报关、报检、结汇、退税、监管等环节，监管实施较容易，但由于跨境电子商务交易具有商品数量少、来源广、体积小、金额少、频次多等特点，海关监管难度大，导致商检、结汇及退税都存在一定的问题。此外，B2C出口跨境电子商务商家一般以个人物品的形式向境外寄送商品，在一定限额内无须缴税，也不享受出口退税优惠。

（5）跨境电子商务专业人才缺乏

跨境电子商务在快速发展的同时，逐渐暴露出缺乏综合型外贸人才的问题，主要体现在两个方面。一方面是外语语种多样化对外贸人才提出了挑战。由于英语在全球使用最为广泛，因此以往跨境电子商务都以英语为主要沟通语言。随着跨境电子商务销售市场的多元化，一些新兴市场如巴西、俄罗斯、阿拉伯、印度等地显现出巨大的发展潜力，而这些非英语国家市场的开拓和服务需要更多小语种人才的参与。另一方面是跨境电子商务对人才综合能力要求高。除了语言能力外，跨境电子商务人才还应了解国际市场、交易流程、文化和消费习惯差异等，同时还需要熟悉平台的交易规则、操作流程和技巧，甚至还要了解市场营销、计算机网络、供应链管理、数据分析、视觉设计等知识。而具备这些综合能力的人才极其稀缺，巨大的人才缺口势必会制约行业的发展。

（6）企业缺乏创新、品牌化程度低

很多中小企业缺乏产品创新能力，不能立足消费者需求进行产品开发。这些企业在市场中处于被动，仅依靠价格战抢占市场，利润空间不断被压缩。不少代工厂转型跨境电子商务，但由于缺乏品牌意识，品牌的国际认同度低，导致优质产品难以卖出好价格。

实 训　认识跨境电子商务平台

【实训目的】

了解不同的跨境电子商务平台，能够正确区分跨境电子商务平台的不同类型，掌握其特点，为更好地开展跨境电子商务打下坚实的基础。

【实训内容和步骤】

实训内容：

根据跨境电子商务的不同模式，选取各模式下的典型平台（网站），浏览平台，了解其特点，并归纳总结其优劣势，完成表1-2。

表1-2　跨境电子商务平台总结

跨境电子商务类型		平台（网站）名称	优势	劣势
以交易主体分类	B2B 跨境电子商务平台			
	B2C 跨境电子商务平台			
	C2C 跨境电子商务平台			
以服务类型分类	信息服务平台			
	在线交易平台			
	综合服务平台			
以平台运营方式分类	第三方开放平台			
	自营型平台			
以进出口方向分类	进口跨境电子商务平台			
	出口跨境电子商务平台			

实训提示：

同一平台按不同的分类方式所属的类别不同，如Wish以服务类型进行分类，属于"在线交易平台"，而以平台运营方式进行分类，属于"第三方开放平台"。因此，在填写表格时，注意不要重复。

实训步骤：

（1）打开百度搜索引擎，逐一输入代表跨境电子商务类型的词语，如"B2B 跨境电子商务平台"，如图 1-9 所示，根据搜索结果选出代表性平台（网站），并将其名称填入表 1-2。

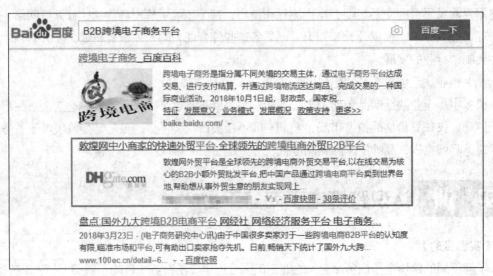

图 1-9　利用百度搜索引擎进行搜索

（2）单击进入平台（网站），进行平台浏览。亚马逊（美国站）首页如图 1-10 所示。

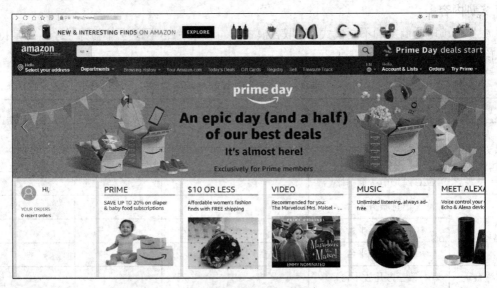

图 1-10　亚马逊平台首页

（3）了解平台特色，并总结不同跨境电子商务平台的优势及劣势，填入表 1-2。

例如，在亚马逊（美国站）搜索框内输入关键词"Wallet Lady"（女士钱包），可以看到亚马逊（美国站）有按价格、评论、上架日期等进行排序的产品，但并不支持按销量排序，如图 1-11 所示。这是亚马逊平台的一大特点，不以历史销量来引导客户消费，给新卖家和新产品更多公平竞争的机会。亚马逊奉行以产品为王，重视产品本身，以便更好地提高用户体验。

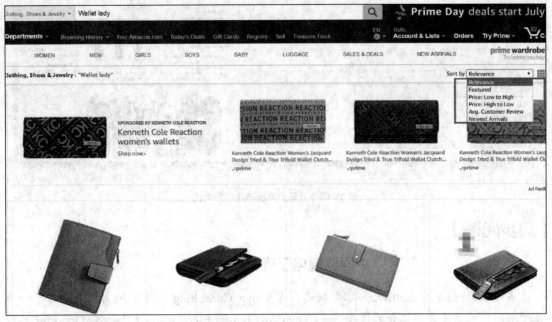

图 1-11　亚马逊搜索页

通过对亚马逊商品详情页的浏览，可以看到商品是由谁销售和配送的，如亚马逊自营[①]和第三方卖家，如图 1-12 所示。此外，不是所有的商品都有图文描述，部分卖家只能够以文字的形式对产品进行描述，如图 1-13（a）所示。因为之前只有亚马逊自营的商品才能添加图片。而如果第三方卖家销售的商品是亚马逊也在售的商品，则可共享其商品详情页的图片，所以有些第三方卖家的商品描述里也有图片。2017 年，亚马逊（美国站）推出了图文版品牌描述（Enhanced Brand Content，EBC），即在亚马逊完成品牌备案的商家，可以在其产品描述页面添加图片和文字信息，如图 1-13（b）所示。

图 1-12　亚马逊商品详情页

① 由供货商供货，亚马逊自行定价销售的方式。

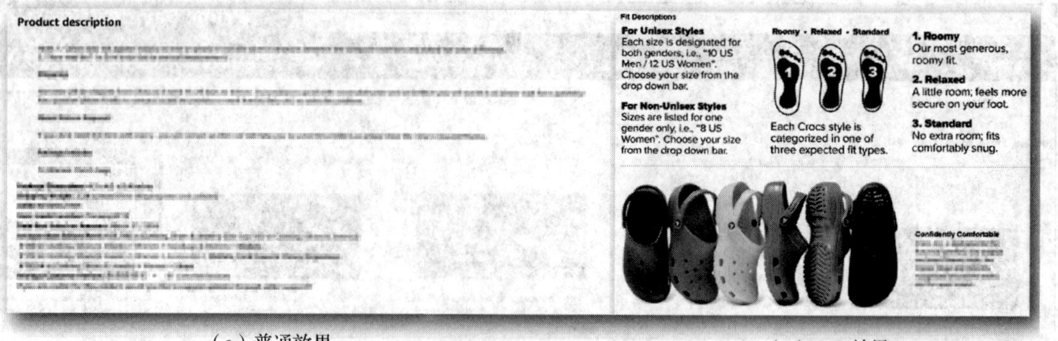

（a）普通效果 （b）EBC效果

图 1-13 亚马逊商品描述效果对比

【同步阅读】

中国跨境电子商务机会报告

咨询公司 Frost & Sullivan 与零售战略公司 Azoya Consulting 于 2018 年 7 月联合发布了一份关于中国跨境电子商务机会的报告——《The Cross-border E-commerce（Haitao）Opportunity in China》。这份报告调研了 1000 位经常海淘的中国消费者以及 100 家年收入超过 5000 万美元的海外品牌和零售商，从多角度分析了中国跨境电子商务市场，为中国跨境电子商务市场的发展提供了有价值的参考依据。

据报告调查数据显示，中国线上消费者达 5 亿人，2018 年中国线上消费的市场规模将超过 1 万亿美元，年增长率约为 40%。80% 的海外零售商将中国市场视为极具吸引力的市场，90% 的海外零售商想要加强在中国的线上销售，但是海外零售商对淘宝、京东等本土电商平台满意度低。

一、从消费者看中国线上购物和海淘市场

目前中国的网民数量达 7.33 亿人，线上购物人数达 5 亿人，拥有全球最大的线上购物市场规模。中国线上销售额占总零售额的 16.6%，仅次于英国。中国线上购物的市场规模从 2011 年的 1200 亿美元增长为 2018 年的 1.12 万亿美元，年复合增长率达 40%。同时，有 63% 的用户表示会在未来 12 个月的时间内，在线上购物上花费更多，33% 的用户则表示将和目前持平。据调查数据显示，有 67% 的中国消费者通过海淘购物的原因是希望能买到更高品质的产品，同时 45% 的消费者认为海淘可以降低买到"假货"的风险。此外，在购物品类上，时尚品、化妆品及日常生活用品排名前三。

从区域看，日本是最受欢迎的海淘目的地。72% 的中国消费者倾向于购买日本品牌的商品，60% 的消费者倾向于购买韩国品牌的商品，55% 的消费者倾向于购买美国品牌的商品。中国消费者在过去 12 个月通过电子商务平台海淘渠道的占比情况为：84% 的消费者通过国内电商平台海淘、67% 的消费者通过全球电商平台海淘、27% 的消费者通过代购海淘、21% 的消费者通过海外供应商网站海淘，而通过门槛最高的第三方转寄公司海淘的消费者则占 7%。

二、从海外零售商看中国电商市场

在线销售是海外零售商扩大在中国销售的主要途径，约 3/4 的海外零售商表示正在通过线上向中国销售产品，约 41% 的零售商计划未来只拓展线上渠道，18% 的零售商表示正计划拓展线下。

而海外零售商在中国市场面临的问题也较为显著。30% 的零售商认为线上销售的政策变动较大，30% 的零售商认为竞争过于激烈，21% 的零售商认为前期投入成本过高，而 18% 的零售商

认为无法获得利润。

　　海外零售商在中国市场的渠道主要有实体店、本土电商、全球性电商、独立线上商城四种。不同渠道的占比也存在差异，其中实体店占35%，本土电商占32%，全球性电商占18%，独立线上商城占15%。现在国内的本土电商平台主要是京东和淘宝，海外零售商对其的满意度明显低于其他平台。报告指出，很多海外品牌进入中国线上市场的第一选择是京东或淘宝，但是高佣金、激烈价格战，以及缺乏与用户的直接沟通等问题，正促使着越来越多的海外零售商建立自己的独立中国网站来直接获取客户，以提高利润。

（资料来源：Frost & Sullivan发布的《中国跨境电子商务机会报告》）

【本章小结】

　　本章第一节介绍了跨境电子商务的含义、模式分类和跨境电子商务与传统国际贸易的区别，让读者对跨境电子商务有一个基础的认识。第二节介绍了跨境电子商务的发展历程、发展情况、发展优势及发展过程中存在的问题。其中跨境电子商务的分类、跨境电子商务与传统国际贸易的区别和发展现状是本章的重点。掌握上述知识才能把握跨境电子商务的发展机遇，在激烈的市场竞争中获得成功。

【同步测试】

1. 单项选择题

（1）在整个跨境电子商务中的占比最大，约占整个电子商务出口 90%的是（　　）。

　　A．B2B　　　　　　　B．B2C　　　　　　　C．C2B　　　　　　　D．C2C

（2）以下（　　）是垂直型跨境电子商务平台。

　　A．亚马逊　　　　　　B．eBay　　　　　　　C．蜜芽　　　　　　　D．速卖通

（3）跨境电子商务主要的交易模式有 B2B、B2C、C2C，其中 B2C 是指（　　）。

　　A．企业对个人　　　B．企业对企业　　　C．个人对个人　　　D．企业对政府

（4）下列关于跨境电子商务的说法错误的是（　　）。

　　A．区域链技术能够对产品进行溯源，提高消费者的信任度，促进跨境电子商务良性发展

　　B．我国涉及跨境电子商务政策制定的部门主要有国务院、海关总署、商务部、国家发展和改革委员会、财政部、国家税务总局、国家质量监督检验检疫总局和国家外汇管理局等部门

　　C．跨境 B2B 和跨境 B2C 发展不是彼此孤立而是相互影响、相互促进的

　　D．1999 年，中国跨境电子商务进入 1.0 阶段，消费者能够通过互联网在线购买商品

2. 多项选择题

（1）跨境电子商务参与主体有（　　）

　　A．通过第三方平台进行跨境电子商务经营的企业和个人

　　B．跨境电子商务的第三方平台

　　C．物流企业

　　D．支付企业

（2）下列（　　）是跨境电子商务的新特点。

    A．多边化   B．大批量   C．透明化   D．品牌化

（3）跨境电子商务呈现（　　）发展趋势。

    A．产业生态更完善

    B．产品更加多元化

    C．B2C 占比提升，B2B 和 B2C 协同发展

    D．移动技术成为跨境电子商务发展重要动力

（4）下列有关跨境电子商务分类的表述正确的是（　　）。

    A．以服务类型进行分类，跨境电子商务可分为 B2B 跨境电子商务、B2C 跨境电子商务和 C2C 跨境电子商务

    B．兰亭集势属于自营型跨境电子商务平台

    C．环球资源网属于信息服务平台

    D．洋码头属于出口跨境电子商务平台

（5）下列有关跨境电子商务发展环境的表述正确的是（　　）。

    A．从 2015 年开始我国出口总额已经持续两年负增长

    B．2017 年年底，财政部发布《关于调整部分消费品进口关税的通知》，将以暂定税率降低部分消费品进口关税

    C．2017 年 12 月，工业企业亏损家数较 2016 年有所下降，国内经济形势向好

    D．尽管非洲中部、亚洲南部的大部分地区的互联网参与率仍相对较低，但这些地方的互联网普及率也是增长最快的

3．简答和分析题

（1）跨境电子商务与传统国际贸易的区别在哪里？

（2）跨境电子商务给我国企业和消费者带来了哪些好处？

（3）"一带一路"是我国实施新一轮扩大开放、营造有利周边环境的积极倡议。中国与"一带一路"沿线国家贸易规模持续扩大，跨境电子商务迎来高速发展黄金期。请从跨境电子商务机理来理解"人类命运共同体"的精神内核，领会"开放合作、和谐包容、互利共赢"的中国贸易观，并观看配套资源视频"中国跨境电子商务的发展前景"，具体分析一下我国跨境电子商务发展面临的机遇与挑战。

（4）《区域全面经济伙伴关系协定》简称 RCEP，历经 8 年谈判，经过各方共同努力，于 2021 年 11 月 2 日达到生效门槛。RCEP 的生效实施，标志着全球人口最多、经贸规模最大、最具发展潜力的自由贸易区正式落地，充分体现了各方共同维护多边主义和自由贸易、促进区域经济一体化的信心和决心，将为区域乃至全球贸易投资增长、经济复苏和繁荣发展作出重要贡献。请观看配套思政视频"了解 RCEP"，结合二十大"坚持推进高水平对外开放"的思想，思考并分析：RCEP 的生效对于区域经济一体化和世界经济发展的重要意义，对于企业以及普通消费者有何益处。

Chapter 2

第二章
进口跨境电子商务

【学习目标】

了解进口跨境电子商务的发展历程和现状；熟悉进口跨境电子商务的模式、产业链和主流平台；掌握进口跨境电子商务海关监管模式和税收核算方式；树立法制观念，增强自主纳税意识；能从进口跨境电子商务的发展演进中增强对"四个自信"的价值认同，提升幸福感和获得感。

【知识导图】

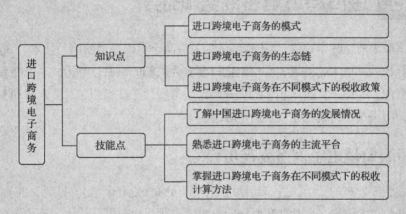

【引例】

11月24日是欧美一年一度的"黑色星期五"（以下简称"黑五"）购物节。在国内跨境电子商务行业的集体推动下，"黑五"近年来也逐渐成为继"双十一"后电商行业的又一促销盛事。"黑五"电子商务化已成全球趋势。从以下四个层面可以解释以上现象。

第一，政策层面。"黑五"之前，利好政策陆续出台，如"四八新政"[①]再度延期，《电子商务法》草案二审稿、《关于进口婴幼儿配方乳粉产品配方注册执行日期的公告》发布，以及国务院授权财政部对部分消费品进口关税进行调整等。

第二，平台层面。"黑五"期间，各进口跨境电子商务平台在消费金融、物流服务、品质保

---

① 为营造公平竞争的市场环境，促进跨境电子商务健康有序发展，2016年4月8日，我国对跨境电子商务零售进口商品实行了新税制，并发布了进口跨境电子商务零售"正面清单"（白名单）和实施细则，行业内俗称"四八新政"。在本章的第三节有具体介绍。

障、售后服务等方面的改造升级，提升了客户的消费体验。

第三，用户层面。消费升级速度很快，高于国内供给侧的供给能力，进口跨境电子商务恰好满足了中国消费者这部分升级需求。

第四，海外层面。海外品牌商认识到中国市场的潜力，纷纷与国内的进口跨境电子商务平台进行合作，将自己品牌的产品带入中国市场，甚至还为中国消费者定制产品。

（资料来源：中国电子商务研究中心《2017中国跨境进口电商市场"黑五"综合报告》）

【引例分析】

提到跨境电子商务，大家通常认为"出口跨境电子商务"才是主战场。而随着消费环境的剧烈变化、网络购物习惯的养成、进口消费意识的建立、支付方式的便利和政府政策的支持，购买进口商品成为人们，特别是中国消费市场的主导力量——"80后""90后""00后"等"新世代"生活的新常态。他们已将互联网购物变为一种生活方式，同时他们具有广阔的视野，重视生活的品质，对进口商品的需求不断提升。这吸引了各家电商巨头、资本和海外品牌纷纷跨入进口跨境电子商务的行列。跨境电子商务进口对丰富产品供给、促进新业态新模式发展、吸引消费回流、更好满足居民需求发挥了积极作用。通过本章的学习，读者可对进口跨境电子商务的现状、发展、模式分类、主要平台和海关监管有基本的认识。

第一节　进口跨境电子商务概述

著名经济学大师萨缪尔森说："市场经济的最终两个主宰是消费者与技术。"近年来，随着互联网和计算机信息技术的发展，网络购物日渐成为人们的一种生活方式。而随着消费者的消费观念和消费能力的提升，越来越多的人开始跨境消费。在技术引领、需求驱动和政府支持的大背景之下，中国进口跨境电子商务迅速崛起。

一、进口跨境电子商务发展历程

根据易观智库发布的《中国进口跨境电子商务 AMC 发展模型》（见图 2-1），中国进口跨境电子商务经历了探索期、启动期和发展期，2018 年进入成熟期。图 2-1 列出了各个时期的标志性事件及其对进口跨境电子商务的影响。

以典型进口跨境平台上线时间为节点，可将中国进口跨境电子商务发展的三个阶段定义为1.0、2.0 和 3.0 时代，如图 2-2 所示。

1. 进口跨境电子商务 1.0 时代——"海代"[①]方兴未艾

2005 年之前，大部分国内消费者还未形成对海外商品的认知，海外商品普及度不高，只有少数消费者通过海外亲朋好友带回或自行出国购买。这一时期暂未出现进口跨境电子商务企业，更未形成进口跨境电子商务行业，可以视为进口跨境电子商务发展的萌芽阶段。

---

① 海代，全称海外代购，是由从事代购的代购商、个人，或经常出入境的个人帮助境内消费者购买商品，并通过跨境物流将商品送达消费者手中的购物模式。

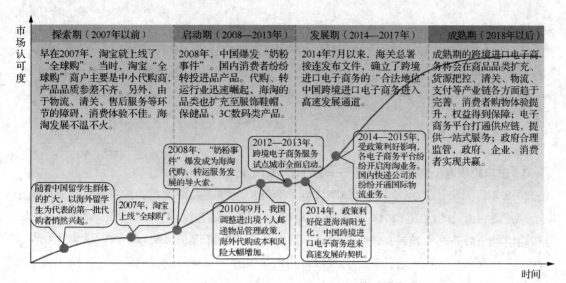

图 2-1　中国进口跨境电子商务 AMC 发展模型

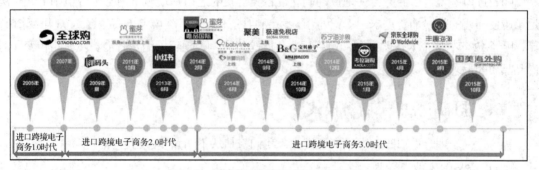

图 2-2　中国进口跨境电子商务发展时间轴

2005 年，个人代购兴起，可以称为进口跨境电子商务 1.0 时代。这一时期的进口跨境电子商务，"卖方"主要为海外留学生、空姐和导游等经常出国的群体。"买方"一般为代购者的亲戚朋友，消费群体还比较小众。卖方在海外购买商品再通过"人肉"或邮寄的方式送达国内的买方手中，跨境网购普及度不高。这一消费模式周期长、成本高，产品的真伪及质量难以保障，且无法满足不断增长的消费需求，于是部分人群开始演变为职业买手，专门购买海外产品，并在淘宝等平台开设店铺，从事海外商品的销售，也就是最早的进口跨境电子商务的雏形。

2. 进口跨境电子商务 2.0 时代——"海淘"① 初具规模

2007 年，以淘宝全球购为代表的 C2C 海淘网站上线，意味着进口跨境电子商务步入了 2.0 时代——海淘时代。全球购平台的目标是帮助会员实现"足不出户，淘遍全球"。一方面，全球购为入驻的卖家提供了发布境外商品的平台，使卖家的销售范围不再局限于自己的社交圈。另一方面，平台对卖家进行审核、管理②，打消了买家的购买疑虑。平台上呈现丰富多样的商品品类，吸引了更多的买家来平台消费。在这一时期，逐渐形成了常规的卖方和消费群体。2009 年，洋码

---

① 海淘即境内消费者通过跨境 B2C/C2C 购物网站、代购网站或导购平台，实现境外购物。

② 淘宝网有权要求全球购卖家提供在售商品境外直送的凭证，包括但不仅限于专柜代购小票、海关出具的有效证明、品牌代理授权书等，如卖家无法在 3 个工作日内提供，淘宝网有权摘除卖家的全球购标记。

头及旗下跨境物流体系——贝海国际速递上线，平台卖家包括 C（海外认证买手）和 B（海外商家）。但 2010 年 9 月，我国调整了进出境个人邮递物品管理政策：取消进出境个人邮递物品可享部分税额免征的规定，增加了免税限额规定[①]。此政策调整增加了海淘和代购的成本和风险。

想一想
海代和海淘分别指的是什么？有什么区别？

3. 进口跨境电子商务 3.0 时代——平台化、阳光化、常态化

2012 年，国家开放了第一批进口跨境电子商务试点城市。2013 年，政府出台了支持跨境电子商务便利通关的政策。2014 年，进口跨境电子商务开始合法化。在此政策利好的背景下，进口跨境电子商务的大发展：进口跨境电子商务平台不断涌现，越来越多的消费者选择在进口跨境电子商务平台购买境外商品。进口跨境消费渠道逐渐从海淘代购转向进口跨境电子商务平台，跨境购物开始走向规模化、规范化，进口跨境电子商务进入 3.0 时代。

随着进口跨境电子商务合法地位的确立，各类模式的进口跨境电子商务平台争相上线，满足了越发旺盛的跨境消费需求，跨境网购逐步走向常态化。进口跨境电子商务自 2005 年至 2017 年，历经 12 年，从个人代购到海淘再到规范化的跨境网购，顺应了消费者消费习惯的转变和对商品品质的追求。

二、进口跨境电子商务模式

为了进一步理解进口跨境电子商务模式，我们将其从不同角度进行分类。

1. 以交易主体进行分类

根据交易主体的不同，进口跨境电子商务可分为 B2B、B2C 和 C2C 模式。以洋码头为例，其"今日限时抢"版块的商品全部由境外零售商提供，属于 B2C 模式（见图 2-3）。而 PC 端的"洋货集"和移动端的"扫货现场"主要供个人买手展示境外打折商品，属于 C2C 模式（见图 2-4）。

图 2-3　洋码头"今日限时抢"（B2C）

---

① 除了应征进口税税额在人民币 50 元以下（含 50 元）的个人邮递入境物品可免征税款外，其余的入境个人邮递物品皆需按照税则缴税。

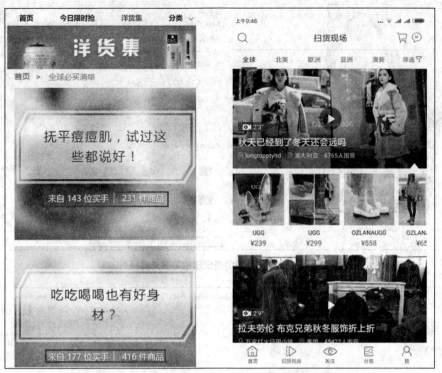

| （a）PC 端"洋货集" | （b）移动端"扫货现场" |

图 2-4　洋码头 C2C

2. 以平台运营方式进行分类

根据平台运营方式不同，进口跨境电子商务可分为平台型和自营型。例如，洋码头不做自营业务，平台上的商品全部来自海外个人买手及零售商，属于平台型。而蜜芽为保证正品行货，建立了专业的海外采销团队，坚持以自营为主，属于自营型平台。亚马逊平台既有自营商品，也有第三方商家销售的商品。标记为"Shipped from and sold by Amazon.com"的，就是亚马逊采购、质检和配送的自营商品，如图 2-5 所示。标记为"Sold by××and Fullfilled by Amazon"的，是亚马逊第三方商家出售但由亚马逊配送的商品，如图 2-6 所示。标记为"Shipped from and sold by××"，这里"××"不是"Amazon"，即商品来自第三方商家（HealthyTrader），如图 2-7 所示，且由第三方商家负责配送，是否包邮由商家进行设置，即商品是由第三方商家直接销售并发货的。

图 2-5　亚马逊自营商品

图 2-6　亚马逊负责配送的第三方商品

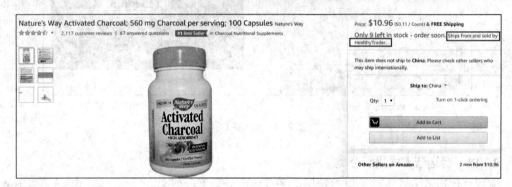

图 2-7　亚马逊第三方自配送的商品

平台型进口跨境电子商务的供应商来源相对自营型更加多而广，品类更加丰富，在品类扩充效率上也有明显优势。而自营型进口跨境电子商务的优势在于参与和把控采购、仓储、物流和售后等跨境交易的全过程，可以给客户带来更好的购物体验，也更容易得到客户的信任。

3．以经营品类范围进行分类

根据所涉及的商品品类不同，进口跨境电子商务可分为综合型（又称为水平型）和垂直型。综合型是指平台涉及的品类多、范围广，如亚马逊海外购销售的品类包括服装、鞋靴、箱包、母婴、玩具等（见图2-8）。而垂直型则是平台针对某个特定的行业或类目进行深挖，如蜜芽是母婴类产品限时特卖网站，莎莎网是美容健康产品的线上平台（见图2-9）。

4．以入境清关及发货方式进行分类

进口跨境电子商务根据入境清关及发货方式不同，可分为一般贸易、直邮、直邮集货和保税备货四种模式。

图 2-8　亚马逊海外购销售类目

图2-9　莎莎网销售类目

（1）一般贸易模式

在进口跨境电子商务这个概念没出现之前，进口产品一直存在，它们是通过正常通关、商检、缴纳进口税的一般贸易进口形式入境的。现在部分进口跨境平台销售的商品也是先通过一般贸易方式批量进口，再销售给消费者。二者的区别是，有的平台是境外直采、自主通关及运输，有的平台则是向境内的贸易商、代理商采购已经通关入境的商品。

一般贸易模式在防止假货和质量溯源上有明显的优势，商品要经过合法授权经销及海关商检的合规查验，用户的维权可完全遵循境内消费规则，流程清晰、运作成熟。但是，这种方式投入最大，库存和资金压力也较大。由于网络条件下商品价格非常透明，各方的利润空间趋紧。一般贸易模式只在境内段采用了电子商务手段，因此并不能算是严格意义上的跨境电子商务。

（2）直邮模式

直邮进口跨境电子商务模式是指消费者购买境外商品之后，商家在境外打包，直接通过国际运输发货，以个人物品的形式进行清关，直接配送到消费者手中，如图2-10所示。

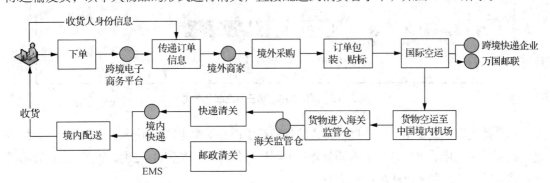

图2-10　直邮模式

直邮模式通常由境内快递进行快件清关或由EMS提供邮政清关服务，通过后放行包裹并进行配送。如果消费者个人购买跨境商品超过缴税限额会被暂扣，消费者需要向海关缴纳税款才可放行配送，海关向消费者开具税单。通关申请没有通过的，或超限不主动报关缴税的，包裹将被勒令退运。

境外卖家将包裹直邮给境内消费者是 C2C 模式常用的物流方式，报关通过行邮申报系统，税率适用行邮税。

以洋码头为例，它为消费者提供了几种物流配送方式，包括贝海直邮、第三方直邮、拼邮、贝海保税和卖家保税，如图 2-11 所示。其中部分个人买手采用"第三方直邮"物流，其由非官方认证的第三方国际物流公司进行承运，空运并入境清关、完成境内配送。图 2-12 所示的商品标注的就是"第三方直邮"，运费和税费由个人买手承担。

图 2-11　贝海国际跨境物流服务

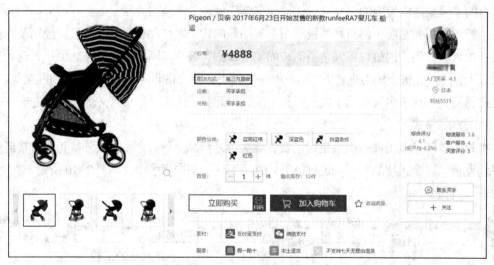

图 2-12　洋码头的"第三方直邮"方式

与其他进口模式相比，海外直邮模式的优势在于商品品类丰富，不受通关单的限制，能满足消费者的多元化需求，且在运输环节能最大限度地保障商品私密性，更安全放心。但直邮模式物流时效低，消费者对此满意度不高。

（3）直邮集货模式

直邮集货模式是指消费者购买境外商品之后，供应商集中发货到海外仓，以集运代替零散运输的模式。该模式将多个已售出商品统一打包后进行国际发运、清关，最后配送到消费者手中，如图 2-13 所示。直邮集货模式节约物流成本，相当于直邮模式的升级版。但直邮集货模式又与直邮不同，是 B2C 模式下的常用物流模式。

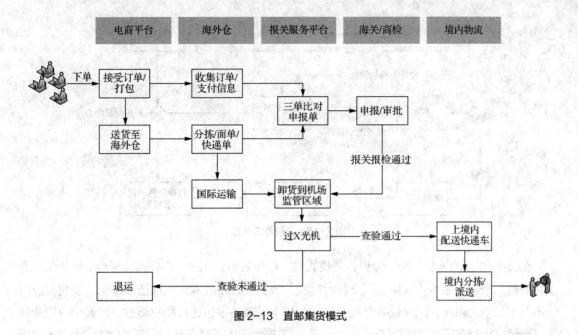

图 2-13 直邮集货模式

还是以洋码头为例，其自建跨境物流贝海国际打造了跨境电子商务供应链及物流服务解决方案。洋码头为境外商家提供"贝海直邮"服务：在洋码头注册的境外商家通常会提前将所销售商品集中存放在贝海物流的海外仓，当订单支付后，订单商品就在海外仓进行拣货打包。贝海物流会通过国际包机运输的形式将包裹送抵境内。包裹入境后，贝海物流负责清关，然后通过境内快递或 EMS 进行境内配送。此外，洋码头也存在"拼邮"物流方式，即卖家集货后由非官方认证的第三方国际物流公司承运，空运并入境清关后，再由卖家在境内分包，通过境内快递完成境内配送。"贝海直邮"和"拼邮"都属于洋码头的集货直邮模式，如图 2-14所示。

图 2-14　洋码头的两种集货直邮模式

集货直邮模式相比直邮模式的优势在于依托实力强大的海外仓和干线运输等资源，节省物流成本，缩短物流时效，使得消费者的满意度大幅提升。但集货直邮模式需在境外完成打包操作，人工成本高，且从境外发货相对境内保税仓发货，物流周期较长。

（4）保税备货模式

保税备货模式是指商品提前通过大宗进口备货至境内保税仓，在保税仓进行拆包、检验，待客户下单购买后分拣、打包和清关，再通过境内物流公司寄送到给消费者手中，如图 2-15所示。

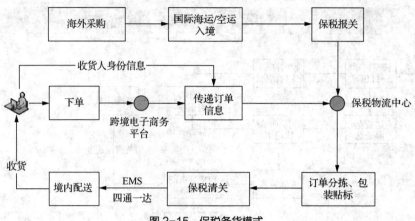

图 2-15　保税备货模式

在 2016 年 4 月 8 日之前，保税备货模式与一般贸易模式相比，头程运输相似，但从保税仓发货后按照个人物品形式入境，只支付行邮税，节省了税收成本，从而造成了与一般贸易进口的不公平竞争。因此，国家税务总局发布了跨境电子商务零售进口税收新政，以及相应的两批进口跨境电子商务零售"正面清单"（白名单），要求跨境电子商务从境外采购商品，品类在"正面清单"之内，行业内俗称"四八新政"。

与直邮进口模式相比，保税备货模式的优势在于物流成本低、周期较短，但劣势是资金占用大，商品品类丰富度欠缺，且受仓储成本、汇率、滞销和库存风险的影响较大。

5. 以平台独立性进行分类

（1）从属主站型

从属主站型进口跨境电子商务，主营业务为销售境外商品，且此业务不是通过独立移动端或境内一级网站域名达成的电商企业或部门。例如，天猫国际从属于天猫，京东全球购从属于京东，苏宁海外购从属于苏宁易购，唯品国际从属于唯品会，聚美极速免税店从属于聚美优品，如图 2-16 所示。

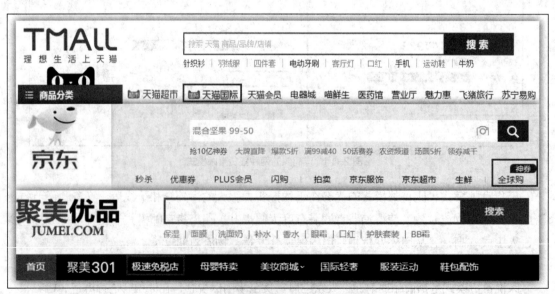

图 2-16　从属主站型进口跨境电子商务平台

（2）独立型

独立型与从属主站型进口跨境电子商务不同，跨境商品销售业务是通过独立移动端或境内一级网站域名达成的。例如，考拉海购是阿里巴巴旗下以跨境业务为主的综合电子商务平台，但它并不是从属主站型平台，原因是考拉海购有独立的移动端和一级网站域名，而在淘宝网站首页也找不到考拉海购的入口，如图 2-17 所示。此外，小红书、丰趣海淘、达令也属于独立型进口跨境电子商务平台。

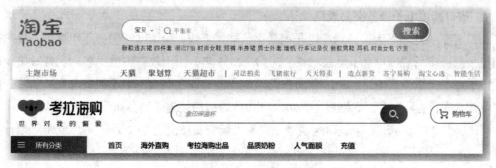

图 2-17　淘宝与考拉海购

6. 其他模式分类

（1）海外代购模式

海外代购简称"海代"。"海代"与"海淘"是被消费者熟知的两个跨境网购概念。根据运营方式不同，"海代"又可具体分为 C2C 模式的代购平台和依靠社群关系营销的朋友圈代购。

（2）导购、返利平台模式

导购、返利模式是一种比较轻的电商模式，其可以分成两部分来理解：引流部分和商品交易部分。引流部分是指通过导购资讯、商品比价、海购社区论坛、海购博客以及用户返利来吸引用户流量。商品交易部分是指消费者通过站内链接向境外 B2C 电商或者境外代购者提交订单实现跨境购物。

为了提升商品品类的丰富度和货源的充裕度，这类平台通常会搭配以境外 C2C 代购模式。因此，从交易关系来看，这种模式可以理解为海淘 B2C 模式和代购 C2C 模式的综合体。

一般情况下，导购、返利平台会把自己的页面与境外 B2C 电商的商品销售页面进行对接，一旦产生销售，B2C 电商就会给予导购平台 5%～15%的返点。导购平台则把其所获返点中的一部分作为返利回馈给消费者。

代表企业有 55 海淘、一淘网（阿里巴巴旗下）、极客海淘网、海淘城、海淘居、海猫季、悠悠海淘、什么值得买和美国便宜货等。

（3）境外商品闪购模式

闪购的本质是特卖，即限价、限时、限量。其中"限价"形成了绝对的价格优势，可在瞬间形成交易高峰。"限时、限量"则很好地利用了饥饿营销策略："限时"通过限制时间，给消费者制造一种购买的紧迫感；"限量"则通过控制商品数量，制造出供不应求的"假象"，以充分引起消费者的关注和重视。"限时、限量"能够激发消费者的购买欲望，从而达到商品从商家快速转移到消费者的目的。

闪购的代表企业有聚美优品的"极速免税店"、唯品会的"唯品国际"、蜜淘网（原 CN 海淘）、天猫国际的环球闪购、1 号店的进口食品闪购活动等。

三、我国进口跨境电子商务的现状

1. 进口跨境电子商务交易规模

2013 年后，随着各大进口跨境电子商务平台陆续上线，跨境网购用户逐年增加，我国进口跨境电子商务市场规模也有了迅猛增长。2014—2015 年，由于政府出台了多项利好政策，进口跨境电子商务呈爆发式增长。2016 年进口跨境电子商务在激烈竞争中不断提升用户体验、扩展商品品类、完善售后服务。数据显示，2019 年中国进口跨境电子商务市场交易规模达 2.64 万亿元，同比上升 17.3%，2020 年进口跨境电子商务市场交易规模达 3.07 万亿元，2021 年预计将达 3.55 万亿元。中国进口跨境电子商务增长速度稳定，随着国内消费升级，内需不断扩大，交易规模增长率将再次提高，如图 2-18 所示。

图 2-18　2013—2021 年中国进口跨境电子商务市场交易规模及增长率

2. 进口跨境电子商务市场份额

据数据显示，按整体交易额进行排名，排名靠前的主流进口跨境电子商务零售平台依次为：考拉海购和天猫国际（56.5%）、京东国际（17.8%）、唯品国际（10.6%）、小红书（4.5%）、奥买家（2%）、苏宁国际（1.7%）。其他的进口跨境电子商务平台，包括洋码头、宝贝格子、蜜芽等占总市场份额的 6.9%，如图 2-19 所示。

2020 上半年，超过一半的用户选择阿里系平台——天猫国际和考拉海购，行业集中度高。预计中国进口跨境电商行业局势将保持相对稳定，各平台转向精细化运营。

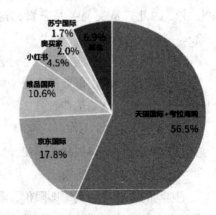

图 2-19　2020 年上半年中国进口跨境电子商务平台零售市场份额占比

3. 进口跨境电子商务用户

（1）进口跨境电子商务用户规模

数据显示，2019 年中国海淘用户规模为 1.54 亿人，2020 年中国海淘用户为 1.58 亿人，如图 2-20 所示。可见中国进口跨境电子商务具有较大的增长空间，居民对进口品的消费需求有待挖掘，随着相关政策的完善，中国海淘用户将保持持续性增长。

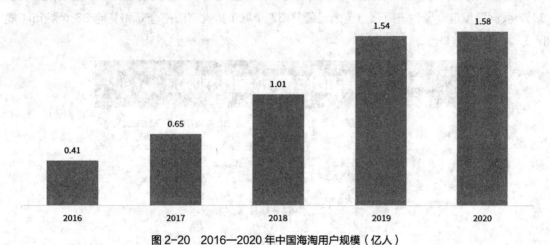

图 2-20　2016—2020 年中国海淘用户规模（亿人）

（2）进口跨境电子商务用户年龄、性别和分布

2021 年中国跨境网购用户集中在 26～30 岁的青年群体，占比达 34.2%，其次是 31～40 岁的中青年群体，占比 31.2%。可见，26～40 岁这一年龄段的用户消费观念先进、消费能力强、消费需求大，是跨境网购的"主力军"。但随着经济的发展，跨境网购消费者有低龄化发展的趋势。

从性别分布来看，2021 年中国跨境网购用户中，男性占比 49.3%，女性占比 50.7%，相差无几。而 2016 年的这一数据为：男性占比 62.6%、女性占比 37.4%。可见，随着跨境网购的普及，以及美妆个护、母婴、服饰鞋包等进口商品进入中国电商市场，女性消费者占比显著提升。在海淘商品的选择上，男性偏向选择数码类、运动类、保健类等产品，且更关注商品的性价比和商品的性能；女性则更加偏向服装、化妆品、母婴产品及轻奢类产品，且更注重商品品质与购物体验。

此外，从用户地域分布来看，2021 年中国跨境网购用户区域分布排名中，华东、华南、华北分列前三，分别占比 34.9%、20.8%、15.4%，而在城市分布中，北京、上海、广州、深圳四城市的用户占比将近三成。总体而言，跨境网购用户主要集中在进口跨境电子商务起步较早、经济较发达的地区。同时比较 2017 年的数据可知，各地区之间的差距正在缩小，这也从侧面说明了进口跨境电子商务行业在全国范围内正飞速发展。

（3）进口跨境电子商务用户对商品的选择

2021 年中国跨境网购用户最爱购买的品类前九名分别为：服饰鞋包、美妆个护、食品饮品、电器数码、营养保健、运动户外、家居家具、母婴用品、宠物用品。

随着社会经济的持续发展，人们对生活品质提升的追求越来越高，跨境网购也将越来越普及。进口跨境电子商务平台的商品品类也会越来越丰富，如进口电器、家居、轻奢品等品类也将逐渐进入境内消费者的选择范围。

4. 跨境电商零售进口试点

海关总署牵头的跨境电子商务试点城市于 2012 年 12 月启动，批准了郑州、上海、重庆、杭州、宁波 5 个城市为第一批跨境电子商务试点城市，至 2016 年已经拓展至二十多个城市，如图 2-21 所示。2020 年 1 月，商务部等六部委联合印发《关于扩大跨境电商零售进口试点的通知》，我国跨境电商零售进口试点范围已经从 37 个城市扩大至海南全岛和其他 86 个城市（地区）。

中国跨境电商试点城市情况

	城市	获批时间	出口试点资格	进口试点资格
试点	重庆	2012 年 12 月	√	√
	上海	2012 年 12 月	√	√
	宁波	2012 年 12 月	√	√
	杭州	2012 年 12 月	√	√
	郑州	2012 年 12 月	√	√
逐步推广	广州	2013 年 9 月	√	√
	苏州	2013 年 11 月	√	×
	长沙	2014 年 1 月	√	×
	银川	2014 年 1 月	√	×
	青岛	2014 年 2 月	√	×
	哈尔滨	2014 年 2 月	√	×
	牡丹江	2014 年 2 月	√	×
	烟台	2014 年 3 月	√	×
	西安	2014 年 3 月	√	×
	长春	2014 年 5 月	√	×
	深圳	2014 年 7 月	√	√
	绥芬河	2014 年 8 月	√	×
	张家港	2015 年 9 月	√	√
	天津	2015 年 10 月	√	√
	福州	2016 年 1 月	×	√
	平潭	2016 年 1 月	×	√
	合肥	2016 年 1 月	×	√
	成都	2016 年 1 月	√	√
	大连	2016 年 1 月	√	√

图 2-21 中国跨境电子商务试点城市（部分）

2021 年 3 月商务部等六部委又联合印发《关于扩大跨境电商零售进口试点、严格落实监管要求的通知》，明确将跨境电商零售进口试点范围扩大至所有自贸试验区、跨境电商综合试验区、综合保税区、进口贸易促进创新示范区、保税物流中心（B 型）所在城市（及区域）。

据商务部和海关总署的数据显示，截至 2021 年 3 月跨境电商零售进口试点扩大范围之后，我国自贸试验区数量已经达到 21 个，覆盖东中西部和东北地区；跨境电商综合试验区 105 个，覆盖 30 个省区市；综合保税区数量达到了 147 个，覆盖 31 个省区市。这意味着，跨境电商零售进口试点范围已经覆盖我国国内所有省（自治区、直辖市）。

第二节 进口跨境电子商务的生态链和主流平台

一、进口跨境电子商务的生态链

在进口跨境电子商务交易的整个流程中，进口跨境电子商务平台、海外品牌商/渠道商/零售商、境内消费者、国际物流商、跨境支付服务商、海关与商检部门等业务组织相互关联，组成了一个复杂的生态系统。根据其在进口跨境电子商务中的地位和作用不同，我们将中国进口跨境电子商务生态链分为"核心商业链""外围产业链"和"服务支撑链"，如图 2-22 所示。

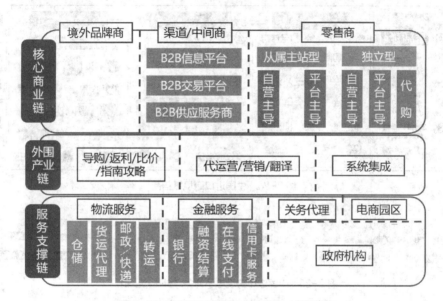

图 2-22　中国进口跨境电子商务生态链图谱

1. 核心商业链

核心商业链主要包括海外品牌商、渠道商/中间商/零售商。随着中国在世界经济地位的不断上升，越来越多的海外品牌进驻中国，并通过入驻平台、独立建站等不同方式触及中国用户。例如，天猫国际目前已引进了来自 63 个国家和地区的 14500 个海外品牌，其中，八成以上的品牌是首次进入中国市场的。但海外品牌进入中国市场的过程并不简单，存在信息不对称、政策不稳定、产品适应性差及语言难沟通等困难。因此，海外品牌想要做好中国用户的生意，需要借助专业的平台和团队来运营，渠道商/中间商应运而生。图 2-23 归纳了三种类型的进口跨境渠道商/中间商及其代表企业。图 2-24 将进口跨境零售商进行了分类。

2. 外围产业链

外围产业链主要包括导购、返利、比价、指南攻略等海淘工具类网站，代运营、营销、翻译等网店运营服务公司，以及为商家提供技术支持的系统集成公司，如图 2-25 所示。

3. 服务支撑链

服务支撑链主要包括跨境物流、支付、通关、商检、外汇、工商及其他公共政务服务。

图 2-23 中国进口跨境渠道商/中间商

图 2-24 中国进口跨境零售商

图 2-25 中国进口跨境电子商务"外围产业链"

（1）跨境物流服务

跨境物流服务直接影响到交易实现与客户体验，是推动跨境电子商务发展的重要保证。现跨境物流服务主要有仓储、货运代理、邮政/快递和转运四大类，如图 2-26 所示。除了使用第三方物流外，有的进口跨境电子商务平台还自建了物流体系，如洋码头（贝海国际）、阿里巴巴（菜鸟网络）、京东（京东物流）、唯品会（品骏快递）等。

图 2-26 进口跨境电子商务物流服务商

（2）跨境金融服务

在跨境电子商务整个的链条当中，物流、信息流、资金流"三流合一"很重要，其中金融服务是当中重要的一环。图 2-27 展示了在资金流这个领域发挥作用的企业。

图 2-27　进口跨境电子商务金融服务商

（3）公共政务服务

截至 2017 年年底，我国有天津、上海、杭州、宁波、郑州、广州、深圳、重庆、福州、平潭 10 个跨境电子商务进口服务试点城市。2018 年又增设了合肥、成都、大连、青岛、苏州 5个城市。各地通过公共服务平台的搭建，将消费者、电商、支付、物流、仓储、邮政与海关、商检、国税、工商、外汇管理等政府机构之间实现信息共享和交换，即实现跨境电子商务"单一窗口"。这些公共服务平台在电商外贸统计、辅助查验、风险管控、结汇退税、地方补贴等管理方面发挥了重要的作用。

二、主流进口跨境电子商务平台

2014 年，进口跨境电子商务迎来了大发展，因此，2014 年被很多业内人士称为"进口跨境电子商务元年"。在这一年里，传统零售商、海内外电商巨头、创业公司、物流服务商、供应链分销商纷纷入局，进口跨境电子商务平台不断涌现。在进口跨境电子商务行业中，各大平台都有自己的特点、行业优势和客户群体。下面将介绍一些主流的进口跨境电子商务平台。

1. 亚马逊海外购

亚马逊成立于 1995 年，是美国最大的一家网络零售公司。2004 年 8 月，亚马逊全资收购卓越网，更名为"卓越亚马逊"，正式进入中国市场，即今天的"亚马逊中国"。

为了让中国消费者轻松买到海外商品，免去海淘代购的烦琐流程和漫长配送时间，亚马逊中国从美国、英国、日本、德国引入数千万种商品，10 万个国际品牌。消费者可以在亚马逊中国网站搜索、浏览这些商品，通过中文详情页了解商品的价格、特点和客户评价，进行下单购买，实现跨境直邮配送。图 2-28 是亚马逊中国的首页。

2. 洋码头

洋码头成立于 2009 年，是海外直邮进口购物平台，将海外商家和买手直接对接中国消费者，满足了中国消费者足不出户就能购买到全球商品的需求。洋码头的特色是建立了买手生态，平台覆盖 83 个国家或地区，有 3 万多个认证买手。其首创的营销方式——在移动 App 端

图 2-28　亚马逊中国网站首页

设置"扫货直播"频道，通过买手直播真实的购物场景建立信任。而 PC 端的另一特色频道"洋货集"，则汇集了全球各地知名品牌供应商。除此之外，洋码头自建国际物流"贝海国际"，在全球建立了 17 个大型国际物流中心，覆盖美国、欧洲等多地，服务于 20 多个国家和地区，每周有 90 多个航班入境，保证所有商品通过海外直邮/保税发货的方式送达。洋码头的跨境交易体系和物流体系布局如图 2-29 所示。

图 2-29　洋码头的跨境交易体系和物流体系布局

3. 天猫国际

天猫国际隶属于阿里巴巴集团,于2014年正式上线,是平台招商型进口跨境电子商务平台。目前平台产品来自日本、美国、韩国、德国和澳大利亚等63个国家和地区,覆盖3700多个的品类,拥有14500多个品牌。天猫国际借助阿里巴巴集团先天的流量、资金、物流和服务优势,直邀优质商家和知名品牌入驻。目前向商家开放四种经营模式,如图2-30所示。

图2-30　天猫国际的四种经营模式

4. 考拉海购

前身"网易考拉海购"成立于2015年,属于综合自营型平台。2019年9月,阿里巴巴集团投入20亿美元将其全资收购,更名为"考拉海购",2020年8月正式宣布战略升级,全面聚焦"会员电商"。考拉海购主打自营直采的理念,销售品类涵盖母婴、美容彩妆、家居生活、营养保健、环球美食、服饰箱包、数码家电等。考拉海购以100%正品、30天无忧退货、快捷配送等为特色,为消费者提供海量海外商品,助推其消费与生活的双重升级。

5. 什么值得买

什么值得买是一家网购商品推荐网站,同时也是集媒体、导购、社区、工具属性为一体的消费决策平台,其专业性在众多网友中树立了良好的口碑。网站成立于2010年,早期以优惠信息为主,后逐渐加入海淘、原创、资讯等多个频道,每天向用户推送特价商品信息,帮助其买到性价比更高的商品。什么值得买的商业模式如图2-31所示。

6. 跨境购

2012年,宁波作为首批五个跨境电子商务试点城市之一,开启"先行先试"跨境贸易电子商务服务。宁波市搭建了一套与海关、国检等执法部门对接的跨境贸易电子商务服务信息系统,为进口电商企业缩短通关时间、降低物流成本、提升利润空间提供了便利条件。同时,这套系统也为海外中高端品牌进入中国市场提供了一种全新的互联网模式,解决了传统模式下海外品牌进入中国市场的诸多问题。后来,此服务平台改版为跨境购平台,成为依托区位优势和政府、企业资源的自贸区/保税区跨境电子商务进口平台。

图2-31　什么值得买的商业模式

　　一方面，跨境购平台将宁波市纳入进口跨境电子商务业务试点企业所经营的商品全部搬上网络，为其提供一站式解决方案；另一方面，跨境购平台为国内跨境消费者提供实名身份备案、税单查询、商品防伪溯源查询等跨境网购服务，如图2-32所示。

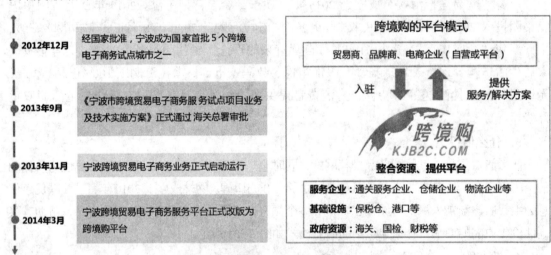

图2-32　跨境购的发展历程和平台模式

第三节　进口电商海关监管模式和税收

一、进口跨境电子商务海关监管模式

1. 进口跨境电子商务引发的海关监管问题

海关的基本职能包括出入境监管、保税监管、税收征管、进出口统计、海关稽查、知识

产权海关保护、打击走私、口岸管理等。无论是个人物品还是货物，进出关境都必须履行清关手续。而由于各国或地区对跨境贸易一般都是宽出严进，因此进口清关要比出口清关严格得多。在 2014 年跨境电子商务被正式列为监管方式之前，合法的通关形式主要是邮件、快件和贸易三类。

在海淘和海代时代，货物及个人物品类快件是最主流的清关方式，在通关中几乎每票必检。经海关审核无误并符合有关规定的，海关在申报单上加盖放行章，但不能排除低报漏报货物价值来逃税的情况。而邮件的申报和查验流程相对简单，海关对个人邮递物品实行抽检，清关抽检率具有随机性，只在超出"自用、合理"等情况下，才申报纳税等海关手续。海关因人力、物力和效率等因素的限制，无法对每个邮包逐一拆包查验，判断其货值和商品品类是否符合监管要求，更无法断定此邮包是个人使用还是转手倒卖，因此现实操作的"综合抽查率"意味着部分海淘邮包、快件可能不被征税，便形成了基于此漏洞的"灰色清关"现象。

▌小知识–清关▐

清关（Customs Clearance）即结关，是指进出口或转运货物出入关境时，依照各项法律法规和相关规定应当履行的手续。

只有在履行各项清关义务，办理海关申报、查验、征税、放行等手续后，货物才能放行，货主或申报人才能提货。同样，载运进出口货物的各种运输工具出入境或转运，也均需要向海关申报，办理海关手续，得到海关的许可。货物在清关期间，不论是进口、出口或转运，都是处在海关监管之下的，不能自由流通。

2. 基于跨境电子商务的海关监管政策调整

自 2014 年，海关总署及其他相关部门连续发布了一系列公告和政策，如表 2-1 所示。

表 2-1　我国有关进口跨境电子商务的政策

发文机构	政策名称	发文时间
海关总署	海关总署公告 2014 年第 12 号（关于增列 9610 海关监管方式代码的公告）	2014 年 1 月
海关总署	《关于跨境贸易电子商务服务试点网购保税进口模式有关问题的通知》	2014 年 3 月
海关总署	海关总署公告 2014 年第 56 号（关于跨境贸易电子商务进出境货物、物品有关监管事宜的公告）	2014 年 7 月
海关总署	海关总署公告 2014 年第 57 号（关于增列 1210 海关监管方式代码的公告）	2014 年 7 月
国家外汇管理局	《支付机构跨境外汇支付业务试点指导意见》	2015 年 1 月
国家质量监督检验检疫总局（原质检总局[①]）	《关于进一步发挥检验检疫职能作用促进跨境电子商务发展的意见》	2015 年 5 月
海关总署	海关总署公告 2015 年第 21 号（关于调整部分日用消费品进口关税的公告）	2015 年 6 月

———————

① 2018 年 3 月，根据国家机构改革方案，原国家质量监督检验检疫总局的出入境检验检疫管理职责和队伍划入海关总署。

发文机构	政策名称	发文时间
财政部、海关总署、国家税务总局	《关于跨境电子商务零售进口税收政策的通知》	2016 年 3 月
海关总署	海关总署公告 2016 年第 26 号（关于跨境电子商务零售进出口商品有关监管事宜的公告）	2016 年 4 月
财政部、国家税务总局	《关于调整化妆品进口环节消费税的通知》	2016 年 10 月
海关总署	海关总署公告 2016 年第 75 号（关于增列 1239 海关监管方式代码的公告）	2016 年 12 月
商务部等六部委	《关于完善跨境电子商务零售进口监管有关工作的通知》	2018 年 11 月
财政部等三部委	《关于完善跨境电子商务零售进口税收政策的通知》	2018 年 11 月
财政部等十三部委	《关于调整跨境电商零售进口商品清单的公告》	2018 年 11 月
商务部等六部委	《关于扩大跨境电商零售进口试点的通知》	2020 年 1 月
商务部等六部委	《关于扩大跨境电商零售进口试点、严格落实监管要求的通知》	2021 年 3 月

小知识–海关监管方式代码

海关监管方式代码是为了满足对不同监管方式下进出口货物的监管、征税、统计作业要求而设置的。一般来说，这个代码包含四个数字，如一般贸易为"0110"，其中 01 是海关内部分类代码，10 是海关统计代码。"1210"和"1239"前两位数字"12"代表保税，仅和保税业务相关。

3. 现行的进口跨境电子商务海关监管

在进口跨境电子商务中，境外的商品通过合法途径进入境内主要有四种方式：一般贸易进口、直购进口、保税进口和个人物品类入境邮件/快件。

（1）一般贸易进口模式（海关监管方式代码 0110）

一般贸易是指境内有进出口经营权的企业，按一般贸易交易方式，从境外供应商进口商品。根据《中华人民共和国海关法》，这种一般贸易交易的方式是指：货物进入境内时，其收货人或其代理人必须向中国海关请求申报，交验规定的证件和单据，接受海关对所报货物的查验，依法缴纳海关关税和其他由海关代征的税款，然后才能由海关批准放行货物和运输工具。除了享受特定减免税优惠和保税的商品，其他以一般贸易方式进入境内的商品，均需要缴纳进口税和进口增值税。

一般贸易方式进入境内的商品，是为了向中国市场销售。这与国内厂家生产商品向消费者销售具有相同的性质，都是涉及中国市场的经营行为。为了保证经营秩序，一般贸易的商品与境内生产的商品一样，只有符合中国的市场标准才能销售。所以，一般贸易的商品需要经过严格的商品检验，以确定其符合中国市场要求。一般贸易进口流程如下。

① 提单/换单：首先要取得国外供应商的到货通知书、正本提单或电放保函到船公司去换舱单（注：舱单是由船公司根据海洋提单发送给海关的货物信息，应该与换回的港区提单内容一致）。

② 检验检疫：包括商品检验、动植物检疫和卫生检疫，目的是检查人员和货物是否符合卫生标准。在《出入境检验检疫机构实施检验检疫的进出境商品目录》中通过商品编码查看要求做法检的货物，若不属法检货物，则报关的时候不需要出入境通关单；若属于法检货物，则需要先提供资料到商检局去做商检，商检人员对所提供的书面材料进行审核，根据书面资料等来判定是否需要对货物进行场地查验。场地查验的项目通常为商品检验、动植物检疫和卫生检疫，即所谓的三检（也有人叫动卫检），完成后出具入境通关单，货物报关时凭此单向海关报关。

③ 报关：报关所需的单证有进口货物报关单、随报关单交验的货运/商业单据（装箱单、发票、合同）、进口货物许可证、检验检疫证、进口货物批准单证、报关报检委托书等。如果是木制包装箱，还需提供熏蒸证书及盖 IPPC 章，证明已做消毒杀虫的处理。此外，不同的产品所需要的特殊单证不同，应准备齐全，有减免税关税的国家（地区）需提供相关国家（地区）的优惠产地证。进口申报后如海关有审价需要，客户需提供相关价格证明，如信用证、保单、原厂发票、招标书等文件。

④ 缴税：一般贸易进口要缴纳进口关税，海关打印税单后，客户需在 7 个工作日缴纳税费。如超过期限，海关按日计征收滞纳金。缴完关税后，银行会在缴款书上盖章。

⑤ 通关放行：报关的进口货物，经过审核所提交的报关单据、查验实际货物，并依法办理了征收货物税费手续或减免税手续后，海关在有关单据上签盖放行章，货物的所有人或其代理人才能提取或装运货物。此时，海关对进口货物的监管才算结束。另外，进口货物因各种原因需海关特殊处理的，可向海关申请担保放行。海关对担保的范围和方式均有明确的规定。

境内贸易公司通过一般贸易方式将商品进口到境内之后，可以直接通过自己的电商平台销售，也可以交由其他电商平台销售。天猫商城上品牌官方旗舰店销售的进口商品，以及京东、聚美优品、1 号店、我买网等 B2C 网站上销售的进口商品，通常都是先按照贸易的方式批量进口，再销售给消费者的。其中的区别只是有的网商是自己在境外直采、办理通关，有的网商则是向境内的贸易商、代理商采购已经通关进入境内的商品。

（2）直购进口模式（海关监管方式代码为 9610）

该模式在用户下单付款后、商品申报前，电子商务企业、支付企业、物流企业应当分别通过跨境电子商务通关服务平台如实向海关传输交易、支付、物流等电子信息（称为"三单"）。这些信息首先会传输到企业备案的跨境服务平台，再由服务平台传输到海关管理平台，三单匹配通过后，电子商务企业或其代理人应向海关提交《申报清单》，采取"清单核放"方式办理报关手续。实物清关放行后方可进行派送。

海关针对直购进口模式确定了"自动申报、自动审结、货到放行、汇总征税"模式，减轻了企业逐票手工申报和缴纳税款的烦琐手续，实现跨境网购的全过程电子化，有助于提高企业通关效率。和传统海淘时代相比，这一模式具有税费信息透明、通关效率高、全程物流可追溯等特点，物流时效较传统模式平均缩短一星期以上。直购进口模式根据《关于跨境电子商务零售进口税收政策的通知》规定缴纳"跨境电子商务综合税"。直购进口模式流程如图2-33 所示。

根据《关于跨境电子商务零售进口税收政策的通知》规定："跨境电子商务零售进口商品按照货物征收关税和进口环节增值税、消费税，购买跨境电子商务零售进口商品的个人作为纳税义务人，以实际交易价格（包括货物零售价格、运费和保险费）作为完税价格，电子商务企业、电子商务交易平台企业或物流企业可作为代收代缴义务人。

跨境电子商务零售进口商品的单次交易限值为人民币5000元，个人年度交易限值为人民币26000元。在限值以内进口的跨境电子商务零售进口商品，关税税率暂设为0%；进口环节增值税、消费税取消免征税额，暂按法定应纳税额的70%征收。

超过单次限值、累加后超过个人年度限值的单次交易，以及完税价格超过5000元限值的单个不可分割商品，均按照一般贸易方式全额征税。"

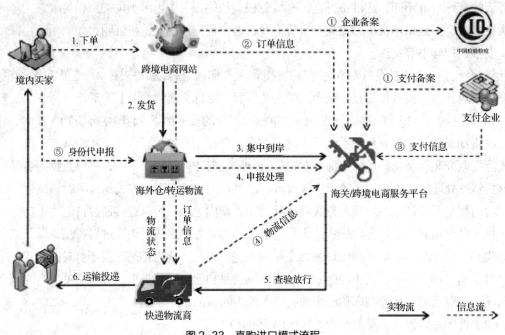

图2-33 直购进口模式流程

（3）保税进口模式（海关监管方式代码1210和1239）

1210保税进口模式与9610直购进口模式流程相似，如图2-34所示。区别在于保税进口电商企业应在海关备案，商品清关后，通过国际运输抵达口岸，入境申报并理货入保税仓，三单对碰后，在保税仓的监管区域内过X光机查验。

而根据跨境电子商务"四八新政"的要求，1239保税进口商品不仅要备案，还应在"正面名单"（白名单）中，即还要像传统贸易一样向海关提交进口许可证件，申报清单中的商品不再免于检验检疫。

保税进口模式与直购进口模式一样，须根据《关于跨境电子商务零售进口税收政策的通知》规定缴纳"跨境电子商务综合税"。

（4）个人物品类入境邮件/快件

① 邮政国际邮件。狭义的"直邮"是指收发两端都是邮政，通过万国邮联渠道传送数据的

方式。跨境电子商务"四八新政"后，大量海淘转运都会选择邮政包裹，以个人物品的形式邮寄入境。邮政包裹在海关属于进出境个人物品监管范畴，不纳入贸易统计，征收行邮税。因此，中国海关明确要求，禁止物流企业代理境外邮政包裹入境时使用邮政清关。

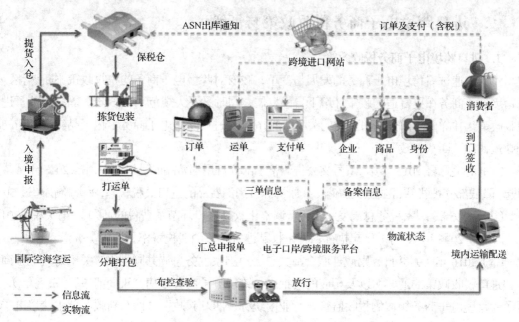

图 2-34　1210 保税进口电商流程

邮政清关是一种非主动的批量清关方式。个人物品只需要提供品名与包裹价值，而不要求收件人的身份证信息（收货人必须为个人，以符合自用的范围）。海关先根据一批货物的总申报单进行预审，根据包裹价值将明显需要交税的挑选出来，再通过 X 光机查验是否有隐瞒申报的。相对于主动申报，这种方式较为宽松，被海关征收关税的概率也较低。邮政清关海关放行之后，统一交给境内邮局派送。

② 商业快件。在财政部公布跨境电子商务零售进口税收新政策的同时，海关总署也发布了 2016 年第 19 号公告，宣布自 2016 年 6 月 1 日起启动新版快件通关管理系统（以下简称新快件系统），原快件通关管理系统中的报关功能同时停止使用。我国进出境快件分为 ABC 三类，分别为文件类、个人物品类和低值货物类，如表 2-2 所示。进口跨境电子商务有部分商品通过 B 类快件渠道入境。

海关总署发布的关于启用新快件通关系统相关事宜的公告

表 2-2　快件分类及其监管方式

分类	范围	监管方式
A 类	法律法规定予以免税且无商业性质的文件、单证、票据及资料	免税，其他监管
B 类	符合法律法规定，在合理范围内自用的个人物品进出境快件	行邮监管
C 类	超过个人物品限值的低货值进出境快件（价值＜5000 元）	一般贸易监管

快件清关是一种主动申报的清关方式,每单必检。报关时需要上传收件人身份证信息,详细说明申报物品数量及价值,这些信息都需要录入海关总署的个人行邮清关系统。快件在海关放行后,可以任意选择境内物流公司进行派送。

二、进口跨境电子商务税收政策与征缴

1. 进口跨境电子商务税收政策

为了加速进口跨境电子商务的发展与变革,政府对跨境电子商务的税收政策不断调整,引导跨境电子商务在更舒适的政策环境下自由发展,同时又不失规范。2015年,国家规范了进口税收政策,并降低了部分进口商品的关税。2016年对进口跨境电子商务零售产品实行了新的税制政策,即"四八新政"。

(1)海关总署 2015 年第 21 号文公告调整了部分日用消费品的进口关税,自 2015 年 6 月 1 日起,降低部分护肤品、西装、短统靴、纸尿裤等日用消费品的进口关税税率,平均降幅超过 50%。

(2)财政部、国家税务总局发布《关于调整化妆品进口环节消费税的通知》(财关税〔2016〕48 号),自 2016 年 10 月 1 日起执行,将化妆品进口环节消费税税率下调为 15%。

(3)2016 年 4 月 8 日,财政部联合海关总署、国家税务总局共同推出《关于跨境电子商务零售进口税收政策的通知》以及相应的两批进口跨境电子商务零售"正面清单"(白名单),加强了对跨境电子商务领域的税收监管,行业内统称"四八新政"。"四八新政"要求跨境电子商务零售进口商品不再按物品征收行邮税,而是按货物征收关税、增值税、消费税等,行邮税税率也同步调整。

而后经国务院批准,自 2016 年 5 月 11 日起,我国对跨境电子商务零售进口有关监管要求给予一年的过渡期,即继续按照试点模式进行监管。过渡期内,对天津、上海、杭州、宁波、郑州、广州、深圳、重庆、福州、平潭 10 个试点城市经营的网购保税商品"一线"进区①时暂不核验通关单,暂不执行化妆品、婴幼儿配方奶粉、医疗器械、特殊食品的首次进口许可批件、注册或备案要求;对所有地区的直购模式也暂不执行上述商品的首次进口许可批件、注册或备案要求。过渡期实施后,进口跨境电子商务稳定发展。为稳妥推进跨境电子商务零售进口监管模式过渡,经工商有关部门同意,上述过渡期进一步延长至 2018 年年底。

2. 不同通关模式下的进口税及其计算方法

进口应缴税款主要有三种,关税、消费税和增值税。部分情况下还涉及行邮税。

(1)关税是指一国(或地区)海关根据该国(或地区)法律或相关政策规定,对通过其关境的进出口货物普遍征收的一种税。关税又分为进口税、出口税、过境税,其中进口税最为重要,是国家(或地区)主要的贸易措施。

(2)消费税是以消费品的流转额作为征税对象的各种税收的统称,主要针对小部分高价值的进口消费品征收,个别还要加收奢侈品税。

(3)进口增值税即进口环节征缴的增值税,是以环节增值额为征税对象的流转税。

(4)行邮税是行李和邮递物品进口税的简称,是海关对入境旅客行李物品和个人邮递物品

---

① 从境外与试验区之间的进出设定为"一线"管理,如企业申报将货物从日本运入试验区为"一线"进区。从试验区与境内试验区外其他地区之间的进出设定为"二线"管理,如企业申报将货物从试验区运入松江的出口加工区,则为"二线"出区。

征收的进口税，是关税、增值税和消费税三者合一的替代税种。其中"行"指的是入境旅客随身携带的行李物品，"邮"指的是通过邮包或快件渠道从境外寄到境内的物品。进口跨境电子商务中的"人肉代购"涉及的是"行"，而直邮模式则涉及"邮"。由于行邮税针对的是个人非贸易性入境物品，故税率普遍低于同类进口货物的综合税率。为了保持行邮税与跨境电子商务综合税之间的平衡，海关总署公告2019年第63号关于调整《中华人民共和国进境物品归类表》和《中华人民共和国进境物品完税价格表》的公告将行邮税税率进行了下调，并略有提升。不同通关模式下的进口税详解如表2-3所示。

表2-3　不同通关模式下的进口税

税种	征税范围	计征公式	适用场景	
进口关税	进口货物	一般完税价格=CIF价[①]； 关税=完税价格×关税税率	一般贸易进口：一般贸易合计税额=关税+消费税+增值税	跨境电子商务在限额内免征
消费税	进口商品，主要有烟、酒、化妆品	消费税=（完税价格+关税）/（1-消费税税率）×消费税税率		跨境电子商务在限额内按70%征收
进口增值税	进口商品	增值税=（完税价格+关税+正常计征的消费税额）×增值税税率		跨境电子商务在限额内按70%征收
行邮税	入境个人物品	税额=商品完税价格×商品行邮税税率，税额<50元免征，有3%、13%、20%和50%四档	邮件快件	

实训　进口税计算

【实训目的】

了解不同通关模式适用的税种，掌握不同商品对应不同税种的税率查询方法，并能最终计算出进口税税额。

【实训内容和步骤】

（一）一般贸易模式进口税计算

某电商公司以一般贸易方式从墨西哥进口完税价格（CIF价格）为5万美元的龙舌兰酒，根据海关税则，税号是2208901090，当时美元汇率中间价[②]为6.67。请回答下列问题：

（1）进口关税税率、增值税税率和消费税税率分别是多少？

（2）请计算其关税、增值税和消费税。

实训提示：

按照一般贸易方式进口的商品按照完税价格（CIF价格）征收关税、消费税和增值税，根据商品税号查到其对应税种的税率就能计算出进口税。

---

① 我国《进出口关税条例》规定，"进口货物以海关审定的成交价格为基础的到岸价格作为完税价格。"即进口货物以CIF（成本+保险费+运费）的成交价格作为完税价格。

② 进出口关税的计算都是以人民币为基础的，如果货物是以外币计价的，要按照海关填发税款缴纳证之日的人民币外汇牌价的买卖中间价折合成人民币计算。

实训步骤：

1. 查询并计算关税

登录中华人民共和国海关总署的网站进行进出口税则查询，可通过税则号和货品名称两种方式进行关税查询，如图 2-35 所示。

图 2-35　进口关税查询

查询发现龙舌兰酒有 2 种进口关税税率：最惠国税率 10%，普通税率 180%。墨西哥享受最惠国待遇，因此征收 10%最惠国关税。计算公式为：

$$关税 = 完税价格 \times 关税税率$$

┃小知识-最惠国税和普通税┃

正常进口关税通常可分为最惠国税和普通税两种。最惠国税适应于签订有最惠国待遇原则的贸易协定的国家或地区进口的商品；普通税适用于没有签订这种贸易协定的国家或地区进口的商品。最惠国税率比普通税率低，且二者的差幅往往很大。

2. 查询并计算消费税

登录全关通网站进行进口商品消费税查询，如图 2-36 所示。查询可知龙舌兰酒的消费税税率为 20%。计算公式为：

$$消费税 = （完税价格 + 关税）/ （1 - 消费税税率） \times 消费税税率$$

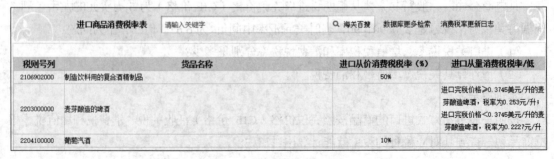

图 2-36　进口商品消费税查询

3. 查询并计算增值税

一般纳税人增值税税率为 13%、9%、6%三档。销售或者进口货物（另有规定的货物除外）

的增值税税率为13%。计算公式为：

$$增值税 =（完税价格 + 关税 + 正常计征的消费税税额）× 增值税税率$$

$$进口税 = 关税 + 消费税 + 增值税$$

（二）跨境电子商务综合税计算

用户在某 B2C 跨境电子商务平台购买了德国产的价格为 79 元（含国际运费和保险费）的宝宝护肤品，商品为保税区发货，回答下列问题：

（1）该用户购买此进口商品应缴什么税种？

（2）该用户今年已进行多次跨境购，根据"四八新政"，用户在限值内的跨境电子商务消费税额为多少？超出限值税额又是多少？如何查询跨境电子商务年度个人额度？

实训提示：

（1）该用户通过跨境电子商务平台保税进口模式购买，应缴跨境电子商务综合税。

（2）"四八新政"要求跨境电子商务零售进口商品不再按物品征收行邮税，而是按货物征收关税、增值税、消费税等。跨境电子商务进口零售单笔交易限值为 5000 元人民币，个人年度交易额限值为 26000 元人民币。在限值以内，关税税率暂设为 0%，进口环节增值税、消费税取消免征税额，暂按法定应纳税额的 70% 征收，超过限制的部分均按照一般贸易方式征税。单个不可分割的商品价值超过 5000 元限额的，按一般贸易进口货物全额征税。

实训步骤：

1. 查询跨境电子商务年度个人额度

搜索"跨境电子商务年度个人额度查询"进行查询，如图 2-37 所示。

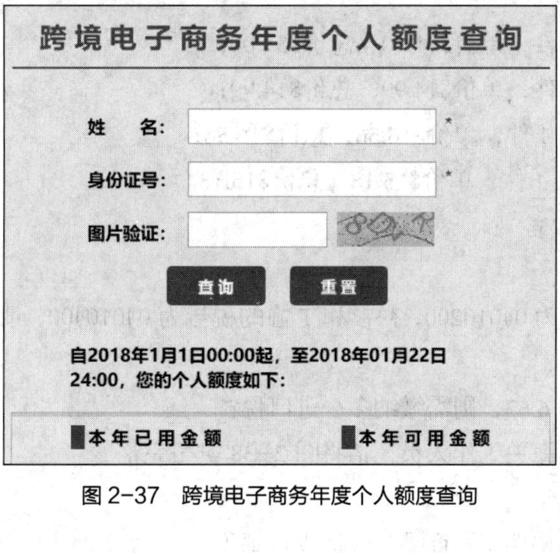

图 2-37　跨境电子商务年度个人额度查询

2. 计算跨境电子商务综合税

思路一：根据跨境电子商务零售进口税收政策逐一计算各项税额。

商品价格为 79 元，在单次消费限值之内，如未超过年度消费限值：

（1）跨境电子商务零售进口应征关税为 0。

（2）法定计征的消费税 = 完税价格/（1 - 消费税税率）× 消费税税率。

（3）法定计征的增值税 =（完税价格 + 正常计征的消费税税额）× 增值税税率。

（4）跨境电子商务综合税额=（法定计征的消费税+法定计征的增值税）×70%。

如超过年度消费限值，按一般贸易进口货物全额征税，在前文已做讲述。

思路二：根据"税费=购买单价×件数×跨境电子商务综合税率"公式进行计算。

这就要解决跨境电子商务综合税税率的计算问题。我们假设商品的完税价格是 X，消费税税率为 a，增值税税率为 b。

（1）跨境电子商务零售进口应征关税为 0。

（2）法定计征的消费税=完税价格/（1−消费税税率）×消费税税率=$\dfrac{Xa}{1-a}$。

（3）法定计征的增值税=（完税价格+法定计征的消费税税额）×增值税税率=$\left(X+\dfrac{Xa}{1-a}\right)\times$ b=$\dfrac{Xb(1-a)+Xab}{1-a}=\dfrac{Xb}{1-a}$。

（4）跨境电子商务综合税额=（法定计征的消费税+法定计征的增值税）×70%=$\left(\dfrac{Xa}{1-a}+\dfrac{Xb}{1-a}\right)\times$ 70%=70%×$\dfrac{a+b}{1-a}X$，由此可推出，跨境电子商务综合税（%）=70%×$\dfrac{a+b}{1-a}$，即（消费税税率+增值税税率）/（1−消费税税率）×70%。

由以上可知，只要查出消费税税率和增值税税率，就可以直接得出税额。

（三）行邮税计算

某用户在境外网站订购了服装，由于该网站没有直邮境内的服务，他找了一家转运公司，以快件物品快件方式寄回境内，税费自理。快件清关需主动申报，申报信息如下。

内件详情：

某品牌牛仔裤共 1 件，单价$31.00，总价$31.00；

某品牌牛仔裤共 1 件，单价$14.99，总价$14.99；

某品牌男士衬衫共 1 件，单价$16.56，总价$16.56；

某品牌男士 T 恤共 1 件，单价$15.18，总价$15.18。

总申报价值：$77.73。

请回答以下问题。

（1）牛仔裤的税号为 04010200，衬衫和 T 恤的税号为 04010400，请查询此 4 件商品的完税价格和税率各是多少。

（2）若美元汇率为 6.67，则需缴纳多少进口税？

（3）假设你是一名海关工作人员，请将图 2−38 填写完整。

实训提示：

（1）通过个人物品快件寄送商品，应征收行邮税。

（2）行邮税=商品完税价格×商品行邮税税率，因此要查询商品完税价格和行邮税税率。

实训步骤：

1. 查询商品完税价格和行邮税税率

登录中华人民共和国海关总署网站，下载"中华人民共和国进境物品归类表"和"中华人民共和国进境物品完税价格表"，如图 2−39 所示。

中 华 人 民 共 和 国　　　　海　关
旅 客 行 李 、 个 人 邮 递 物 品 进 口 税 款 缴 纳 证

纳税人姓名（地址）　　　　　　　　　　海关编号（　　）A2004—

代号	品 名 和 规 格	数 量	完 税 价 格	税率%	进 口 税 金 额

进口税合计：人民币（大写）　　　　　　　　　　元

日　期　　　　　　　　　　　　关员代号：

收款联：银行收款盖章后退海关作税收会计凭证

完税物品代号对照
1. 计算器
2. 药品、动植物药料
3. 缝纫机
4. 录音机（多用机）
5. 电视机
6. 体育用具、乐器
7. 食品、饮料
8. 参、茸、麝香
9. 棉、麻制品
10. 收音机、电唱机
11. 电冰箱
12. 洗衣机
13. 电风扇
14. 自行车
15. 摩托车
16. 丝、毛、化纤制品
17. 照相机、照相器材
18. 录像机、录像器材
19. 手表、怀表、钟
20. 烟、酒
21. 其他

图 2-38　海关旅客行李、个人邮递物品进口税款缴纳证

海关总署公告2019年第63号（关于调整《中华人民共和国进境物品归类表》和《中华人民共和国进境物品完税价格表》的公告）

公告（2019）63号

根据《国务院关税税则委员会关于调整进境物品进口税有关问题的通知》（税委会〔2019〕17号），海关总署决定对2018年第140号公告公布的《中华人民共和国进境物品归类表》及《中华人民共和国进境物品完税价格表》进行相应调整，归类原则和完税价格确定原则不变，现予以公布（见附件1、2），自2019年4月9日起执行。

特此公告。

附件：　1. 中华人民共和国进境物品归类表.tif

2. 中华人民共和国进境物品完税价格表.tif

海关总署

2019年4月8日

图 2-39　海关总署公告 2019 年第 63 号公告

查询结果如图 2-40 所示，牛仔裤、衬衫和 T 恤完税价格是 200 元，税率为 20%。

04010000	一衣着			
04010100	——外衣	件	300	20%
04010200	——外裤	条	200	20%
04010300	——内衣裤	条/件	100	20%
04010400	——衬衫/T 恤衫	件	200	20%

图 2-40　行邮税查询

2. 确定海关征税基数

进出口货物的完税价格是指海关根据有关规定进行审定或估定后确定的价格，它是海关征收关税的依据。

（1）当货物实际购买价格为 X，1/2 完税价格＜X＜2 倍完税价格，则按完税价格征税。

（2）当 X＜1/2 完税价格，或 X＞2 倍完税价格，即实际购买价格与完税价格相差过大，按货物的实际购买价格征税。

例如，完税价格为 300 元的商品，实际购买价格为 180 元，180 在 300 的 1/2 与 2 倍间的（150～600），所以按 300 元征税。

3. 计算行邮税

根据公式和适用的税率计算出行邮税。

【同步阅读】

亚马逊中国发布 2017 跨境网购趋势报告

亚马逊中国于2018年1月16日在北京发布了2017跨境网购趋势报告。报告分析了2017年中国跨境网购消费呈现的三大特征和趋势。该报告基于对亚马逊海外购海量销售数据及消费者行为调查的深度解析，为跨境网购市场的发展提供了有益参考与借鉴。

报告显示，2017年中国跨境网购的三大特征和趋势如下。

第一，品质成为跨境网购核心标配。随着跨境电子商务行业的发展，消费者的品牌意识和品质观念日趋成熟。亚马逊海外购数据显示，在海外购搜索的前50个关键词中，84%为品牌名称，这意味着消费者的品牌意识和品质观念已经相对成熟。与此同时，2017年亚马逊消费者调研显示，超八成消费者选择海外购的首要原因是商品品质有保障。可见，品质已经逐渐成为跨境电子商务最基本的发展基础与要素。

第二，个性消费成为跨境网购新趋势。凭借亚马逊全球资源，目前亚马逊海外购商店已成功完成与亚马逊美国、英国、日本、德国四大站点的对接，为中国消费者带来超1600万纯正海外选品。消费者在跨境网购时对商品的多样性有强烈追求，不仅局限于爆款和标品。面对海量选品，消费者的选择非常多样化，长尾选品的销售增长明显。例如在过去一年，亚马逊海外购中园艺类商品的销量增长近3倍。此外，消费者也不再局限于选择单一色系的商品，色彩丰富的商品成为消费新宠，如拥有七种色彩的Lodge（洛极）品牌的珐琅铸铁锅等颇受消费者的欢迎。除此之外，轻奢品牌大行其道，在亚马逊海外购中，50个大众耳熟能详的轻奢品牌年销售均实现显著增长，其中Brooks Brothers（布克兄弟）和Michael Kors（迈克·科尔斯）均增长了4倍左右。

第三，会员经济成为跨境网购新增长点。亚马逊Prime会员服务已成为全球会员经济探索与发展的先驱，不断创造会员经济的新奇迹。亚马逊全球数据显示，2017年，Prime会员服务为全球会员共配送超过50亿件包裹，亚马逊全球新增付费会员数量也达到历史新高。亚马逊Prime会员服务在中国推出后，对于亚马逊中国的整体业务，特别是海外购业务产生了显著的拉动作用。2017年中国Prime会员日当天，亚马逊海外购订单总量全面超过2016年"黑色星期五"当日，且亚马逊中国和亚马逊海外购销售额较去年同期均实现近300%的增长。数据显示，Prime会员服务落地中国后，中国各地的海外购销售额均实现增长。其中，增速最快的前十大省（直辖市、自治区）分别为：西藏自治区、浙江、上海、北京、江苏、贵州、四川、青海、湖北和河北。

此外，亚马逊Prime会员在平均交易额、购买频次、跨品类购买等方面均显著高于非会员，且亚马逊Prime会员对于"黑色星期五"等跨境购物节点更为敏感。亚马逊Prime会员服务的独特价值使其备受中国跨境网购消费者的青睐，2017年年底进行的亚马逊Prime会员用户调研结果显示，超过九成接受调查的消费者表示愿意向亲戚或朋友推荐亚马逊Prime会员，近八成亚马逊Prime会员表示愿意续费。

除了以上显著特征外，2017年跨境网购数据还为我们清晰刻画出了典型的亚马逊Prime会员画像，即主体为"80后""90后"的高收入、高学历、理性而成熟、追求高品质生活的人群，这与亚马逊海外购用户的整体状况相吻合。从跨境网购消费能力来看，亚马逊Prime会员跨境消费排名前十的地区分别为：北京、广东、上海、江苏、浙江、四川、山东、湖北、福建和辽宁。从地域分布来看，Prime会员助推跨境网购在全国的渗透率不断扩大，亚马逊Prime会员海外购订单几乎覆盖了全中国。

（资料来源：亚马逊中国发布的2017跨境网购趋势报告）

【本章小结】

随着消费环境的剧烈变化、网络购物习惯的养成、进口消费意识的建立、支付方式的便利和政府政策的支持，跨境网购成为人们生活的新常态，并在跨境电子商务中占比越来越大。

本章第一节介绍了进口跨境电子商务的发展历程、模式分类和国内的发展现状，让读者对进口跨境电子商务有一个整体的认识。第二节介绍了进口跨境电子商务的生态链、主流平台及其特点。第三节介绍了进口跨境电子商务的海关监管模式和税收政策。其中进口跨境电子商务的模式、海关监管模式和税收政策是本章的重点，也显现出进口跨境电子商务与出口跨境电子商务的不同之处。

【同步测试】

1．单项选择题

（1）下列有关进口跨境电子商务平台描述错误的是（　　）。

    A．洋码头认证买手扫货直播模式是基于C2C的进口跨境电子商务

    B．唯品国际是闪购模式平台

    C．天猫国际属于C2C进口跨境电子商务平台

    D．什么值得买是导购返利类平台

（2）以下不是跨境电子商务进口监管模式的有（　　）。

    A．一般贸易进口　　　B．保税进口　　　C．直购进口　　　D．直邮进口

（3）2014年1月，海关总署增列海关监管方式代码（　　），适用于境内个人或电子商务企业通过电子商务交易平台实现交易，并采用"清单核放、汇总申报"模式办理通关手续的电子商务零售进出口商品。

    A．1210　　　　　　B．1220　　　　　　C．9610　　　　　　D．9620

（4）电子商务出境货物运抵海关监管场所装货（　　）前，应按照已向海关发送的订单、支付、物流等信息，如实填制《货物清单》，逐票办理货物通关手续。

    A．4小时　　　　　B．12小时　　　　　C．24小时　　　　　D．3天

（5）下列有关海关监管代码 9610 的说法正确的是（　　）。

    A. 其全称是跨境贸易电子商务　　　　　　B. 只适用于进口

    C. 只适用于出口　　　　　　　　　　　　D. 只适用于企业出口

2. 多项选择题

（1）下列表述错误的是（　　）。

    A. 跨境电子商务的主要优势是贸易方式更加灵活，但销售毛利润并没有提高

    B. 企业从事跨境电子商务不需要依托第三方支付方式

    C. 跨境物流在跨境电子商务环节中非常重要

    D. 从跨境电子商务进口的角度看，9610 和 1210 是没有区别的

（2）下列表述错误的是（　　）。

    A. 1210 与 9610 监管方式的主要区别是 1210 适用于跨境出口的监管，9610 适用于跨境进口的监管

    B. 划归为 9610 的商品，在进出口报关时采用"清单核放、汇总申报"模式办理通关手续

    C. 1210 与 9610 监管方式的主要区别是 1210 适用于跨境直购进口的监管，9610 适用于跨境保税进口的监管

    D. 2016 年 1 月 1 日以后，跨境电子商务进口的产品需要缴纳综合税

（3）下列关于快件表述正确的是（　　）。

    A. 我国进出境快件分为 ABC 三类，分别为文件类、个人物品类和货物类

    B. A 类快件是指法律、法规规定予以免税且无商业性质的文件、单证、票据及资料，A 类快件免税

    C. B 类快件是指法律、法规规定合理范围内自用的个人物品进出境快件，实施行邮监管

    D. C 类快件是指超过个人物品限值的低货值进出境快件（价值＜2000 元），实施一般贸易监管

（4）下列有关进口税表述正确的是（　　）。

    A. 关税是指一国（或地区）海关根据该国（或地区）法律或相关政策规定，对通过其关境的进出口货物普遍征收的一种税

    B. 进口增值税即进口环节征缴的增值税

    C. 消费税是以消费品的流转额作为征税对象的各种税的统称

    D. 行邮税是行李和邮递物品进口税的简称，是海关对入境旅客行李物品和个人邮递物品征收的进口税

（5）行邮税包含了在进口环节征收的（　　）。

    A. 增值税　　　　B. 消费税　　　　C. 城建税　　　　D. 关税

3. 简答和分析题

（1）进口跨境商品的入境渠道有哪些？各有什么特点？

（2）表 2-4 中各个进口跨境电子商务平台属于哪一种类型？对比各个平台，分析其特点和优劣势。

表 2-4　进口跨境电子商务平台对比分析

平台名称	类型	特点和优劣势
亚马逊海外购		
天猫国际		
京东全球购		
唯品国际		
洋码头		
考拉海购		
什么值得买		

（3）观看配套资源视频"一则有关跨境电商走私案的报道"，并思考：该案件中的犯罪团伙是如何被警方查获的？给你什么启示？

Chapter 3

第三章
出口跨境电子商务

【学习目标】

了解出口跨境电子商务发展历程和现状；熟悉出口跨境电子商务的模式、产业链和主流平台；掌握出口跨境电子商务的流程和岗位要求；培养创新精神以及勇于进取的企业家精神；树立法制意识、尊重知识产权，增强职业操守，健全职业道德。

【知识导图】

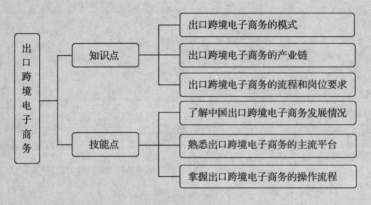

【引例】

2013年，26岁的华丙如站在自己的代工厂里思考，这名厂长担心淘宝流量贵不好做。2017年，30岁的华丙如坐在余杭区中心的写字楼，他已经从厂长变为拥有几十个品牌、1200名员工、年销售额达20亿元的杭州子不语贸易有限公司首席执行官（CEO）了。这一切，源于他2014年所做的决定，即转型做跨境电子商务。

引流成本过高是华丙如"出淘"的理由，凭借此前的国内电子商务经验、运营推广能力和对供应链的整合，子不语团队出海的征途如火箭般迅猛。与其他公司全品类铺货运营不同，子不语专注于服饰这一个品类，打造了欧美风、网红快时尚风等不同风格的服饰，以迎合不同人群的时尚需求。

华丙如把跨境电子商务的"三板斧"概括为与用户互动反馈、按需定制、快速出招。"快时尚的节奏，短期出货的优势，是快速占领市场的关键。"子不语的工厂可以做到1周出新品，每天上新100多种产品，设计师团队达60多人。

子不语依托亚马逊、Wish、阿里巴巴速卖通、eBay、Walmart等跨境第三方销售平台和自营独立站，开设有效店铺400余个，活跃库存量30万以上，海外自主产权商标240多个，全年平均日发件量达6万~8万件。其下设四家供应链管理公司、四个国内仓、两个海外仓、一家培训公司，外发合作加工厂上百家，并设立线下实体体验渠道，做到产业的深度垂直，成为一家集产品研发、设计、生产和销售、服务为一体的"互联网+产业"综合性公司。

《子不语：华丙如转做跨境电子商务三年营收 20 亿元》

（资料来源：中国电子商务研究中心《子不语：华丙如转做跨境电子商务三年营收20亿元》）

【引例分析】

过去依靠价格优势、规模化生产、人口红利和生产红利，中国外贸出口演绎了无数草根创业者逆袭的成功传奇。现如今，各类优势正在逐渐丧失，成本压力纷至沓来。中国的外贸企业要想在全球的竞争中生存下去，不能仅满足于低附加值的产品出口，而应该打造具有自主知识产权的知名品牌。子不语公司是"互联网+产业"的公司典范，它抓住了跨境电子商务的发展契机，冲出国门、走向世界，连续斩获享有电商界奥斯卡奖之称的金麦奖"最佳跨境电子商务营销奖"与"最佳跨境电子商务品牌奖"等盛誉。本章主要介绍出口跨境电子商务的相关知识。

第一节　出口跨境电子商务概述

一、出口跨境电子商务发展历程

出口跨境电子商务脱胎于出口跨境贸易，其发展历程主要可分为四个阶段，如图 3-1 所示。

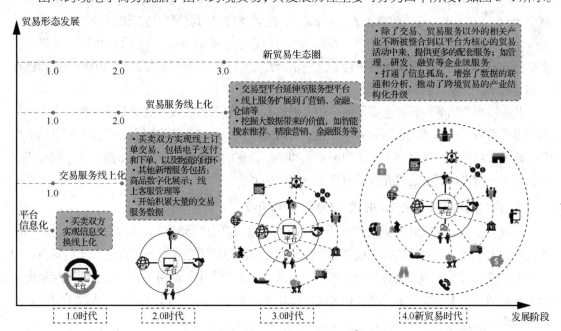

图 3-1　跨境电子商务发展历程[1]

---

[1] 摘自埃森哲与敦煌网共同发布的《新贸易时代：重塑 B2B 商业生态圈》。

1. 出口跨境电子商务 1.0 时代（1999—2003 年）

出口跨境电子商务 1.0 时代的主要商业模式是网上展示、线下交易的外贸信息服务模式。

20 世纪初，中国电子商务迈入发展阶段，越来越多的企业意识到网络的优势。网络黄页成为当时继网站建设和搜索引擎后，企业网络应用的第三大热点。网络黄页有帮助企业建站和上网的功能，又有网络营销和业务推广的功能，极大降低了中小企业业务运营成本，提供了其与大企业平等竞争的机会，是广大中小企业的优先选择，这使网络黄页网站飞速发展起来。

小知识-黄页

传统黄页指国际通用按企业性质和产品类别编排的工商企业电话号码簿，以刊登企业名称、地址、电话号码为主体内容，相当于一个城市或地区的工商企业的户口本，按国际惯例用黄色纸张印制，故称黄页。

网络黄页即传统黄页在互联网上的延伸和发展，可大致分为三种形式。

（1）电信部门推出黄页：如中国电信黄页、网通黄页、铁通黄页等。

（2）各大门户网站推出的黄页：如新浪黄页、搜狐黄页、网易黄页。

（3）专业的网络黄页服务机构：如全球黄页、经贸大黄页、网库黄页。

网络黄页提供电话、短信、电子邮件等多种客户沟通方式，随时更新和发布企业简介、企业商情和产品动态等功能。

对外贸企业来说，网络黄页的推广包括两种方式：加入面向全球市场的国家级黄页和世界级黄页目录，以及在目标市场的黄页上做广告。

阿里巴巴成立于 1999 年，以网络信息服务为主，是中国最大的外贸信息黄页平台之一。环球资源网于 1971 年成立，前身为 Asian Source，是亚洲较早的贸易市场资讯提供者，其于 2000 年 4 月在纳斯达克证券交易所上市。在此期间还出现了中国制造网、韩国 EC21 网等大量以供需信息交易为主的跨境电子商务平台。这些平台都采用了网上黄页的模式，为中小企业提供商品信息展示、交易撮合等基础服务，但不涉及任何交易环节。

此阶段平台的盈利模式主要是为企业提供信息展示服务，并收取会员费或服务费。在出口跨境电子商务 1.0 阶段的发展过程中，也逐渐衍生出竞价推广、咨询服务、广告等信息增值服务。此阶段虽然通过互联网实现了中国企业和产品信息面向全世界，但是依然无法完成在线交易，对于外贸电商产业链仅完成了信息流的整合环节。

2. 出口跨境电子商务 2.0 时代（2004—2012 年）

2004 年，出口跨境电子商务平台开始摆脱纯网络黄页的展示模式，实现交易、支付、物流等流程的电子化，逐步发展为在线交易平台，标志着出口跨境电子商务正式进入 2.0 阶段。与 1.0 阶段相比，2.0 阶段更能体现电子商务的本质，其借助于电子商务平台，整合服务与资源，有效地打通了上下游供应链。在 2.0 阶段，B2B 是跨境电子商务的主流模式，实现了中小企业商户的直接对接。

随着互联网的普及，网民数量呈爆发式增长，个人网络支付和物流快递业务服务升级使越来越多的消费者开始养成网络购物的习惯。在这种趋势下，B2C 出口跨境电子商务应

跨境电子商务基础

运而生。2002 年 eBay 收购易趣网，亚马逊紧随其后于 2004 年收购卓越网，两大国际电商巨头为中国境内卖家与境外消费者搭建了直接交易的平台，也成为我国 B2C 出口跨境电子商务发展的起点。在 B2C 出口跨境电子商务发展初期，产业配套设施不完善，交易规模小，卖家主要是小批发商，商品主要集中在单价较高、具有性价比优势的 3C 类产品。2007 年开始，兰亭集势、环球易购等自营 B2C 平台相继出现，B2C 出口跨境电子商务行业进入企业主导阶段。

这一阶段 B2C 企业发展的策略是以量取胜，凭借高性价比的产品迅速抢占境外市场，通过增大交易量来获取利润。此时，B2C 出口电子商务规模初显，商品也扩大到了服饰鞋帽、家居商品、3C 产品等品类。在 2.0 阶段，企业做跨境电子商务有两种途径：一是平台电商模式，即在第三方平台上建立网店门户；二是独立电商模式，即构建自己的品牌，搭建自己的网站并推广，如兰亭集势、大龙网等。在此阶段，第三方平台实现了营收的多元化和后向收费模式，盈利以"会员收费"为主转变为按成交效果来收取"交易佣金"。

3. 出口跨境电子商务 3.0 时代（2013 年至今）

2013 年左右，大量 B2C 出口跨境电子商务企业兴起，行业竞争加剧。企业开始注重打造自有品牌壁垒，虽"以量取胜"仍占主导，但是开始重视"以质取胜"。大多数企业仍以亚马逊、eBay、Wish、速卖通等平台作为主要销售渠道，也有部分企业开始自建平台，提供差异化商品。

出口跨境电子商务 3.0 阶段实现了贸易服务的线上化，平台由交易型平台延伸至服务型平台，线上服务扩展到了营销、互联网金融、仓储和网络配套服务等。同时，平台通过对积累的大量交易数据进行大数据挖掘，向商家提供智能搜索推荐、精准营销等增值服务。

4. 出口跨境电子商务新贸易时代

展望未来，新贸易时代以技术为驱动，贸易流程中的各个环节被数字化。贸易服务得到进一步延展，催生了新的商业模式与参与主体，贸易生态被重塑。

海关总署、国家质量监督检验检疫总局[①]、国家税务总局、国家外汇管理局（简称关、检、税、汇）等监管部门政策下放，为生产商和海外终端客户打破信息不对称、打通信息孤岛，提供端到端的商务、仓储、物流、金融、信保等配套服务，缩小需求与供给缺口，为资源缺乏的中小企业提供了管理、研发、融资等企业级服务，促进了跨境贸易结构化升级，如图 3-2 所示。

二、出口跨境电子商务模式

第一章"跨境电子商务概述"讲解了跨境电子商务的分类，为了进一步理解出口跨境电子商务模式，这里从其他角度对其进行分类。

1. 以销售模式不同进行分类

出口跨境电子商务以销售模式进行分类，可分为批发、零售和 Drop Shipping。

---

① 2018 年 3 月，根据国家机构改革方案，原国家质量监督检验检疫总局的出入境检验检疫管理职责和队伍划入海关总署。

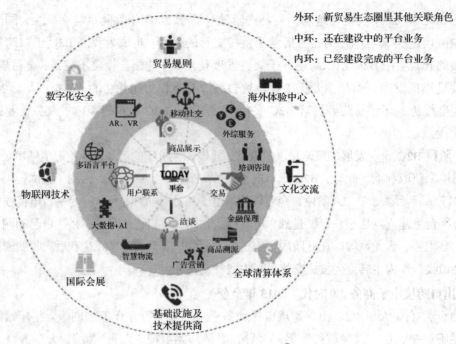

外环：新贸易生态圈里其他关联角色

中环：还在建设中的平台业务

内环：已经建设完成的平台业务

图 3-2　新贸易生态圈[①]

（1）批发

批发的交易对象多是采购厂家或贸易公司，属于 B2B 跨境电子商务模式，其特点有：交易体量大，即使是小批量采购，一般单笔订单金额也达几百甚至上千美元；单笔订单利润较高；对于团队的专业度、沟通服务能力、客户开发能力的要求非常高。批发模式的出口跨境电子商务平台有阿里巴巴国际站、敦煌网、中国制造网、大龙网等。其中，中国制造网、环球资源网、阿里巴巴国际站属于信息服务平台，平台主要为供应商及采购者提供信息服务；敦煌网、大龙网属于交易服务平台，采购商可以通过平台直接在线支付货款、采购商品。

（2）零售

零售，顾名思义，其交易对象是个人消费者，因此 B2C 和 C2C 都属于零售。目前的跨境电子商务零售行业竞争激烈，商家要想在竞争中取胜，必须既保证有价格优势，同时又确保产品质量，因此供应链是制胜的关键因素。

目前零售出口跨境电子商务发展迅速，主流平台包括亚马逊、eBay、速卖通、Wish、Lazada、JollyChic（执御）、Zaful 等。亚马逊、eBay、速卖通、Wish、Lazada 属于第三方开放平台，这类平台允许卖家入驻，并为卖家提供在线交易服务。JollyChic、Zaful 属于自营型平台，平台自己采购商品并且进行售卖，以商品差价为盈利。

（3）Drop Shipping

Drop Shipping 是一个外贸术语，是供应链管理中的一种方法。它是指卖家不需商品库存，而是把客户订单和装运细节给供货商，供货商直接将货物发送给最终客户，卖家赚取中间差价。简单地说，Drop Shipping 就是一种代发货销售模式。这种模式非常适合小企业或个人商家，即在自己的店铺上传厂家或供应商的产品，吸引买家到店铺实现交易后，直接让厂家或

① 摘自埃森哲与敦煌网共同发布的《新贸易时代：重塑 B2B 商业生态圈》。

供应商发货给买家。

Drop Shipping 的优势在于前期资金投入小，可降低库存带来的财务风险，产品选择广泛。劣势在于二手货源利润较低，不能完全掌握货品和物流，客户满意度难以保证。适合 Drop Shipping 模式的平台如 Storenvy 等社交购物平台。

2. 以海关监管模式不同进行分类

（1）"一般出口"海关监管模式

"一般出口"海关监管模式是指符合条件的电子商务企业或平台与海关联网，境外消费者跨境网购后，电子商务企业或平台将电子订单、支付凭证、电子运单等传输给海关，电子商务企业或其代理人向海关提交申报清单，商品以邮件、快件方式运送出境的模式。跨境综试区海关采用"简化申报，清单核放，汇总统计"方式通关，其他地区海关采用"清单核放，汇总申报"方式通关，即海关凭清单核放出境，并定期把已核放清单数据汇总形成出口报关单，电商企业或平台凭此办理结汇、退税手续。"一般出口"海关监管模式流程如图3-3所示。

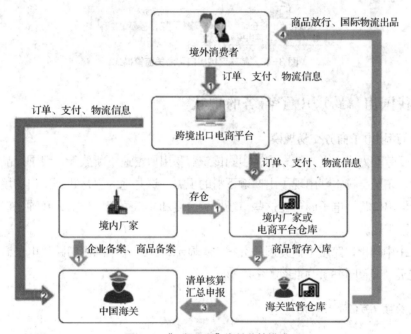

图3-3　"一般出口"海关监管模式

（2）"特殊区域出口"海关监管模式

"特殊区域出口"海关监管模式又被称为保税出口，是指符合条件的电子商务企业或平台与海关联网，电子商务企业把整批商品按一般贸易报关，进入海关特殊监管区域，并实现退税；对于已入区退税的商品，境外消费者跨境网购后，电子商务企业或其代理人、物流企业分别向海关传输交易、收款、物流等电子信息，电子商务企业或其代理人向海关提交清单办理申报手续。海关凭清单核放，商品出区离境后，海关定期将已放行清单归并，形成出口报关单，电子商务企业凭此办理结汇手续。"特殊区域出口"海关监管模式流程如图3-4所示。

特殊监管区域

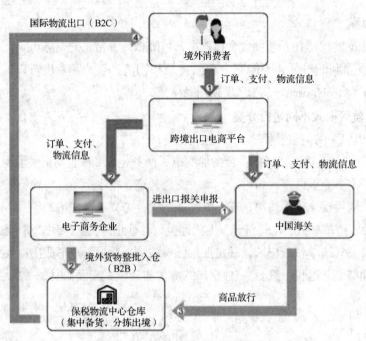

图 3-4 "特殊区域出口"海关监管模式

三、我国出口跨境电子商务的现状

1. 出口跨境电子商务交易规模

近年来受劳动力成本上升的影响，中国传统贸易出口增速不断放缓，我国产品主要出口地美国、欧盟、东盟、日本都出现了出口额下滑的现象。这些地区也是我国出口跨境电子商务的主要市场，但出口跨境电子商务在这些市场增长速度却非常可观。目前，我国出口跨境电子商务行业处于繁荣期。

据《2021 中国出口跨境电商发展研究报告》显示，2020 年中国出口跨境电子商务交易规模为 6.71 万亿元（见图 3-5），同比增长 17.5%。

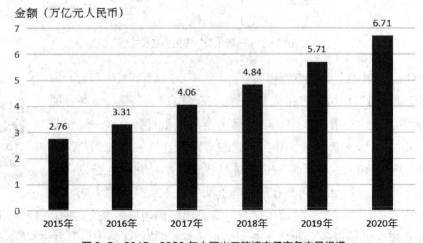

图 3-5 2015—2020 年中国出口跨境电子商务交易规模

2. 出口跨境电子商务 B2B 与零售占比

B2B 由于交易量级较大且订单比较稳定，在可预见的未来仍然是中国企业开拓海外市场的最重要模式，但是随着互联网、电子商务的发展及中国产品质量和服务的提升，境外消费者对中国品牌的认可度逐步提高，未来零售份额有望得到进一步提高。2020 年中国出口跨境电子商务 B2B 与 B2C 占比分别为 68.8%和 31.2%，如图 3-6 所示。

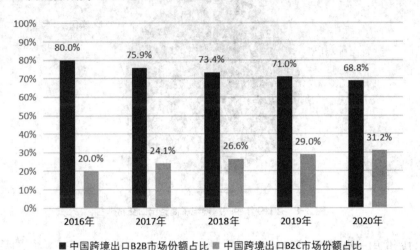

图 3-6　2016—2020 年中国出口跨境电子商务 B2B 与 B2C 市场份额对比

3. 出口跨境电子商务品类分布以及国家（或地区）分布

根据中国电子商务研究中心数据显示，中国跨境电子商务出口品类排名前三名的依次是 3C 电子产品（20.8%）、服装服饰（9.5%）、家居园艺（6.5%），如图 3-7 所示。这几类商品成本优势强、标准化程度高、便于存储与运输，便于互联网推广和销售，是出口跨境的主流商品。性价比是我国出口电商能够在境外市场取胜的关键，但随着我国劳动力成本提升，传统人口红利带来的高性价比不可持续，出口跨境电子商务需要重新调整战略思维，一方面可以通过将生产工厂南移，获取东南亚地区的人口红利；另一方面可以丰富出口产品种类，发展高附加值产品。

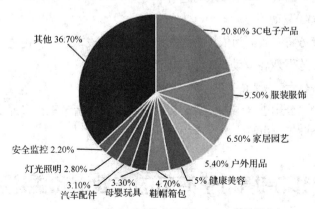

图 3-7　2017 年中国跨境电子商务出口商品品类分布

我国出口跨境电子商务面向全球 200 余个国家或地区，共 70 亿消费者，既有美国、英国等发达市场，又有巴西、印度等新兴市场。从图 3-8 可以看到，2019 年中国出口跨境电子商务的主要目的国（地区）排名前三依次是美国（35.2%）、英国（6.4%）、法国（5.6%）。我国跨境电子商务主要的出口地为欧美等成熟市场。而东南亚、南美、非洲等新兴市场目前都处于初级阶段，相信随着互联网的普及及其消费者网购习惯逐渐形成，这些市场的跨境电子商务需求空间及发展潜力将日益增大。

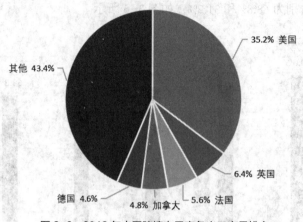

图 3-8　2019 年中国跨境电子商务出口交易排名

4. 出口跨境电子商务的发展趋势

目前，中国已经成为世界上最重要的线上商品出口国。随着互联网和基础电信设施在全球范围内的发展、电子支付的普及，以及航空物流快递性价比、时效性的提升，中国出口跨境电子商务呈现出以下四大发展趋势。

（1）新兴市场成潜在增长点

随着新兴市场的网络普及率逐渐提升、跨境电子商务政策逐渐放开、消费者购买力不断提升，我国出口跨境电子商务将迎来新的潜在订单增长点。

（2）资本化、品牌化进程加快

在整体经济下滑、传统贸易下滑的大背景下，跨境电子商务却逆风而上，吸引更多的资金投入。从一级市场迈入二级市场是未来的趋势。

（3）"数据+生态"驱动明显

未来跨境电子商务将以数据为依托，提高电商企业的成本效率，提高跨境电子商务运营的精确程度，"数据+生态"双轮驱动是跨境电子商务的未来。

（4）本地化服务是大势所趋

亚马逊、谷歌等大公司进入国内，势必会给国内的经营者带来更多的机会，本地化是跨境电子商务成功的一个要素，也是一个发展的趋势。

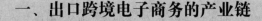

第二节　出口跨境电子商务的产业链和主流平台

一、出口跨境电子商务的产业链

在出口跨境电子商务交易的整个流程中，出口跨境电子商务平台、国内制造商/品牌商/渠道商/零售商、境外消费者、国际物流商、跨境支付服务商、海关与商检部门等业务组织相互关联，组成了一个复杂的出口跨境生态系统。按不同的功能和地位，将出口跨境电子商务产业链划分为上游、中游、下游三个环节，上游主要是制造商/品牌商/渠道商/零售商等供应商，中游主要由出口跨境电子商务平台和服务提供商组成（见图3-9），下游主要是采购商和消费者。

图3-9　出口跨境电子商务中游产业链图谱

二、主流出口跨境电子商务平台

1. 亚马逊（Amazon）

亚马逊是在1995年7月16日由杰夫·贝佐斯（Jeff Bezos）成立的，成立之初只经营书籍网络销售业务，现在已扩展到范围相当广的其他产品，成为全球商品品种最多的网上零售商和全球第三大互联网企业。

亚马逊平台作为跨境电子商务的代表，具有很大的影响力。近年来为了吸引中国创业者，亚马逊于2012年在中国推出了"全球开店"业务，开启了全球站点的招商活动，同时也开放了个人的开店权限。

亚马逊"全球开店"目前有北美站、欧洲站、日本站三大站点，其他站点目前仅实行邀请制，不对外开放入驻。平台分为专业卖家和个人卖家两种类型。

 想一想

亚马逊个人卖家和专业卖家有什么区别？

亚马逊平台的特点：流量大，全球站点多，利润高；走精品化路线，不适合大批量铺货；平台有自主物流系统FBA；拥有千万Prime付费会员，客户质量高；平台重产品、轻店铺，重推荐、轻广告，重展示、轻客服，重客户、轻卖家，适于商家打造品牌；对商品审查非常严格，需要各项证书等。

总结：亚马逊开店手续复杂，如果卖家一不小心触犯了平台规则，轻则会被警告，重则被直接封店。亚马逊对产品品质要求较高，适合有一定外贸基础和有品牌的优质商家入驻。

2. eBay

eBay 是 1995 年由皮埃尔·奥米迪亚在美国创建的进行交流和个人物品拍卖的平台，后来不断发展壮大，在全球拥有 40 多个站点和 1.5 亿以上的活跃用户，其核心市场是美洲和欧洲地区。2003 年，eBay 收购 PayPal，此后一直与 PayPal 保持着紧密的合作关系。2018 年 7 月，eBay 终止与 PayPal 的合作，宣布与后者的竞争对手苹果和 Square 达成新的伙伴关系。

eBay 的商业模式有"拍卖"[①]（见图 3-10）和"一口价"[②]两种，两种方式对卖家来说意味着不同的销售策略，所以在 eBay 上选择适合自己商品的销售方式是实现低成本、高收益的根本。

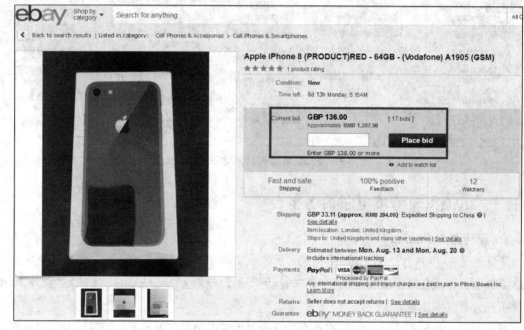

图 3-10　eBay 的拍卖模式

eBay 平台的特点：开店门槛较低，但是手续较多，需要卖家对平台的规则非常了解；eBay 开店免费，但上架产品需要刊登费；审核周期长，一开始不能上架超过 10 件商品，且只能使用拍卖模式，积累信誉后才能扩展销售；遵循强势的买家保护政策，遇到争议更维护买家权益等。

总结：eBay 门槛较低、操作较简单、投入不大，其致胜关键是选品，有地区优势的产品更容易脱颖而出，因此适合有一定外贸资源的商家和个人。

3. 阿里巴巴全球速卖通（AliExpress）

阿里巴巴全球速卖通（简称"速卖通"）于 2010 年 4 月正式上线，是阿里巴巴旗下唯一面

---

① "拍卖"的销售方式是指 eBay 卖家通过设定物品的起拍价及在线时间，进行物品拍卖，并以下线时的最高竞拍金额卖出，出价最高的买家即为该物品的中标者。即将结束的拍卖物品还会在"Ending Soonest"（即将结束）排序结果中获得较高排名。这种以低起拍价的方式拍卖物品，可以极大地激起买家的兴趣。

② "一口价"方式销售商品即以卖家发布或设置的价格进行销售。

向全球市场打造的帮助企业接触海外的终端，可小批量多批次快速实现销售、拓展利润空间，是融合订单、支付、物流于一体的外贸在线交易平台。速卖通通过国际支付宝进行担保交易，被广大卖家称为"国际版淘宝"，是全球第三大英文在线购物网站。平台收费模式为"年费（年销售额满足一定条件可全额或部分返还）+交易佣金"。

速卖通成立初期完全免费，吸引了很多"草根"创业者，但是随着平台升级和政策调整，现在门槛逐步提高，开始了 C2C 向 B2C、B2B 方向的转变。速卖通近期的政策调整包括：注册店铺的主体须为有营业执照的公司实体；平台对各类目进行招商，卖家须缴纳保证金；开始走品牌化路线，要求发布商品有自有或授权的品牌。

速卖通平台的特点：全中文操作界面，开店简单；产品品类丰富，但平均客单价不高，价格战严重，利润低，以走量为主；用户流量较大，在部分新兴国际市场流量排名前列；拥有阿里巴巴、天猫、淘宝的卖家资源；运营政策偏向大卖家和品牌商；物流/售后/退换货等客户体验一般，基本不提供客服服务；买家对于平台的忠诚度不高。

总结：速卖通秉承了淘宝"价格为王"的宗旨，适合销售廉价小商品。但随着平台不断升级，平台更加关注打造品牌和提升消费者体验，同时提出了"中国好卖家"助力计划，给予优质卖家流量等多项资源扶持。此外，速卖通有完善的卖家培训体系，平台页面操作简单，适合新手卖家快速上手。

4. Wish

Wish 是一款根据用户喜好，通过精确的算法推荐技术，将商品信息推送给感兴趣用户的移动购物 App。利用这种全自动推荐技术，商品以类似于"瀑布流"的形式给客户，可以给每个商品公平匹配的流量导入，给创业者新的机会。Wish 目前旗下有电子产品应用"Geek"、母婴应用"Mama"和彩妆类垂直应用"Cute"等，如图 3-11 所示。

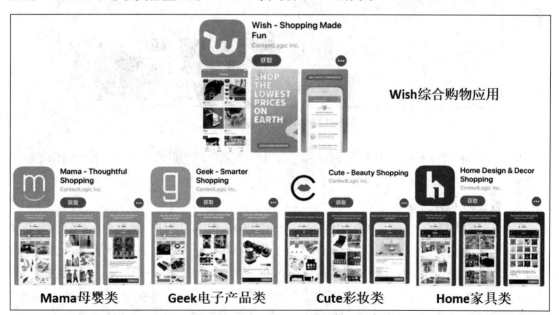

图 3-11 Wish 的 App

与其他跨境电子商务平台不同，Wish 是专注于移动端的 App，97%的订单来自移动端。最初 Wish 只是一个图片社交平台，到 2013 年 3 月，其正式推出交易系统，此后正式并且成功转型做跨境电子商务。在不到一年的时间，Wish 平台交易额就超过了 1 亿美元。目前，Wish 已成为北美最大的移动电商平台和全球第六大电商平台。

Wish 平台的特点：Wish 是基于移动端的跨境电子商务平台；它利用智能推送技术，为客户推送他们喜欢的产品，真正做到点对点的精准营销，客户下单率非常高（系统能够记录用户浏览的商品并通过智能推送技术为用户推送类似商品，如图 3-12 所示）；目前 Wish 经营的产品主要集中在客单价较低的时尚类目，如服装、饰品、礼品等；Wish 淡化店铺的功能，用户访问店铺的按钮比较隐蔽；卖家无法与客户直接进行沟通。

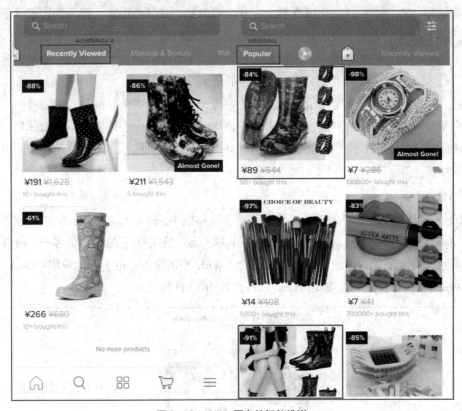

图 3-12　Wish 平台的智能推送

总结：Wish 适合于专注欧美市场的卖家，适于销售新奇的中低端产品，主要面向偏年轻化的消费群体，很多流量来自"网红"平台推广。

5. 敦煌网（DHgate）

敦煌网是王树彤于 2004 年创立的中国首个跨境 B2B 数字贸易平台。敦煌网的定位是帮助中国中小企业通过跨境电子商务平台走向全球市场，开辟一条全新的国际贸易通道，通过全流程交易体系（见图 3-13）让在线交易变得更加简单、安全和高效。据 PayPal 交易平台数据显示，敦煌网是在线外贸交易额中亚太排名第一、全球排名第六的电子商务网站。截至 2017 年年底，敦煌网平台拥有 170 多万家累计注册供应商、1500 万累计注册买家、770 万在线产品，覆盖全球 222 个国家和地区。敦煌网是商务部重点推荐的中国对外贸易第三方电子商务平台之一，工业和信息化部（以下简称"工信部"）电子商务机构管理认证中心已经将其列为示范推广单位。

图 3-13　敦煌网全流程跨境交易体系

敦煌网平台的特点：主要面向 B2B 中小企业；入驻门槛低，无须缴纳年费；主要有交易佣金和服务费两种盈利模式；为了给客户提供快捷便利的物流服务，整合了 EMS、UPS、DHL、FedEX、TNT 等全球领先物流服务商，客户可一键发货，但交易佣金及物流费用较高；针对客户的需求，提供了多样的在线支付服务、金融抵押担保服务和营销推广服务。

总结：敦煌网作为 B2B 在线交易平台，为全球不同国家和地区的中小批发商、零售商提供在线采购中国产品的渠道，同时也为我国出口跨境电子商务提供了机遇。

6. 兰亭集势（LightInTheBox）

兰亭集势成立于 2007 年，最初主要面向欧洲和北美销售定制婚纱礼服。目前，电子配件已成为兰亭集势的第一大品类，以婚纱礼服为主的服装品类次之，其他品类还包括配饰、家居用品和园艺等。兰亭集势的使命是为全世界中小零售商提供一个基于互联网的全球整合供应链（"One World One Market"）。2014 年，兰亭集势推出了针对境外的电商开放平台，主要针对三类服务对象，包括服装领域的中国传统品牌、中国线上品牌及中国外贸工厂。企业卖家可以申请入驻平台成为平台卖家，兰亭集势不向平台卖家收取平台入驻费或服务费，但会抽取 15% 的佣金和 3% 的交易手续费。

兰亭集势平台的特点：缩短外贸产业链，选择高毛利商品作为重点突破口；供应链管理能力较强，其婚纱和礼服类产品为消费者提供个性化定制；拥有海外采购中心；客户服务和市场营销方面均由母语国家的员工执行，用户在物流、售后方面体验较好。

总结：兰亭集势发布了全球时尚开放平台战略（LightInTheBox Global Fashion Open Platform），并在全国范围内进行招商，承诺向商家提供全球本地化体系（Localization By LightInTheBox）、开放配送体系（Fullfilment By LightInTheBox）、开放客服体系（Care By LightInTheBox）、开放数据体系（Insight By LightInTheBox）四大服务，大大降低了跨境贸易的准入门槛，帮助国内品牌出海。

除了以上介绍的六大平台外，出口跨境电子商务平台还有很多，如东南亚的 Lazada、Shopee、Zalora、Luxola，北美的 Walmart、Newegg、BestBuy、Overstock，南美的 Mercadolibre、MercadoLivre、Linio，欧洲的 Cdiscount、BingaBinga、La Redoute，俄罗斯的 Ozon、UMKA，日韩的 Gmarket 等。

由于各个出口跨境电子商务平台有不同的特点和运营规则，因此企业在开展跨境电子商务时，首先要考虑自己经营的产品、所处的市场和客户群体。其次要看清自己，找准位置，选择合适的平台。例如，亚马逊以产品为驱动，eBay 对卖家的要求较严格，速卖通以"价格为王"，卖家一定要价格低才能有优势。一方便，即便是同样的产品、同一品牌，也不可能在所有平台上都能表现很好。另一方面，不同的平台有不同的区域优势。最后要实时了解平台的规则，才能更好地通过跨境电子商务平台开展国际贸易。

第三节 出口跨境电子商务的流程和岗位认知

一、出口跨境电子商务的流程

完整的出口跨境电子商务流程可分为前期准备、平台运营、物流发货、资金结算四个环节，如图 3-14 所示。

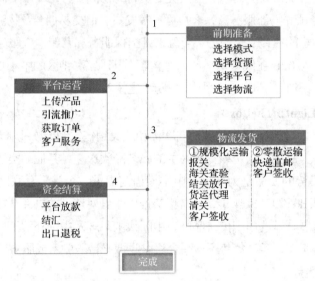

图 3-14　出口跨境电子商务流程

1. 前期准备

前期准备包括确定贸易模式（如做批发还是做零售）；货源或供应商的选择；平台的选择；物流的选择（如是备货海外仓发货还是国内小包直邮）。卖家可以通过对目标市场进行调研，分析自身优劣势，为上述四项选择提供参考依据。

2. 平台运营

平台运营流程依次是产品上传、引流推广、获取订单和客户服务。卖家在做跨境电子商务平台店铺运营之前必须熟悉平台规则。

3. 物流发货

目前，出口跨境电子商务主要有两种物流模式：规模化运输和零散运输。

（1）规模化运输是指大批货物利用海洋运输、航空运输或者铁路运输的方式发货。以规模化运输方式发货的卖家需要进行出口商品报关，所需的单证有报关报检委托书、出口货物报关

跨境电子商务基础

单、商业单据（装箱单、发票、合同）等。

（2）零散运输包括国际邮政物流、国际商业快递及国际专线等，卖家只需要填写收件人姓名及联系方式即可发货。

物流模式不仅直接关系到跨境电子商务企业的交易成本，而且关系到境外买家的购物体验，直接影响其对企业的满意度和信任度，进而决定企业的销售表现和最后收益。因此，每个企业要根据自身的资金实力、产品性质（尺寸、安全性、通关便利性等）及行业淡旺季选择最合适的物流模式。

4. 资金结算

资金结算环节包括平台放款、结汇及出口退税。客户收到商品确认收货后，平台会定期将销售额放款到卖家平台账户，卖家通过跨境收款工具即可进行结汇、提款。

完成了结汇收款，就可以进行最后一步出口退税了。出口退税是指对出口货物退还其在国内生产和流通环节实际缴纳的增值税、消费税。合理利用出口退税，可有效降低成本，提高毛利。一般跨境电子商务热销品的退税率为 11%～17%。

二、出口跨境电子商务岗位及职业能力分析

由于跨境电子商务发展迅速，企业对人才需求量非常大，跨境电子商务岗位也越来越细化。出口跨境电子商务岗位主要分为三类：管理型岗位、专业型岗位和商务型岗位。

1. 管理型岗位

管理型岗位主要包括跨境电子商务业务主管、经理、副总经理、运营总监等。这类岗位招聘要求较高，一般要求求职者熟悉跨境电子商务的前沿理论，了解行业现状及发展趋势，能够从战略上布局促进业务发展，具有对整个平台的宏观把控能力（如平台的整体框架建设、网络营销、数据库营销及客户管理等）。

（1）管理型岗位职责

管理型岗位职责通常包括：①制订月度/年度销售目标；②保证销售额达到预期目标；③组织部门会议，与本部门人员进行沟通，分析和交流现存问题并提出解决对策；④合理安排各岗位人员的工作任务和内容；⑤做好与上级领导之间的沟通；⑥制订品牌营销方案、宣传推广计划，并传达到各相关部门执行；⑦维护好供应商与客户的关系；⑧完成上级临时指派的其他工作任务。

（2）管理型岗位任职门槛

管理型岗位任职门槛通常设置为：①具有多年（根据具体的岗位而定，主管一般要求三年以上，经理一般要求五年以上）跨境电子商务管理岗位经验；②学历本科以上；③英语水平达到大学英语六级以上。

综上所述，管理型岗位应当具备决策能力、管理能力、沟通协调能力、计划能力、创新能力、执行能力等。

2. 专业型岗位

专业型岗位主要包括：跨境电子商务英语（德语等小语种）编辑/翻译/文案策划、美工、网络技术员（交互设计师、网站建设人员、网络维护人员）等岗位。专业型岗位的特征是专业性要求较高，其他非专业人员一般无法胜任，企业在招聘时更愿意用对口专业的人员。

（1）美工岗位

美工岗位职责通常包括：①负责公司在跨境电子商务平台产品的拍摄和后期图片处理，包括产品前期拍照、产品图片优化、后期图片处理和排版设计等；②负责平台店铺页面的视觉装修设计，包括首页、内页、详情页设计等；③负责产品包装、说明书的设计制作；④协助业务部门处理工作中遇到的产品图片问题，配合运营推广工作设计活动主题、海报。

美工任职门槛通常设置为：①美术、平面设计、艺术设计等相关专业；②有电商平台设计工作经验，有跨境平台产品图片处理经验的优先；③具有较强的色彩搭配能力，能熟练运用Photoshop、Illustrator、Sketch 等设计软件，会 3D 建模渲染者优先考虑；④必须提供设计作品集（提供相关链接、文件）。

（2）英语（德语等小语种）编辑/翻译/文案策划岗位

英语（德语等小语种）编辑/翻译/文案策划岗位职责通常包括：①负责跨境平台产品信息翻译；②负责策划并撰写英语（德语等小语种）文案；③协助客服或其他部门的相关翻译工作。

英语（德语等小语种）编辑/翻译/文案策划岗位任职门槛通常设置为：①英语（德语、法语、日语、西班牙语等小语种）语言类专业；②英语水平达到大学英语四级以上；③能熟练使用Office 办公软件。

（3）网络技术员岗位

网络技术员岗位职责通常包括：①为企业建立英文（德语等小语种）官网；②分析现有网站资源是否能够满足企业需求；③负责网站的设计、建设以及日常的维护和更新；④保证企业官网和海外推广主页正常运行。

网络技术员岗位任职门槛通常设置为：①计算机及相关专业；②有一年以上的网络开发相关经验；③熟练使用 PowerDesigner、Visio、Project 等工具，熟悉 C#、JavaScript、SQL、HTML等语言。

综上所述，专业型岗位应当具备专业知识技能、执行能力、沟通协调能力、团队协作能力、解决问题能力、创新能力、概括能力、逻辑思维能力、判断能力等。

3. 商务型岗位

商务型岗位包括跨境电子商务客服专员、销售/推广专员、产品开发专员运营专员、仓储物流专员、报关员等。这类岗位招聘人员集中在国际贸易、电子商务、商务英语专业等相关专业，要求既要懂产品、运营、营销、策划、推广、客服，还要熟悉平台运作规则，还要具有无障碍的语言沟通能力。其中，企业最主要的三大商务型岗位为运营专员、客服专员和销售/推广专员。下面对这三类主要岗位的岗位职责进行介绍，其岗位任职门槛基本相同，这里就不赘述了。

（1）运营岗位

运营岗位职责通常包括：①负责跨境电子商务平台的店铺开通、规划、营销、推广、评分等整体运营；②负责客户关系管理等系统经营性工作；③负责上传产品、拆分页面、订单跟进等店铺日常操作；④负责收集市场和行业信息，对营销数据、交易数据、商品管理数据、顾客管理数据等进行分析，为公司营销推广提供依据，提升销售业绩；⑤优化关键词，维护并提升产品排名。

（2）客服岗位

客服岗位职责通常包括：①在跨境电子商务平台及时回复和处理客户的咨询和反馈，促进客户下单；②处理异常订单以及售后服务；③向客户发送邮件，请求客户评论和提供买家秀；④妥善处理订单中差评、客户投诉与纠纷，提高账号好评率，保持账号良好运作；⑤对客户投诉或意见进行整理、分析、汇总，并反馈给相关团队以便改进。

（3）销售/推广岗位

销售/推广岗位职责通常包括：①制订月度/年度销售目标；②负责根据销售计划安排制订月度、季度店铺的网络推广预算和计划；③利用 Facebook、Twitter、Instagram 等多种网络推广方式进行相关产品的推广工作，提高商品访客数量及销售业绩；④负责广告投放，并对广告效果进行跟踪、评估，不断优化广告投放策略，实现网络推广目标；⑤进行产品成本、利润核算，把握推广的投入产出比，控制新产品的风险。

综上所述，商务型岗位应当具备创新能力、学习能力、计划能力、执行能力、沟通协调能力、团队协作能力、概括能力、解决问题能力等。

实训　出口跨境电子商务岗位调研

【实训目的】

通过网络调研，了解出口跨境 B2B 和 B2C 企业的人才需求状况，包括招聘的岗位和职责、技能要求、职业发展路径，形成调研报告。

【实训内容和步骤】

（1）通过网络进行出口跨境电子商务岗位调研，调研网站为（不限于）智联招聘、前程无忧、中华英才网、外贸帮手网、外贸招聘网和外贸人才网等。

（2）调研出口跨境 B2B 企业招聘的岗位、职责和技能要求，并根据各岗位的不同层级归纳其职业发展路径。

（3）调研出口跨境 B2C 企业招聘的岗位、职责和技能要求，并根据各岗位的不同层级归纳其职业发展路径。

实训提示：

（1）在收集企业的岗位招聘信息时，不同的招聘网站所服务的企业客户各不相同。为了收集到最全面、最丰富的信息，建议在不同的招聘网站上进行搜索，并将所收集的信息进行汇总、对比、综合，以提高调研的质量和效果。

（2）各招聘网站的界面设计不同，应根据网站的具体情况进行高效的信息搜索和整理。

实训步骤:

(1)以前程无忧为例,登录前程无忧网站首页,在搜索栏里输入"跨境电商"或其他关键字,选择地点,单击"搜索"按钮,如图3-15所示。

图3-15　跨境电商岗位搜索

(2)逐一浏览各岗位招聘(见图3-16),并分析这一岗位属于出口跨境电子商务哪种类型的平台(B2B/B2C);根据本章第三节学习的内容,分析这一岗位是属于管理型、专业型还是商务型,并以此进行归类。

职位名	公司名	工作地点	薪资	发布时间
Amazon亚马逊跨境电商运营专员	嘉善▉▉▉▉科技有限公司	杭州-萧山区	10万~15万/年	11-04
跨境电商产品开发	杭州▉▉▉科技有限公司	杭州-西湖区	0.8万~1万/月	11-04
跨境电商运营（法语）	杭州▉▉▉▉技有限公司	杭州-江干区	4千~8千/月	11-04
跨境电商/运营（双休+亚马逊+宁波）	宁波▉▉▉迪纳斯进出口有限公司	异地招聘	3.5千~5千/月	11-04
跨境电商专员	杭州▉▉▉家居有限公司	杭州-余杭区	4.5千~6千/月	11-04
跨境电商英语客服+双休+社保4K+	杭州▉▉▉广策划有限公司	杭州-西湖区	3千~4.5千/月	11-04
跨境电商财务实习生	杭州▉▉▉有限公司	杭州	3千~4.5千/月	11-04
跨境电商平台服装开发合伙人	杭州▉▉▉饰有限公司	杭州-余杭区	5千~8千/月	11-04
亚马逊运营主管/跨境电商运营	嘉商▉▉▉有限公司	杭州-萧山区	0.8万~1.2万/月	11-04
跨境电商运营经理-杭州-00133	杭州▉▉▉技术有限公司	杭州	1万~1.5万/月	11-04
跨境电商运营\亚马逊\速卖通\国际站等..	杭州▉▉▉有限公司	杭州-拱墅区	4.5千~6千/月	11-04

图3-16　岗位归类

(3)岗位归类完成后,就某一岗位进行更具体细致的调研。以"跨境电商运营专员"为例,单击某一公司的具体招聘信息(见图3-17),查看并收集其岗位职责和任职要求。完成多次信息收集后,进行横向和纵向对比(其中横向是指将不同公司的同一岗位进行对比,找到共性和差异;纵向是指将岗位进行初级、中级、高级划分,分析其进阶标准和职业能力发展通道)。

(4)对收集的信息进行整理,形成调研报告。

跨境电子商务基础

Amazon亚马逊跨境电商运营专员 (职位编号：001)　　　　**10万～15万/年**

嘉█████████有限公司　　　查看所有职位

岗位职责：

1. 负责Amazon运营团队建设管理，完成公司销售计划；

2. 负责管理Amazon销售市场调查分析，制定销售策略，提高Amazon销售业绩；

3. 控制产品风险，确保账号安全，拟定合理的产品上架计划，将产品发布到Amazon各销售站点；

4. 完善店铺制度，保持店铺良好的运营。

任职要求：

1. 大专以上学历，英语读写熟练；

2. 二年以上跨境电商平台运营工作经验，熟练运用相对应的分析软件对市场信息进行分析；

3. 熟悉有关优化及网络推广手段，及海外仓运作等；

4. 具有创新、执行、领导能力及团队合作精神，有责任心、进取心，能积极配合公司策略规划的调整及实施。

职能类别：电子商务经理/主管 网站运营经理/主管

关键字：亚马逊运营 电商运营 运营经理

图 3-17　具体岗位的岗位职责和任职要求

【同步阅读】

安克创新（Anker）——中国品牌出海的先行探索者

安克创新成立于2011年，致力于塑造消费电子品牌，公司以创新技术和智能硬件为核心，通过不断的研发创新和市场开拓，为全球消费者提供科技产品。

安克创新致力于在全球市场塑造中国消费电子品牌，通过不断创新，将富有科技魅力的产品带向全球消费者，弘扬中国智造之美。曾成功打造智能充电品牌Anker，相继推出Eufy、Roav、Soundcore、Nebula等智能硬件品牌，进一步拓宽业务领域，并在智能充电、智能家居、智能安防、智能语音等领域有出色表现。

自2015年开始，公司发展至今拥有全球100多个国家与地区的超过5000万用户。安克创新的子品牌Anker荣获2018年BrandZ™"中国出海品牌50强"第7名，并以22%的最快成长速度当选"成长最快消费电子品牌"。Anker多款产品获得德国红点设计大奖，累计收获61项专利。

Anker独创PowerIQ智速充技术，开创了第三方充电产品同时适配多种手机、平板、笔记本电脑等电子设备并提供快速、安全充电的服务。目前，Anker全球用户超过2400万人，其中1000万人成为了Anker的忠实粉丝。

公司的企业文化包括：使命——弘扬中国智造之美；愿景——塑造一组标杆品牌，提供一组基础服务；价值观——讲道理、共成长、求卓越。

在销售平台选择上，Anker早期主要精力投入在亚马逊平台，让Anker在一个近乎蓝海、又需求激增的市场，获得了巨大的回报。2021年，面对行业"内卷"，Anker作为行业巨头，面临着与千千万万卖家同样的问题：流量成本的增加、"亚马逊依赖"的风险、单一市场的局限。

与此同时，安克也开始放眼全球，在渠道、品牌方面进行全渠道营销；在市场方面，拓展新兴市场，并实现40%以上增长；在流量方面，持续品牌本土化，占领消费者心智，将私域流量导向品牌官网。

（资料来源：蓝海跨境）

【本章小结】

新兴市场不断发展以及国际政策差异化为出口跨境电子商务带来新机遇。以往中国通过互联网出口海外的商品不是"好"的商品，而是性价比"高"的商品。如今，出口跨境电子商务正在朝着品牌化、品质化、定制化的方向不断前行。越来越多的国内品牌商加入了出口跨境电子商务的浪潮。

本章第一节介绍了出口跨境电子商务的发展历程、模式分类和发展现状，让读者对出口跨境电子商务有一个整体的认识。第二节向读者介绍了出口跨境电子商务的产业链、主流平台及其特点。第三节介绍了出口跨境电子商务的流程、相关岗位及职业能力分析。其中出口跨境电子商务的模式、主流平台、操作流程和职业能力分析是本章的重点。

【同步测试】

1. 单项选择题

（1）下列出口跨境电子商务平台中佣金由买家支付的是（　　）。

    A. 亚马逊　　　　　　B. eBay　　　　　　C. 敦煌网　　　　　D. 速卖通

（2）以下跨境物流方式时效最快的是（　　）。

    A. 海运　　　　　　　B. 空运　　　　　　C. 邮政小包　　　　D. UPS

（3）2017年中国出口跨境电子商务交易规模为（　　）万亿元。

    A. 3.75　　　　　　　B. 5.5　　　　　　　C. 6.3　　　　　　　D. 7.2

（4）出口跨境电子商务产业链中，处于中游的是（　　）。

    A. 制造商　　　　　　　　　　　　　　　B. 品牌商

    C. 跨境电子商务平台　　　　　　　　　　D. 消费者

（5）下列属于移动电子商务平台的是（　　）。

    A. Amazon　　　　　　　　　　　　　　B. Wish

    C. LightInTheBox　　　　　　　　　　　D. DHgate

2. 多项选择题

（1）下列表述正确的是（　　）。

    A. 亚马逊公司是由梅格·惠特曼创立的

    B. 蜜牙是垂直型跨境电子商务平台

    C. 兰亭集势是B2B跨境电子商务平台

    D. eBay有拍卖和一口价两种商业模式

（2）下列属于邮政小包物流特点的是（　　）。

    A. 价格便宜　　　　　B. 时效快　　　　　C. 丢件率低　　　　D. 通关能力强

（3）下列关于跨境电子商务岗位描述正确的是（　　）。

    A. 跨境电子商务运营岗位专业性要求非常高，其他专业学生无法胜任，企业在招聘

时更愿意用电子商务专业学生，其他专业学生不予考虑

    B. 管理型岗位应当具备决策能力、管理能力、沟通协调能力、计划能力、创新能力、执行能力等

    C. 跨境电子商务客服岗位只需要回复客户售前咨询、引导客户下单并做好售后服务就可以了

    D. 跨境电子商务推广岗位不仅需要利用站内广告和海外新媒体平台做推广，还需要对广告效果进行跟踪、评估，不断优化广告投放策略，从而实现网络推广目标

（4）商品出口跨境时，需要向海关提交（   ）。

    A. 发票   B. 装箱单   C. 出口报关单   D. 合同

3. 简答和分析题

（1）观看配套资源视频"OEM 与产业链价值"，请思考并回答：知识产权是什么？对于出口跨境电商而言，知识产权重要吗？为什么？

（2）出口跨境的物流方式有哪些？各有什么特点？

（3）结合自身特点谈谈你希望从事跨境电子商务中的哪一个岗位，怎样才能胜任该岗位的工作？

（4）请阅读本章【同步阅读】安克创新（Anker）——中国品牌出海的先行探索者，思考并回答：安克创新（Anker）实现品牌出海成功的最大核心竞争力是什么？2021 年行业出现了什么新挑战，它又是如何应对的？安克创新（Anker）的品牌出海创业故事给你们哪些启发？

Chapter 4
第四章
跨境电子商务店铺定位与选品

【学习目标】

　　了解电子商务市场的调研方法；了解跨境电子商务市场的选品原则和方法；掌握针对不同的跨境电子商务平台，选择合适的产品并进行店铺定位的技能；树立家国情怀，培养中国制造、品牌出海的使命感；了解平台规则，树立知识产权意识；培养对国际市场的敏锐度，增强规避风险的能力。

【知识导图】

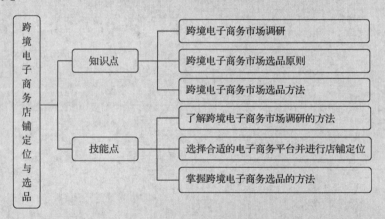

		跨境电子商务市场调研
跨境电子商务店铺定位与选品	知识点	跨境电子商务市场选品原则
		跨境电子商务市场选品方法
		了解跨境电子商务市场调研的方法
	技能点	选择合适的电子商务平台并进行店铺定位
		掌握跨境电子商务选品的方法

【引例】

　　Anker是亚马逊平台的知名名牌，它凭借超高品质和性价比，深受欧美消费者的信任和好评。很多国内乃至国外卖家都在研究和模仿Anker，但真正能够做得好的，少之又少。

　　Anker之所以能够成功，得益于定位、产品、研发、营销、销售等各个环节。Anker以移动电源起家，他们通过调研了解到欧美消费者更爱好黑色，因此Anker的店铺一直主打黑色调。同时，Anker将成熟稳重的商务人士定位为首选的客户群体，主打方正款式。与此形成对比的是剑走偏锋的Jackery，同样主打方正款式的移动电源，色彩上却选择了和Anker完全不一样的橙色，以鲜活亮眼的色彩吸引了女性群体和年轻消费者的眼球，也做得非常成功。另一个例子是Lepow，选取了圆润甚至带有卡通形象的款式，主打绿色和黄色色调，以更加鲜活的形象切入移动电源市场，同样取得了成功。

（资料来源：搜狐网"老魏聊电商|亚马逊选品案例解析"）

【引例分析】

分析三家公司的选品思路，Anker凭借首发优势，主要面对商务人士群体，占得移动电源类目的龙头。而Jackery从Anker的发展中看到了商机，在选品过程中为了避免与Anker正面对抗，获取了稍年轻群体的青睐。当Lepow进入移动电源这个市场时，想去撼动Anker的销售地位已非常困难，因此Lepow选择迂回前行，以更加年轻化的群体作为销售对象，做出有针对性的颜色和款式，并一举获得成功。由此可见，差异化成就了三家公司。

第一节　跨境电子商务市场调研与店铺定位

一、跨境电子商务市场调研

1. 全球跨境电商市场

卖家在开设店铺之前，有必要对全球的跨境电商市场有所了解。出口跨境电商未来的成长空间主要看两方面，一个是海外电商发展空间，另一个是中国卖家在海外电商中的发展空间。根据艾瑞咨询的测算，目前韩国和中国的电商渗透率最高，其他国家和地区的电商渗透率差异较大，但整体看有较大提升空间。我们将世界上主要经济体分为欧美地区、东南亚地区和中东地区，如图 4-1 所示，可以发现欧美地区作为发达经济体的代表，电商渗透率较高，不过其中位数水平仍不到 10%，东南亚地区和中东地区作为新兴市场的代表，电商渗透率仍处于较低水平。

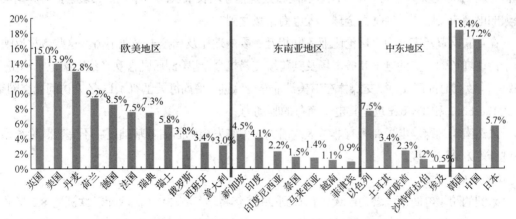

图 4-1　世界主要国家（地区）电商渗透率[①]

由此可见，我国的出口跨境电商在成熟市场仍有成长空间，在新兴市场有较大的拓展机遇。

2. 各主要地区的跨境电商市场

随着互联网和电子商务的迅速发展，线上跨境购物已逐渐成为全球消费者的一种生活方式。

[①] 数据来自中国报告网《2017 年全球跨境电商渗透率、市场规模分析及未来发展预测》。

跨境电商企业遍布全球各个市场，为消费者提供最便捷的服务。企业要给消费者提供更好的购物体验、保持稳定的销售增长、赢得海外市场，必须先对全球主要跨境电商市场的现状和发展特点有一个深层次的了解。

（1）北美洲市场

北美洲市场一直被认为是全球经济发展的核心区域，本土零售商和电商企业竞相争夺新一代消费形态的主导权。亚马逊的智能技术和买卖全球的供应链管理，以及苹果、谷歌、Facebook等新生代互联网巨头的出现，对以沃尔玛为代表的传统零售业造成了巨大的冲击。

北美洲市场是中国跨境电商的主要市场之一，美国是全球跨境电商卖家的必争之地。美国电商市场体量已达到3500亿美元，年增长均速保持在15%左右。美国电商市场呈现出市场需求规模大、市场成熟、附加值高、产品多元化以及产品升级换代缓慢的特点。电商市场发展速度远超传统零售，电商渗透率逐年增长，未来可拓展的市场空间仍然巨大。据统计，2017年美国电商零售规模达到3660亿美元，同比增长13.08%，预计2022年市场规模将达到6541亿美元，年复合增长率为12.31%，渗透率有望达到19%。调查数据还显示，美国消费者每月有79%的购物开支是通过网络渠道实现的。

加拿大人口总数约为3700万，其网购渗透率为80%。对比其82.3%的城市化率，几乎所有的城市人口都进行网购。加拿大互联网用户的平均年龄为40.7岁，高于世界其他国家。时尚类是加拿大最受欢迎的网购类目，其次为电子产品。据调查显示，83%的加拿大消费者会购买国际零售商的产品，对跨境购物接受度非常之高，中国产品在加拿大也备受青睐。

（2）南美洲市场

南美洲的电商市场正在蓬勃发展，据最新报告预计，到2021年，该地区的电商销售额将翻一番，达1180亿美元，其中哥伦比亚和阿根廷是全球增长最快的两个电商市场。此外，南美洲最大的电商市场巴西已经跻身全球十大电商市场之列。

在互联网普及率方面，哥伦比亚、阿根廷、委内瑞拉及乌拉圭表现不俗。这些数据反映了一个持续增长的南美洲电子商务市场及其跨境交易机会。南美洲居民喜欢在线购买电子消费品、书籍、美妆和时尚产品。社交媒体在南美洲非常受欢迎，平均每天都有1.15亿人访问社交网络，因此Facebook和Twitter也是其电子商务的驱动力。

虽然南美洲跨境电子商务有非常大的潜力，但其发展仍面临着基础设施不完善、物流系统不健全等方面的挑战。

（3）欧洲市场

欧洲的跨境电商市场潜力巨大，预计到2022年将增长到2450亿欧元。欧洲的8.2亿居民中有5.3亿互联网用户，2.59亿在线购物用户，移动电话渗透率超过了100%，这意味着每个人至少拥有一部以上的手机。约5.5%的电子商务交易都是通过移动设备进行的，这一数字在将来还会大幅提高。

欧洲国家众多，且国家地域较小，人口总量相对不高，不足以支持一家独立的大型本土电商，所以其本土电商不会对中国的跨境电商构成较大的威胁与竞争。欧洲经常网购的群体年龄主要分布在25～54岁，群体集中于受过高等教育的人。欧洲最热销的电商品类是衣服和体育用品，其次是家居用品。

此外，由于欧洲线下商业、服务业成本较高，使得跨境电子商务的良好价格优势得到凸显。欧洲普及程度最高的全球跨境电商平台是速卖通、eBay 和亚马逊，其中速卖通在荷兰和俄罗斯最受欢迎，eBay 在塞浦路斯是领头羊，亚马逊设有英国、西班牙、法国、意大利和德国站点。

（4）东南亚市场

东南亚的跨境电商呈迅猛发展态势。一方面，以阿里巴巴、京东为首的中国跨境电商巨头纷纷布局东南亚市场；另一方面，以亚马逊、eBay 为代表的欧美电商巨头也在不断加大投入。数据显示，东南亚国家的 GDP 总和为中国的四分之一，人口数量和人均消费水平约为中国的二分之一，平均经济增长率超过 6.5%。从经济总量上看，东南亚各国总量是仅次于日本的全球第四大经济体。预计到 2025 年，东南亚地区网络经济规模将增长至 2000 亿美元，电子商务市场规模将达到 880 亿美元，增速远超实体零售业。

东南亚电商目前以阿里巴巴的 Lazada、RedMart、Shopee、京东泰国站、亚马逊新加坡站和澳洲站、eBay 等为主流平台，天猫出海、网易工厂店等国内电商也在纷纷试水东南亚消费市场。中国跨境电商企业在东南亚以平台卖家为主，也有企业尝试独立站、社交媒体分销以及线上线下融合等不同模式。

其中，印度已经成为世界上增速最快的电商市场之一，并成为下一个重要电商角逐场。目前，印度市场形成了亚马逊、Flipkart、Snapdeal 三大电商鼎力格局，阿里巴巴则通过 Paytm[1]布局支付市场。

（5）非洲及中东市场[2]

非洲目前的线上零售市场占比不到 5%，线下零售还处于一个品类极度匮乏的阶段。无论是非洲的国内电商还是跨境电商，无论是支付、物流还是其他配套设施，都还处于起步且持续上升的阶段。

中东地区由于经济、政治和产业结构问题，大部分消费品依赖进口，中国是中东地区最重要的贸易伙伴。近年来，以执御为代表的中国平台和被亚马逊收购的本土平台 SOUQ 在中东跨境电商市场表现出色。中东地区尚未建立起相对统一的在线支付模式，目前主流的支付方式为货到付款，该模式回款时间和资金周转期长，成为阻碍跨境电商企业发展的一大因素。同时，货到付款模式在一定程度上增加了退换货比例。此外，语言和宗教文化也对中国跨境电商平台在运营、推广和人才储备方面造成了阻碍。

值得注意的是，从 2017 年非洲及中东地区消费者购买纯电商的数据反馈来看，有近 56% 的非洲及中东地区消费者从纯电商零售店购买产品，有 28% 的消费者从零售商的网站购买，这使得卖家坚信随着互联网的普及和物流水平的持续优化，跨境电商也将逐渐演变成这一地区消费者的一种重要购物方式。同时受益于中非国家之间的战略合作关系，未来中国卖家入驻非洲市场掘金的机会也会大大增加。

---

① Paytm 是印度最大的移动支付和商务平台。

② 中东又称中东地区，是指地中海东部与南部区域，从地中海东部到波斯湾的大片地区。中东地理上跨越亚洲西部、非洲东北部和土耳其的欧洲部分的地区，包括部分西亚和非洲埃及，约 1500 余万平方公里，3.6 亿人口。

二、平台选择和店铺定位

近年来，跨境电子商务的快速发展和跨境电商平台的不断涌现，给外贸企业带来了巨大的发展机遇，使得更多的外贸企业可以走出国门，开拓海外市场。然而在这一过程中，很多企业往往在 B2C 出口跨境电商平台选择方面存在问题，没有根据平台的特点和自身的实际情况选择适宜的跨境电商平台。

1. 平台选择

面对众多的主流和新兴跨境电商平台，选择适合的平台是决定企业能否顺利开展跨境电商业务和取得长期持续发展的重要一步。目前，市场上主流的出口跨境电子商务平台较多，包括速卖通、亚马逊、eBay、Wish、兰亭集势、敦煌、阿里巴巴国际站等，其中部分平台在第三章中已做介绍。

为了打开销路、获得更多曝光机会，很多跨境卖家往往会选择广撒网的方式入驻各类平台。不过，对于经验、资源、精力有限的卖家或者初级卖家而言，这似乎既不现实，也不经济，因为专注往往比广撒网更有效率。因此，刚刚起步的中小卖家可以先选择一两个适合的平台开设店铺，进行网络销售。在平台选择上，也不能简单地只看平台交易量、知名度，而要根据平台的特点，选择最适合自己所销售产品的平台。实力强大的大卖家可以选择在多个跨境电子商务平台上开设店铺，扩大企业品牌的知名度。

我们可以从以下一些角度进行平台选择。

（1）平台的主要销售市场

各大 B2C 出口跨境电商平台的买家分布情况存在很大差异，如表 4-1 所示。

表 4-1　主流跨境电子商务平台及其主要目标市场

主流电商平台	主要目标市场
速卖通	俄罗斯、巴西、美国、西班牙、法国，以及南美地区为主
亚马逊	北美洲、欧洲、南美洲、大洋洲、亚洲等地区
eBay	美国、英国、大洋洲、中国、阿根廷等地区
Lazada	东南亚地区
Wish	北美地区

其中亚马逊和 eBay 平台的买家主要来自欧美国家，而速卖通平台的买家主要来自俄罗斯、巴西、美国、法国等国家，尤其是俄罗斯、巴西等新兴市场。而区域性平台如 Lazada 平台主要为东南亚地区的消费者服务。因此企业在选择平台入驻时，应考虑自己商品的市场适销性，根据平台买家的消费能力、消费习惯选择合适的平台。

（2）平台的准入条件及其物流、支付特点

在平台选择时，除了参考平台的目标市场之外，还要了解这些平台的准入条件。大部分的跨境电子商务平台都需要以企业身份入驻，但也有部分平台（如 eBay）可以以个人身份入驻。各大主流跨境电子商务平台的入驻条件，及其物流、支付特点如表 4-2 所示。

表 4-2　主流跨境电子商务平台的准入条件及其物流、支付特点

平台	准入条件	物流	主要支付工具	其他
速卖通	注册公司实体或个体工商户，自有或授权的英文注册商标（品牌），平台入驻年费以及 5%～8%交易佣金	速卖通合作物流、邮政物流及商业快递等第三方物流	国际版支付宝（Escrow）、PayPal	1 个企业可认证 6 个速卖通账号
亚马逊	注册公司实体或个人，可以支付美元的双币信用卡	亚马逊物流、第三方物流	国际版支付宝（Escrow）、网上银行支付、国际版标准信用卡	FBA 模式①
eBay	企业或个人，月租费+刊登费+交易佣金	第三方物流	Square	拍卖，一口价
Wish	企业或个人，15%的交易佣金	Wish 邮	Payoneer、PayPal、PingPong、PayEco	不比价

（3）平台的产品类目

① 平台的可售产品类目

从跨境电子商务平台的首页导航可以直观地查看平台可经营的产品类目。以速卖通平台为例，进入平台首页，从左侧导航栏可以看到速卖通平台销售服装、手机及配件、珠宝首饰等 13 个大类，如图 4-2 所示。登录速卖通后台，还可查看到每个一级类目又可分为若干个二级类目，以及更多的细分类目。

图 4-2　速卖通平台首页

亚马逊平台的不同站点经营的产品类目也有所不同。以亚马逊美国站为例，在首页导航栏中，可以看到该平台销售的无形商品和有形商品共 18 个大类，如图 4-3 所示。

我们用同样的方法，也可以在其他的跨境电子商务平台（如敦煌、eBay、Wish 等）的首页了解到其经营的产品类目。

---

① FBA 即 Fulfilment by Amazon，它是由亚马逊提供的包括仓储、拣货打包、派送、收款、客服与退货处理的一条龙式物流服务。简单理解就是亚马逊代发货服务。

图 4-3　亚马逊美国站首页

② 平台的违禁售产品类目

除了了解跨境电子商务平台可经营的产品类目，卖家还需要知道这些平台禁止销售哪些商品，以避免出现违规甚至违法问题。每个平台的规则频道都会给出违禁产品的列表，明确哪些类型的产品是不能够在该平台销售的，以及如果违反会遭遇怎样的处罚。

有些违禁产品是触及法律、被所有平台严令禁止的，还有一些产品是根据平台的特点，以及主要销售的国家/地区情况而设定为禁止销售的，卖家应提前做好功课，避免踩上雷区。例如，在亚马逊平台，酒精饮料、下拉式围栏婴儿床、二手衣物等都是不能销售的。

③ 平台的热卖产品

每个跨境电子商务平台都有各自不同的特点、主要销售区域和目标客户，这就造成了不同平台会有不同的热销产品。平台一般会将最热销的产品放在最显著的位置，如导航栏的最前面。以速卖通为例，我们打开其首页，可以看到产品目录中排在最前面的是男女服装服饰、手机及配件、计算机和办公用品等，如图 4-4 所示。

图 4-4　速卖通首页产品目录

平台最热销的产品品类通常也是该平台体量最大的产品品类。因此，我们可以通过类目浏览，了解某产品品类在该平台上的交易规模。单击女装类目共有 3284954 件商品，如图 4-5 所示。可见，女装是速卖通平台的第一大产品二级类目。

图 4-5　女装产品类目浏览界面

此外，当我们在速卖通首页的搜索框中输入关键词时，在搜索框下方会展示出很多与搜索词相关的联想词，而这些联想词是最近搜索量比较大的相关关键词，可供卖家选品时做参考，如图 4-6 所示。

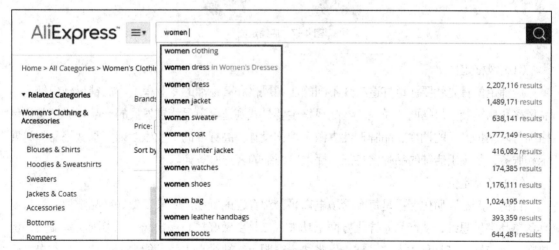

图 4-6　搜索框关键词联想

目前 B2C 出口跨境电商主流平台在长期运营过程中逐渐形成了各自的优势产品。例如，速卖通平台优势行业较广，包括服装服饰、手机通信、鞋包、美容健康、珠宝手表、消费电子等；亚马逊平台的主打产品为家居和厨房用品、书籍和音像制品；Wish 平台的优势产品为女性用品，如服饰、珠宝、手机礼品等。如果所销售的是平台的优势产品，可以提升销售效果。此外，各平台的特性不同，针对高端品牌的产品，卖家可以考虑在亚马逊平台销售，而针对极具价格优势的产品，则可以考虑在速卖通平台销售。综上所述，企业在选择平台时，要根据自身的产品选择合适的平台入驻。

想一想

在校大学生小王想要开设跨境电子商务店铺，销售自己手工制作的羊毛毡制品，根据平台选择的知识，她在哪个跨境电子商务平台上开店销售比较合适呢？

2. 店铺定位

自 2016 年以来，我国的跨境电子商务得到了爆发式的增长，但竞争也日益加剧。卖家要想在众多店铺中脱颖而出，特色化经营是大势所趋。目前传统的铺货型店铺生存空间越来越小；有一定知名度的品牌型店铺，需要投入资金和精力较多；而"小而美"型店铺经营方式灵活、敏捷，更适合广大中小卖家。

卖家在确定入驻平台之后，要根据电商平台的情况，并结合自身企业情况，对店铺进行定位。一般来说，店铺定位分为风格定位、产品定位、客户定位三个方面，如图 4-7 所示。

图 4-7 店铺定位

（1）风格定位

店铺定位首先就要注重打造与众不同的店铺风格和高标准的专业程度。店铺风格包括了产品风格和店铺装修风格两个模块。产品风格主要是找到适合自己店铺发展的产品。店铺装修风格则可以根据产品的调性、品牌调性去做个性化设计。高标准的专业程度则要求做好品牌的展示和服务，如突出店铺的品牌化特征、提供更精细的客户服务等。

（2）产品定位

目前，产品同质化严重是每个跨境电商平台都存在的问题。卖家要做好产品定位，一是要具备单品突破思维，从产品差异化方面下功夫；二是要做好核心爆款选品。中国卖家最大的优势在于供应链，产品种类丰富多样；但劣势也很明显，缺少自主研发能力。因此，具有自主研发和创新能力的卖家，应以市场调研和数据分析为选品的基础依据，开发出与其他大众产品相区别的爆款产品。

此外，同一类产品可分为高、中、低几个档次，对应的价格也有所区别。因此，卖家应根据消费群体的接受范围开发出适应市场需求的产品。

（3）客户定位

你打算把你的产品卖给谁？这些人群一般会聚集在什么地方？他们有什么爱好？如何投其

所好？买同类型产品的消费者和潜在消费者多多少少都会有一些共同的特征，卖家可以用贴标签的方式，对客户进行画像，从而明确客户定位。图4-8所示为某家居用品店铺对其目标客户进行的画像。

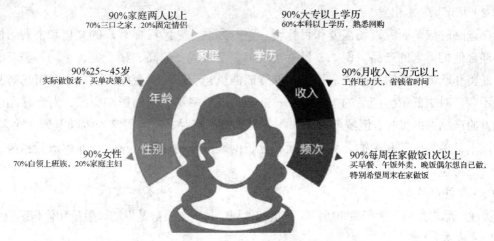

图4-8　某家居用品店铺对其目标客户进行的画像

本章引例中的三家移动电源公司定位于不同的客户群体，打造不同的产品特质和核心元素，也是通过差异化取得了成功。

第二节　跨境电子商务市场选品

一、跨境电子商务市场选品概述

1. 选品的概念

选品就是结合跨境贸易环境、平台的情况、卖家的情况和买家的情况，选择自己店铺要经营的行业及具体类目之下的产品。

选品从市场角色关系看，即选品人员从供应市场中选择适合目标市场需求的产品。选品人员必须把握用户需求，从众多供应市场中选出质量、价格和外观最符合目标市场需求的产品。成功的选品，最终可以实现供应商、客户、选品人员三者共赢的结果，这也是选品的价值所在。

从用户需求的角度看，选品要满足用户对某种效用的需求，如带来生活便利、满足虚荣心、消除痛苦等方面的心理或生理需求。

从产品的角度看，选出的产品应是在外观、质量和价格等方面符合目标用户需求的产品。

由于需求和供应都处于不断变化之中，因此选品也是一个重复的过程。

2. 选品的原则

选品是开展跨境电子商务的第一步，也是非常重要的一步。跨境卖家在选品时不仅要考虑自己个人的兴趣爱好，还要兼顾市场需求及平台特性等。

（1）兼顾兴趣爱好

俗话说，兴趣是最好的老师。卖家要想打造好的产品，必须花时间去研究所经营产品的特性、优势、市场需求和价值等。

（2）从市场需求出发

在选品时应该研究市场需要和目标客户。一方面，熟悉目标客户的文化和消费习惯，选择迎合他们需求的产品。例如，日韩市场偏爱精致优良的高、精、尖、小巧、美观的产品；北美和欧洲市场对品质要求适中，偏爱简洁流畅、新奇多变的产品；中东市场对品质要求不高，对中低价位产品的需求量大；非洲市场受多重文化的影响交织，对奢侈品和质量极差的产品都能接受；俄罗斯偏爱中国物美价廉的产品；巴西买家60%以上为女性客户，半数以上订单为服装和配饰。另一方面，分析网购群体的性别、年龄，兼顾流行趋势、创意以产品特色。

（3）关注产品本身

关注产品本身，包括产品的质量、重量和体积。其中，质量是根本，重量和体积影响到产品的物流成本。

不涉及生产的经销商应选择合适的供应商，综合考虑供应链的各个因素，如地理位置、采购价格、供货稳定性等。

（4）考虑平台特性

选品时要对不同平台的特点、商业理念有所了解，并在了解平台后做精细化选品。只有这样，才能选择合适的产品进行销售。

二、跨境电子商务市场选品的渠道和方法

1. 选品渠道

就某一特定的跨境电商平台而言，选品渠道可分为站内和站外两种。以速卖通平台为例，所谓"站内选品"是指通过速卖通站内所有可利用的条件及工具去选品。速卖通站内选品包括前台分析、行业分析、产品分析、直通车选品工具等。而"站外选品"是指通过速卖通以外的可利用的条件及工具去选品。站外选品有很多的渠道，包括宏观分析网站目标市场及分布的Google Trends、KeywordSpy、Alexa和与速卖通相关的其他跨境电商平台，如亚马逊、eBay、敦煌、兰亭集势等。

2. 站内选品方法

跨境电子商务站内选品方法很多，每个跨境卖家都有自己独特的选品方法。主要有以下几种选品方法。

（1）跟卖

对于新手卖家来说，最直接有效的方法就是找到行业排名靠前的大卖家，以其样板店铺的热卖产品为参照，逐条分析挖掘，逐步打造自己的产品线。

（2）数据化选品

数据化选品是指通过平台的数据化工具，收集、整理并分析行业、产品、买家搜索和卖家销售等信息，为选品提供依据。大多数跨境电子商务平台都有数据化端口，如速卖通的数

据纵横、敦煌的数据智囊等。以速卖通为例，卖家可以通过行业情报、选品专家、前台分析、商品分析及直通车工具等进行数据分析，以此把握潮流趋势、精准定位客户需求，从而确定经营的产品类目和产品关键词等，如图4-9所示。

图4-9 速卖通数据化选品工具

（3）基于客户反馈选品

在跨境电子商务平台搜索相关的关键词，找到热卖品，然后从热卖品评价记录中抓取客户的评价。卖家可以从客户的好评中找到客户购买该产品的真正需求点和期望值；从差评中找到现有产品的不足和问题，并基于这些客户反馈，对产品做研发改进和微创新，从而解决用户的痛点，打造热卖产品。

3. 站外选品方法

（1）参考大型 C 类购物网站

目前大型 C 类购物网站有亚马逊、速卖通、eBay、沃尔玛、百思买、Etsy、家得宝等。卖家可以参考这些购物网站的热销品和新品来进行选品。

（2）追踪国际社交平台热点

卖家可以通过一些流行的国际社交平台，了解当下最受消费者喜爱的时尚产品或者元素。

（3）Google Trends

Google Trends 是 Google 推出的一款基于搜索日次分析的产品，它通过分析 Google 全球数十亿计的搜索结果，告诉卖家某一搜索关键词各个时期在 Google 被搜索的频率和相关统计数据。

Google Trend 通过完整、实时的数据让卖家及时了解国际市场趋势以及具体产品的热度，从而为选品提供参考。例如，搜索精准的关键词"Christmas lights"和"Christmas led lights"，单击"热度随时间变化的趋势"，可以查看到随着时间的变化这两个关键词的被搜索趋势，如图4-10所示。很明显在 11 月底到 12 月初的时候，这两个关键词的搜索达到了巅峰，卖家可以根据这个时间来准备产品、上架、运营及营销。

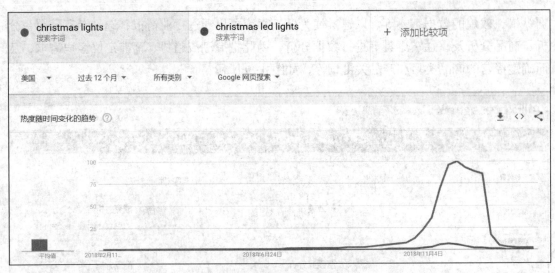

图 4-10　热度随时间变化的趋势

除以上介绍的选品方法之外，行业展会是行业中供应商为了展示新产品和技术、拓展渠道、促进销售、传播品牌而进行的一种宣传活动。参加展会，卖家可以获得行业最新动态和企业动向。卖家可以通过参加中国进出口商品交易会（即广州交易会，以下简称广交会）和中国（上海）国际技术进出口交易会（以下简称"上交会"）等线下展会，了解市场的最新需求和潮流趋势。

> **小知识-广交会**
>
> 中国进出口商品交易会（The China Import and Export Fair）即广州交易会，简称广交会，英文名为Canton Fair，创办于1957年春季，每年春秋两季在广州举办，由商务部和广东省人民政府联合主办，中国对外贸易中心承办，是中国目前历史最长、层次最高、规模最大、商品种类最全、到会采购商最多且分布国别（地区）最广、成交效果最好的综合性国际贸易盛会。自2007年4月第101届起，广交会由中国出口商品交易会更名为中国进出口商品交易会，由单一出口平台变为进出口双向交易平台。

实 训　跨境电子商务选品市场调研

【实训目的】

了解跨境电子商务市场调研的方法，掌握主要跨境电子商务平台行业、品类的数据分析技巧，能够撰写相关分析报告。

【实训内容和步骤】

（一）行业分析报告撰写

从速卖通、eBay、亚马逊、敦煌网等平台店铺后台数据提供的信息中，选择一个你感兴趣的行业进行分析，撰写分析报告。

实训提示：

（1）熟悉主流跨境电子商务平台。

（2）分析某一行业数据，撰写分析报告。

实训步骤：

（1）登录某一跨境电子商务平台。

（2）查询某一行业数据，撰写分析报告。

（二）品类分析报告撰写

实训提示：

（1）熟悉主流跨境电子商务平台。

（2）分析某一品类数据，撰写分析报告。

实训步骤：

（1）登录某一跨境电子商务平台后台。

（2）查询某一品类数据，撰写分析报告。

【同步阅读】

从选品角度看亚马逊日均 400 单的 Listing 成功案例

亚马逊上一款电动的鼻毛修剪器，售价为17.95美元，有两款不同的颜色，如图4-11所示。从图4-11的Listing来看，本产品已获得6700多个评论（Reviews），并得到4.3的不错评分。通过工具监测发现，这款产品已经在亚马逊美国站上连续售卖了1600多天，排名较为稳定。

图 4-11 某款鼻毛修剪器的产品详情页

卖家在开始卖之前，应该评估其选择的产品以后可以卖多少单，可以先用工具查询一下这些产品所对应的关键词的搜索量。例如，鼻毛修剪器Listing标题的关键词"nose trimmer"，其平均每个月的搜索量就有八万多，而这个产品的关联关键词搜索量每个月超过80多万人次，如图4-12所示。可见，此产品有巨大的市场需求，足以支撑一天几百单的销售额。

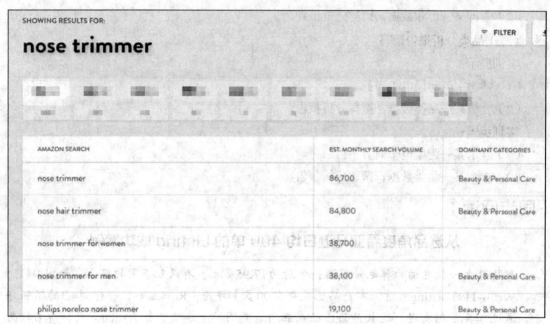

图4-12　关键词"nose trimmer"的月搜索量

当然，选品除了要看市场容量之外，还需要计算产品的利润。我们可以从1688上查看类似的产品采购价来估算这个产品的利润。从1688货源报价数据预测，本产品的成本价在20元人民币左右，如图4-13所示，折合美元为3.15美元。

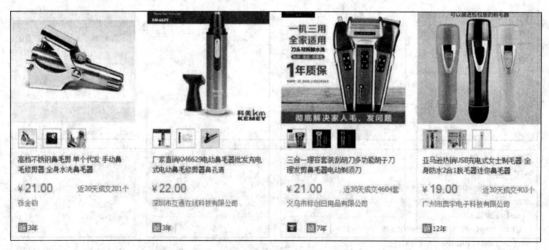

图4-13　鼻毛修剪器的产品采购价

结合亚马逊物流收益计算器，我们可评估这款产品的利润在40%以上，如图4-14所示。建议亚马逊新手卖家在选品的时候要坚持利润在40%以上，这是保证盈利的关键要求。

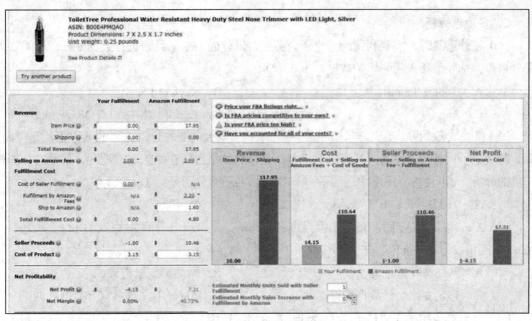

图 4-14　产品收益计算

（来源：雨果网）

【本章小结】

俗话说，"好的开始是成功的一半""万事开头难"。选品是解决"卖什么"的问题，这决定了商家的目标客户群、销售渠道、竞争对手、盈利能力和投入产出。因此，选对产品对产品本身的销售乃至店铺的成长都至关重要，也可为之后店铺运营中的爆款打造、营销推广等工作提供操作依据和支撑。将中国智造出口到全世界是每一个跨境电子商务的人的担当和使命，要实现这一目标，需要具有敏锐的国际市场洞察力，并掌握多种选品技巧和策略。

本章第一节介绍了选品的前期准备工作，从市场调研、平台选择和店铺定位三个方面为正式选品做好铺垫。第二节介绍了选品的原则、渠道和方法。由于不同的平台有不同的特点，因此选品方法也不能一概而论，应具体问题具体分析。

【同步测试】

1. 单项选择题

（1）小张想做跨境电子商务，但是他既不是个体工商户也没有注册公司，那么他无法注册以下哪个平台？（　　）

　　A. eBay　　　　　　　B. 敦煌网　　　　　　C. 速卖通　　　　D. Wish

（2）请为画线处单词选择最合适的中文解释 You have chosen one of the <u>best-selling</u> products in our store.（　　）

　　A. 最贵的　　　　　　B. 最便宜的　　　　　C. 最畅销的　　　D. 质量最好的

（3）下列不属于跨境 B2C 电商代表企业的是（　　）。

　　A. 速卖通　　　　　　　　　　　　　B. 1688 在线交易平台

　　C. 亚马逊美国站　　　　　　　　　　D. 兰亭集势

2．多项选择题

（1）站外选品时，需要利用跨境电子商务平台以外的网站工具来进行数据分析，请问以下哪些可作为站外工具来获取相关数据？（　　　）

    A．Google Trends   B．Keyword Spy

    C．Alexa   D．Excel 表格中 VLOOKUP 函数

（2）顶级域名由两个英文字母所组成，例如，代表澳大利亚的是".au"，代表欧盟的是".eu"等，跨境电子商务卖家可通过顶级域名来判断某个网站平台所在的国家或地区，从而进行细分市场的分析。请问加拿大和保加利亚两个国家的域名后缀分别是？（　　　）（　　　）

    A．".cd"   B．".ca"   C．".bu"   D．".bg"   E．".br"

（3）Alexa 是一家专门发布网站世界排名的网站，是跨境电子商务卖家常用的工具之一。Alexa 中国可以为用户提供哪些查询帮助？（　　　）

    A．网站访问量查询   B．网站浏览量查询

    C．排名变化趋势数据查询   D．Alexa 中文排名官方数据查询

（4）下列哪些物品或交易不属于 PayPal 卖家保障范围？（　　　）

    A．交通工具，包括摩托车、拖车、飞机和船只

    B．"与描述显著不符"的补偿申请或退单

    C．卖家亲自交付的物品，包括在销售点售出的物品

    D．无形物品，包括数字商品、旅游门票、礼券和服务

（5）下列哪些物品在中国邮政速递物流中属于航空安检不合格的？（　　　）

    A．带电池的各类电子产品

    B．带磁性的物品（扩音器）

    C．自动充气救生设备、灭火器

    D．内装化妆品、药品、粉末状物品的邮件

3．简答和分析题

（1）跨境电子商务调研方法有哪几种？请举例说明。

（2）传统外贸企业转型做跨境电子商务，卖家在选品时应该注意哪些问题？

第五章
跨境物流

【学习目标】

了解不同跨境物流方式；熟悉各种跨境物流渠道；掌握选择合适的跨境物流方式的技能和跨境物流风险防范的技能；了解各国（地区）历史、地理和对外贸易的国别（地区）政策，培养国际视野和全局观；规避非法通关、树立合法经营和依法纳税意识。

【知识导图】

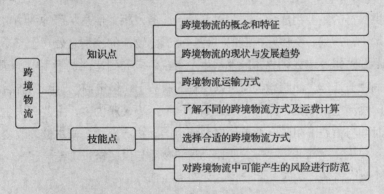

【引例】

中国跨境电商发展迅猛，有目共睹的成绩更是得到了世界的关注。从微信推出的"微信指数"中可以看出，跨境电商的发展势头正旺且越发强劲。然而对做跨境电商必不可少的跨境物流的关注与跨境电商本身相比却相差甚远，而作为跨境物流"主力军"之一的国际小包，更是连词条都没有被收录进微信指数。货兜相关负责人表示："造成跨境电商和跨境物流关注趋势相差巨大的现象是诸多因素综合作用的结果，但最为重要的一点还是业界对跨境物流的重视度不够、了解匮乏。"据了解，当前跨境电商的卖家队伍中大致分为两部分人群：一部分是之前做淘宝、京东等国内电商的"80后""90后"卖家，这部分人群惯用国内"四通一达"的物流标准要求跨境物流，且这部分人群占绝大多数；还有一部分是从传统B2B外贸转型的卖家，这部分人群对国际物流有一定的了解。跨境电商卖家对跨境物流认知的扭曲，加之当前市场上低质量的货运代理滋生，都给跨境物流服务带来了严重的影响，拉低了跨境物流服务的质量，给跨境卖家带来了诸多困扰。

（资料来源：雨果网《令人心力交瘁的跨境电商物流，谁来拯救？》）

【引例分析】

相比国内电商，跨境电商在物流方面有着显著差异，如物流成本高、运输及配送周期长、追踪难、交付面临诸多环境风险、退换货难以解决、流程复杂等。良好的跨境物流系统的运作可以提升交易实现与客户体验，是推动跨境电子商务发展的重要保证。

在跨境电子商务的整个流程中，物流是一个关键环节。跨境电商的迅猛发展，给物流行业带来了极大的机遇和挑战。下游客户从早期注重产品价格、品质等基本需求，已逐步扩展到对物流、售后等综合服务的高层次需求。因此，加强跨境物流的管理、提高物流效率、提升物流服务已成为跨境电子商务提升核心竞争力的重要内容之一。通过本章的学习，读者可对跨境物流的各种方式和渠道有基本的认识，并能做物流方式的选择，掌握物流的管理和风险防范。

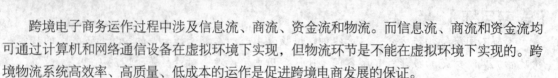

第一节 跨境物流概述

跨境电子商务运作过程中涉及信息流、商流、资金流和物流。而信息流、商流和资金流均可通过计算机和网络通信设备在虚拟环境下实现，但物流环节是不能在虚拟环境下实现的。跨境物流系统高效率、高质量、低成本的运作是促进跨境电商发展的保证。

一、跨境物流的概念和特征

物流作为供应链的重要组成部分，是对商品、服务及相关信息从产地到消费地的高效、低成本存储和流动进行规划、实施与控制的过程。而国际物流的特别之处在于交易的主体分属于不同关境，商品要跨越关境或国界才能够从生产者或供应商到达消费者手中。国际物流泛指国际贸易场景下的物流运作，而跨境物流可以理解为服务于跨境电商的国际物流活动。

传统的国际物流主营业务为国际贸易运输，以海运集装箱为主，主要解决生产者与消费者之间的空间、时间与信息等阻隔。而跨境电商使得国际物流发生了根本性的改变，物理上从集装化运输变为小包化；在商业模式上，跨境物流将物流与供应链管理结合起来，将原来单纯的运输转变为整个供应链流程的重构和优化，如图5-1所示。

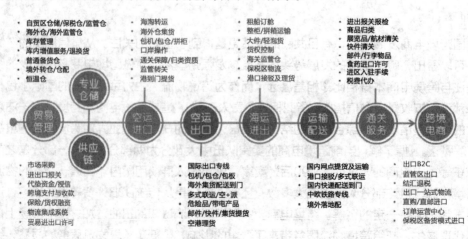

图 5-1 跨境物流图谱[1]

---

[1] 摘自孙韬《跨境电商与国际物流机遇、模式与运作》。

中国的跨境物流存在以下三个特征：一是区域上集中在东南沿海地区，尤其是深圳和上海，中西部地区跨境物流很少；二是跨地区、跨行业竞争较少，由于所处的行业较分散且发展还很不成熟，所以中国涉及跨境物流业务的上市公司面临的同行竞争有限；三是同质化问题倒逼物流企业进行改革，如从提供海运物流或者空运物流服务到提供多式联运服务，从报关、订舱等传统服务到提供运输方案优化设计、综合物流服务等。

二、跨境物流的现状与发展趋势

跨境物流水平对国家跨境电商发展至关重要，合理、高效的跨境物流一方面能帮助企业整合全球价值链、获取贸易机会，另一方面能帮助个人便利购买全球商品，实现消费升级。

数据显示，2020 年中国跨境电子商务市场规模达 12.5 万亿元，同比增长 19.04%，其中出口跨境电商市场规模 9.7 万亿元。从物流结构上来说，约 70%的出口跨境电商包裹是通过邮政系统投递的。邮政系统全球覆盖面广，但是在时效和稳定性上存在不足。其余的包裹则是通过国际物流巨头或者海外仓储模式进行配送的。

世界银行发布了 2018 年各个国家或地区的物流绩效指数（Logistics Performance Index 2018）。物流绩效指数反映了该国家或地区的物流运作水平和能力，2018 年中国排名世界第 26 位，与发达国家相比还有一定差距。2017 年中国物流成本占 GDP 的 14.9%，而美国的占比是 7%，英国的占比是 9%。中国物流成本高于世界平均水平的原因是多方面的，如市场结构、流通体制、商品价格水平、物流管理效率、产销地域距离和产业布局不均衡等。

从全球物流行业的发展趋势看，进入 21 世纪后，物流服务向专业化发展，第三方物流逐渐成熟，第四方物流[①]逐渐兴起。在全球第三方物流市场中，亚太市场增长速度最快。在亚太市场，中国市场的发展速度最快，所占市场份额最高。此外，预计到 2030 年，亚洲的经济总量将会超过美国及欧盟的总和，占世界 GDP 的份额将从 30%增长到 40%以上。

目前，全球化态势异常迅猛，实现"买全球、卖全球"需要强大的全球物流体系的支撑。面对新的形势，近年来国家加大了对物流业的扶持力度，相继推出一系列支持物流行业发展的政策和发展规划，以质量和效益为中心，寻找战略突破口。商务部提出，到 2020 年基本形成"布局完善、结构优化、功能强大、运作高效、服务优质"的电商物流体系，构建开放共享的跨境物流电商体系。

三、跨境物流运输方式

1. 海洋运输（Sea Transport 或 Ocean Transport）

海洋运输是最常用、最普遍的一种国际货物运输方式，主要适用于批量的大宗货物进出口。目前，海运量在国际货物运输总量中占 80%以上。

海洋运输之所以被如此广泛采用，是因为它与其他国际货物运输方式相比，可利用四通八

---

① 第三方物流供应商为企业提供货物的仓储、运输和配送服务。相对于第三方物流，第四方物流主要是通过公司自身所拥有的信息技术、整合能力以及其他资源为客户提供一套完整的供应链解决方案，帮助企业降低成本并有效整合资源。

达的天然航道，不受轨道和道路的限制；载运量大，其载运量远大于铁路和运输车辆，如一艘万吨船舶的载重量一般相当于250～300个车皮的载重量；由于载运量大，分摊于每货运吨的运输成本就少，因此运价相对低廉。海洋运输虽有上述优点，但也存在不足之处。例如，海洋运输易受气候和自然条件的影响，航期不够明确，而且风险较大。此外，海洋运输的速度也相对较慢。

海洋运输按照船舶经营方式主要分为班轮运输（Liner Transport）和租船运输（Charter Transport）。

（1）班轮运输也称"提单运输"，是指托运人将一定数量的货物交由作为承运人的轮船公司，轮船公司按固定航线，沿线停靠固定的港口，按固定船期、固定运费进行的国际海上货物运输。班轮运输多用于运输量少、货价高、交接港分散的货物定期运输，一般按照固定的费率收取运费。

（2）租船运输是指船舶所有人与租船人通过洽谈签订租船协议，将船舶出租给租船人，根据租船协议规定来安排货物运输的方式。由于租船运输的营运安排由双方自由商定并拟定协议，因此无固定航线，无船期表；租船运输适宜大宗货物运输；租金率或费率根据租船市场的行情而变化。

租船运输根据其租船方式又分为定期租船（Time Charter）、定路租船（Voyage Charter 或 Trip Charter）、光船租船（Bareboat Charter）和包运租船（Affreightment）。

2. 铁路运输（Railway Transport）

在国际货物运输中，铁路运输是仅次于海洋运输的主要运输方式。海洋运输的进出口货物，也大多是靠铁路运输进行货物的集中和分散的。

铁路运输有许多优点，其一般不受气候条件的影响，可保障全年的正常运输，而且运量较大，速度较快；有高度的连续性，与其他运输方式配合可实现"门到门"的连续运输；运转过程中的风险也较小；手续比海洋运输简单，且发货人和收货人可以在就近的始发站（装运站）和目的站办理托运和提货手续。

国际铁路联运的运输费用包括货物运费、押运人乘车费、杂费和其他有关费用。国内铁路运输费用按照我国《铁路货物运价规则》来计算，过境铁路运输费用按照《统一过境运价规程》来计算。

中欧班列是指按照固定车次、线路等条件开行，往来于中国与欧洲及"一带一路"沿线各国的集装箱国际铁路联运班列。中欧班列适合装运集装箱的货运编组列车，铺划有西、中、东三条通道。截至2018年4月，中欧班列已开通17条线路，其运输能力将进一步提升。

3. 大陆桥运输（Land Bridge Transport）

大陆桥运输是指利用横贯大陆的铁路（公路）运输系统作为中间桥梁，把大陆两端的海洋连接起来的集装箱连贯运输方式。简而言之，就是两边是海运，中间是陆运，大陆把海洋连接起来，形成海陆联运，而大陆起到了"桥"的作用，所以称之为"陆桥"。而海陆联运中的大陆运输部分就称之为"大陆桥运输"。

大陆桥运输一般都以集装箱为媒介。由于采用大陆桥运输，中途要经过多次装卸，以集装箱为运输单位，可大大简化理货、搬运、存储、保管和装卸等作业环节。同时集装箱经海关铝封，中途不用开箱检验，可以迅速、直接地转换运输工具。

目前，全世界的大陆桥主要有北美大陆桥、西伯利亚大陆桥和新亚欧大陆桥。

4. 航空运输（Air Transportation）

航空运输又称飞机运输，简称"空运"，它是在具有航空线路和飞机场的条件下，利用飞机、直升机及其他航空器运送人员、货物、邮件的一种现代化运输方式。航空运输在我国运输业中的货运量占全国运输量比例还较小，主要是承担长途客运任务。但伴随着物流的快速发展，现代航空运输借助信息技术，整合多种运输方式和相关资源，将运输、仓储、装卸、加工、整理和配送等有机结合，为用户提供一站式"门到门"（Door to Door）服务，在货运方面将会扮演越来越重要的角色。

航空运输具有快速、机动的特点，有班机（Airliner Transport）、包机（Chartered Carrier Transport）、集中托运（Consolidation Transport）和航空急件传送（Air Express Service）等运输方式。

航空运输的货物重量按毛重计算，计算单位为千克，重量不足 1 千克的按 1 千克算，超过 1 千克的尾数四舍五入。每千克的体积超过 6000 立方厘米的货物按轻抛货物计重，轻抛货物以每 6000 立方厘米折合 1 千克计量。

四、跨境电子商务与物流

跨境电子商务物流是指物品通过跨境网络销售平台从供应地到目的地的实体流动过程，包括了国际运输、包装配送、信息处理等环节。跨境电子商务要求跨境物流进行多元化的渠道整合，提供全球化的高效服务，并且对物流作业的系统性和智能性提出了标准化的要求。高效的跨境物流体系为跨境电子商务带来了更低的物流成本和更好的物流体验，也扩大了跨境电子商务的市场范围。

跨境电子商务是一种基于互联网的运营模式，它正在重塑国际贸易链条，使之呈现出"多品种，小批量，多批次，短周期"的特点，并对物流的便捷性和柔性提出了更高的要求。不同的交易方式会产生不同的物流模式。

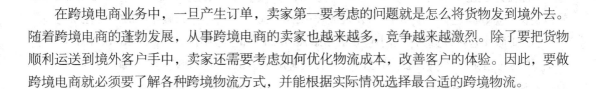

第二节　跨境物流方式

在跨境电商业务中，一旦产生订单，卖家第一要考虑的问题就是怎么将货物发到境外去。随着跨境电商的蓬勃发展，从事跨境电商的卖家也越来越多，竞争越来越激烈。除了要把货物顺利运送到境外客户手中，卖家还需要考虑如何优化物流成本，改善客户的体验。因此，要做跨境电商就必须要了解各种跨境物流方式，并能根据实际情况选择最合适的跨境物流。

一、国际邮政物流

邮政网络基本覆盖全球，比其他任何物流渠道都要广，这主要得益于万国邮政联盟（Universal Postal Union，UPU，以下简称万国邮联或邮联）和卡哈拉邮政组织（KPG）。万国邮联是联合国下设的一个关于国际邮政事务的专门机构，其宗旨是组织和改善国际邮政业务，发展邮政方面的国际合作，以及在力所能及的范围内给予会员所要求的邮政技术援助。

但由于万国邮联会员众多，且会员之间的邮政系统发展很不平衡，因此很难促成会员之间的深度邮政合作。于是在 2002 年，邮政系统相对发达的 6 个国家和地区的邮政部门在美国①召开了邮政 CEO 峰会，成立了卡哈拉邮政组织。卡哈拉邮政组织要求所有成员的投递时限要达到 98% 的质量标准。如果货物没能在指定日期投递给收件人，那么负责投递的运营商要按货物价格的 100% 赔付客户。这些严格的要求都促使成员之间深化合作，努力提升服务水平。

邮政物流的使用手续非常简便，卖家只要提供报关单、收寄件人地址和挂号单，就可以完成投递，由邮政公司代为完成报关、商检等手续。据不完全统计，中国出口跨境电商 60% 以上的包裹都是通过邮政系统投递的。

国际邮政物流包括了各国及地区邮政局运营的邮政大包、小包，以及中国邮政速递物流的国际 EMS、e 邮宝、e 特快和 e 包裹等，如图 5-2 所示。下面介绍几种常见的邮政物流方式。

图 5-2　中国邮政国际物流

1. 国际及港澳台地区包裹业务

现行国际及港澳台地区包裹业务主要分为航空包裹（Air）、空运水陆路包裹（Surface Air Lifted，SAL）、水陆路包裹（Surface）三种基本业务类型。用户既可以到邮政营业窗口办理业务，也可以通过邮政速递揽收交寄。航空包裹是指利用航空邮路优先发运的包裹业务；空运水陆路包裹是指利用国际航班剩余运力运输，在原寄地和寄达地之间按水陆路邮件处理的包裹；水陆路包裹是指全部运输过程利用火车、汽车、轮船等交通工具发运的包裹。此外，为适应我国与周边国家边贸市场发展的需要，邮政近年来在部分设有边境口岸的地区还开办了边境包裹业务。边境包裹业务是以双边协商的方式开办的特定处理方式、结算价格和服务标准的区域性包裹业务。

（1）中国邮政航空小包（China Post Air Mail）

中国邮政航空小包俗称"中邮小包""空邮小包"或"航空小包"，是指重量在 2 千克以内，外包装长、宽、高之和小于 90 厘米，且最长边小于 60 厘米，通过邮政空邮服务寄往目的地的小邮包。邮政小包可以分为平常小包（Normal Air Mail）和挂号小包（Registered Air Mail）两种，其主要区别在于挂号小包需要支付挂号费用，且邮政会提供大部分目的地的物流实时跟踪服务，而前者则不提供。中国邮政平常小包+（China Post Ordinary Small Packet Plus）是较普通小包服务升级，可提供国内段邮件的收寄、分发、计划交航等信息。

中邮小包的相关资费标准、禁运/限运物品、体积和重量限制可参考相关网站，如图 5-3 所示。

---

① 2018 年 10 月 17 日，美国宣布启动退出万国邮政联盟程序；如之后一年未能与万国邮政联盟达成新协议，美国将会正式退出。

图 5-3 中国邮政跨境电商客户服务平台

邮政小包在全球是一种普惠的公共递送服务，邮路模式最大的优点就是运费便宜，且清关能力很强，享用"绿色通道"，是轻小件最低物流成本的运输方式。此外，邮政小包派送网络遍及世界各地，覆盖面非常广，可寄达全球 241 个国家和地区的各个邮政网点。邮政小包的缺点主要是对于重量和体积要求严格，运送的时间总体比较长，许多国家和地区不支持全程跟踪。

（2）中国邮政航空大包（China Post Air Parcel）

中国邮政航空大包是中国邮政开发的一项为适应大抛货的国际物流业务需求而开发的一项服务，适合邮寄货重大于 2 千克、小于等于 30 千克（部分国家和地区限重 10 千克或 20 千克）的包裹。

中国邮政航空大包的优势在于价格低廉，且不计体积重、无燃油附加费。中国邮政大包清关能力强，全球覆盖面广，对于时效性要求不高而稍重的货物，可以选择此方式发货。

2. 国际及港澳台地区特快专递（国际 EMS）

国际 EMS 是中国邮政速递物流股份有限公司（以下简称邮政速递物流）与各国（地区）邮政合作开办的一项国际邮件快递服务，可为用户在国际快速传递各类文件资料和物品，同时提供多种形式的邮件跟踪查询服务，其本质是由邮政创办的商业快递。

国际 EMS 的投递时间通常为 3～8 个工作日（不包括清关时间）。其资费标准、妥投时限、体积和重量限制可参考中国邮政速递物流官网的"产品介绍"模块。

由于国际 EMS 是在万国邮联管理下的国际邮件快递服务，所以其在各国（地区）邮政、海关、航空等部门均享有优先处理权，这是国际 EMS 区别于其他商业快递最根本的地方。

3. 国际及港澳台地区电子商务业务

国际及我国港澳台地区的电子商务业务是中国邮政速递物流为适应跨境电子商务需要，整合邮政速递物流网络优势资源，与主要电商平台合作推出的寄递解决方案。目前，针对跨境电商市场不同的寄递需求，邮政速递物流跨境电商产品以经济实惠的资费及稳定的发运质量吸引了众多忠实客户，并已发展成为跨境电商的首选物流方式之一。

目前，邮政速递物流跨境电商产品有国际 e 邮宝、国际 e 特快、国际 e 速宝。同时，邮政速递物流还推出了中邮海外仓（跨境电商出口）和中邮海外购（跨境电商进口）的一站式综合物流解决方案。

（1）国际 e 邮宝（ePacket）

国际 e 邮宝又称 EUB，是邮政速递物流为适应跨境电商轻小件物品寄递需要推出的经济型国际速递业务，利用邮政渠道清关进入合作地区邮政的轻小件网络投递。单件限重 2 千克，主要路向参考时限为 7～10 个工作日。国际 e 邮宝目前可以发往美国、澳大利亚、英国、加拿大和俄罗斯等 30 多个国家和地区。

（2）国际 e 特快（e-EMS）

国际 e 特快是为适应跨境电商寄递需求而设计的一款高端跨境电商物流产品。国际 e 特快在内部处理、转运清关、落地配送、跟踪查询、尺寸规格标准等各方面均有更高要求，是提高跨境卖家发货效率、提升客户体验、协助店铺增加好评、提升流量的重要服务品牌。国际 e 特快目前覆盖日本、韩国、俄罗斯、澳大利亚、新加坡、英国、法国、巴西、西班牙、荷兰、加拿大、乌克兰、白俄罗斯等 16 个主要国家和地区，收寄重量不受 2 千克限制，寄递时限更快，信息反馈更完整。

（3）国际 e 速宝

国际 e 速宝是邮政速递物流为满足跨境电商卖家个性化市场需求提供的商业渠道物流解决方案，要求申报信息真实准确，须如实填写内件品名、税则号、申报价值和重量等。国际 e 速宝又可分为国际 e 速宝小包和国速 e 速宝专递。

国际 e 速宝小包业务是采用商业清关模式，末端选择经济类投递网络，提供出门投递信息，可以寄递带电产品（澳大利亚、新西兰及东南亚路向除外），运费按照每克计算，限重 2 千克。

国际 e 速宝专递业务是国际 e 速宝小包的升级版，末端选择标准类投递网络，全程追踪，有妥投信息。可以寄递带电产品，运费按照每克计算，最高限重 30 千克。收件当天即可查询信息，7～10 个工作日即可妥投，时效快捷稳定。

4. 其他国家或地区的邮政小包

邮政小包依托万国邮联网点覆盖全球，对于重量、体积、禁限物品要求等方面均存在很多的共同点，然而不同国家和地区所提供的邮政小包服务却或多或少存在一些差别，主要体现在价格、时效标准以及对于承运物品的限制等方面。因此，跨境电商卖家需要时时关注各类邮政小包渠道的最新信息，并进行组合使用。常用的各国航空邮政小包及其特点如表 5-1 所示。

表 5-1　常用的航空邮政小包及其特点

航空小包渠道	特点
新加坡小包	价格适中，服务质量高，是目前常见的手机、平板等含锂电池产品的运输渠道
瑞士小包	欧洲线时效快，但价格较高，欧洲通关能力强，欧洲申根国家[①]免报关
瑞典小包	欧洲线路时效快，俄罗斯通关及投递速度较快，价格较低

二、国际商业快递

由于邮政小包的整体运输效率较低，因此作为邮政小包的补充，国际商业快递这一物流方式也逐步发展起来。商业快递相对于邮政物流最大的区别在于其计费标准与时效性。

国际商业快递主要指四大商业快递巨头，即 DHL、TNT、FedEx 和 UPS，如图 5-4 所示。

———————

① 申根公约的成员国亦称"申根国家"或者"申根公约国"，成员国的整体又称"申根区"。申根公约的目的是取消相互之间的边境检查点，并协调对申根区之外边境的控制。

这四家快递公司在全球已经形成较为完善的物流体系，几乎覆盖全球的各个重点区域。通过其自有的货机团队，实现本地化派送服务，为买家和卖家提供良好的客户体验。然而，优质的服务体验也意味着高昂的运费成本。相比邮政渠道，商业快递报关程序复杂、查验严格，关税征收概率较高。一般高货值、高时效要求、2千克以上的大包或重货等可以选择这种物流方式。

图 5-4　四大国际商业快递巨头

1. DHL

DHL 国际快递（敦豪航空货运公司）是全球快递行业的市场领导者，也是全球第一的海运和合同物流提供商。DHL 于 1969 年成立于美国旧金山，总部设在比利时的布鲁塞尔，2002 年与德国邮政合并，德邮控制了其全部股权并把旗下公司进行整合，为此德国邮政集团更名为 Deutsche Post DHL。2003 年和 2005 年，德国邮政又分别收购了美国的空运特快公司和英国的英运公司，并整合为敦豪航空货运公司，逐步奠定了 DHL 难以撼动的物流巨头地位。

DHL 与中国对外贸易运输总公司合资成立了中外运敦豪，是进入中国市场时间最早、经验最为丰富的国际快递公司。DHL 拥有世界上最完善的速递网络之一，可以到达全球 220 个国家和地区的 12 万个目的地。DHL 在中国的市场占有率达 36%。

DHL 覆盖的网点比较多，寄送到西欧、北美有优势，2~4 个工作日即可送达。欧洲一般 3 个工作日可送达，东南亚一般 2 个工作日可送达。DHL 网站对于货物的状态更新比较及时，遇到问题的解决速度也很快。但是 DHL 对于托运物品的限制比较严格，拒收许多特殊物品，走小货的价格也不太划算。

2. TNT

TNT（Thomas National Transport）国际快递集团是全球领先的快递邮政服务供应商，能为企业和个人客户提供全方位的快递和邮政服务，公司的总部设在荷兰的阿姆斯特丹。TNT 拥有欧洲最大的空陆联运快递网络，能实现"门到门"的递送服务。TNT 在欧洲、南美、亚太和中东地区拥有航空和公路运输网络。

TNT 于 1988 年进入中国市场，拥有 26 家国际快递分公司及 3 个国际快递口岸，拥有国内最大的私营陆运递送网络，服务覆盖中国 500 多个城市。

TNT 除了商业快递固有的速度快、信息更新及时、服务好的优点外，它在欧洲和西亚、中东及一些政治、军事不稳定的国家有绝对优势。但是，TNT 要计算体积重，价格相对较高，对所运货物的限制也比较多。

3. FedEx

FedEx（Federal Express）又称联邦快递国际快递公司，是一家国际性速递集团，提供隔夜快递、地面快递、重型货物运送、文件复印及物流服务，总部设在美国田纳西州。公司于 1984 年进入中国，目前每周有 11 个班机进出中国，是拥有直飞中国航班数目最多的快递公司。

FedEx 国际快递分为优先型（International Priority，IP）服务和经济型（International Economy，IE）服务两种。FedEx IP 的递送时效为 2~5 个工作日，可服务全球超过 200 个国

FedEx 国际快递价格量大从优，适宜走 21 千克以上的大货，发往南美洲、东南亚国家和地区的价格较有竞争力。

4. UPS

UPS（United Parcel Service）又称联合包裹服务，起源于 1907 年在美国西雅图成立的一家信差公司，是世界上最大的快递承运商与包裹递送公司之一。不同于 DHL 的全球化，UPS 业务的基石是美国本土的快递服务。

UPS 旗下主打四种快递方式，包括：UPS Worldwide Express Plus 全球特快加急，资费最高；UPS Worldwide Express 全球特快；UPS Worldwide Saver 全球速快，是普通快递，又称为"红单"；UPS Worldwide Expedited 全球快捷，是最慢的快递，资费最低，又称为"蓝单"。

UPS 的强项在美洲等线路，美国、加拿大、英国、日本等较有优势，适用于发快件。但是 UPS 要计算产品包装后的体积重，运费较高，对于托运物品的限制也比较严格。

5. 顺丰速运（SF Express）

从事国际快递业务需要有国际快递业务经营许可和报关单位相关资质。由于没有海外网络，我国快递企业一直无法独立承担全程寄递，我国约 80%的国际快递业务由几家大型国际快递巨头掌握。

近年来，我国快递布局跨境物流，顺丰的国际线路多一些，"四通一达①"起步稍晚，多采用邮路合作模式，弥补对方在我们境内揽收范围不足的弱点，同时利用对方的区域配送能力。

顺丰速运的国际出口业务主要有以下几种。

（1）顺丰国际标快（出口），是为满足中国客户寄递紧急物品至海外的需求，各环节均以最快速度进行发运、中转和派送的高品质"门到门"国际快件服务。其时效快，安全有保障。服务范围覆盖美国、加拿大、新加坡、马来西亚、日本、韩国、澳大利亚、泰国、越南、蒙古、印度、印度尼西亚、俄罗斯、柬埔寨、墨西哥、缅甸和欧洲 15 国（地区）。

（2）顺丰国际特惠（出口），是为满足中国客户较重物品或非紧急物品寄递需求而推出的经济型国际快件服务。服务范围覆盖日本、韩国、新加坡、马来西亚、美国、俄罗斯、巴西及欧洲 28 国（地区）等。时效稳定，安全有保障，并提供报关服务。

（3）顺丰国际小包（E-Parcel，EP），是为跨境电商 B2C 卖家发送 2 千克以下包裹而推出的一款高品质的小包类服务，包括顺丰国际小包挂号和顺丰国际小包平邮，服务范围覆盖全球 200 多个国家和地区。依托顺丰的网络资源和清关系统，整合国际优质运力资源，顺丰国际小包具备性价比高、清关便捷、信息回传快速等优点。

（4）顺丰国际电商专递，是专为跨境 B2C 电商卖家量身定制的高效物流服务，可充分满足 B2C 电商卖家对大包类货物和高价值物品的寄递需求，服务范围覆盖俄罗斯、乌克兰、澳大利亚、美国及欧洲（英国、法国、德国等）。该服务凭借便捷的清关系统和目的地优质的派送服务，为跨境 B2C 电商卖家提供清关便利、时效稳定、全程可跟踪的专递服务。

（5）顺丰国际重货，是为了满足客户寄递大重量物品而推出的时效稳定、具有较高性价比的国际重货服务。

---

① "四通一达"是申通快递、圆通速递、中通快递、百世汇通、韵达快递五家民营快递公司的合称。

三、国际专线物流

国际专线物流服务主要是依托在发件地与收件地之间的业务量规模，通过整合全球资源，与海外快递公司合作，将货物在国内分拣，批量直接发往特定的国家或地区的物流服务。市面上比较常见的专线物流产品有美国专线、西班牙专线、澳洲专线和俄罗斯专线，也有不少公司推出了中东专线、南美专线和南非专线等。

国际专线物流也是现今跨境电商国际物流较常用的一种运作模式。专线物流的优势在于其能够集中大批量的货物到某一特定国家或地区，通过规模效应降低物流成本。因此，专线物流的价格较商业快递低，时效方面稍慢于商业快递，但比邮政包裹快很多。

国际专线物流对于针对某一国家或地区销售的跨境电商卖家来说是比较折中的物流解决方案。针对俄罗斯，有中俄航空专线、E速宝、赛诚、速优宝芬兰邮政和燕文（Special Line-YW）等产品；针对美国，有美国邮政USPS专线小包和美国FedEx专线小包；针对中东，有中外运安迈世国际快递（Aramex）；中欧国际班列也是一种专线运输。2015年6月，蜜芽网在重庆开仓，部分德国进口商品可通过渝新欧线运抵重庆，开创了国内跨境电商采用国际铁路运输货物的先河。

四、海外仓

1. 海外仓物流的概念

海外仓物流（Overseas Fulfillment）是指卖家在销售目的地进行仓储、分拣、包装及派送的一站式控制及管理服务。海外仓物流不是单纯的跨境运输或仓储方案，而是对现有市场上所有物流运输方案的全面整合，包括了预定船期、头程境内运输、头程海运或头程空运、当地清关及保税、当地联系二程拖车、当地使用二程拖车运输送到目的仓库并扫描上架和本地配送等几个部分，如图5-5所示。

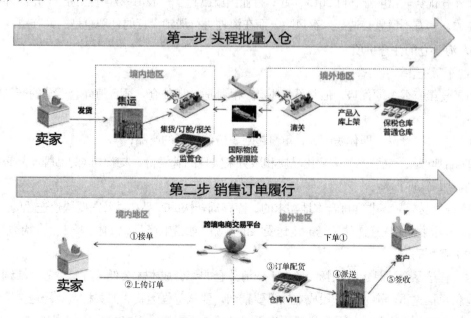

图5-5 海外仓基本运作流程

2. 海外仓物流的政策扶持

自 2014 年开始，国务院发布的《关于支持外贸稳定增长的若干意见》等一系列跨境电商政策文件中均提及了海外仓，鼓励跨境电商企业通过规范的海外仓等模式，融入跨境零售体系。商务部 2015 年发布《"互联网+流通"行动计划》，推动建设 100 个电子商务海外仓。2016 年政府工作报告明确提出"扩大跨境电子商务试点，支持企业建设一批出口产品海外仓，促进外贸综合服务企业发展。"

3. 海外仓物流的优势和发展前景

进口海外仓主要作为海外进口的集货和中转枢纽，这里不展开介绍。

出口海外仓是指跨境电商卖家按照一般贸易方式，将商品批量出口到海外仓，在线实现销售后，将商品直接从海外仓发出，送达客户手中。海外仓具有提升本土化服务、拓展选品范畴、降低清关障碍、减少转运流程、降低破损丢包率、增加退换货等增值服务的优势，能够大大改善买家的购物体验。所以很多跨境电商平台都会鼓励卖家开设海外仓。海外仓的优势有以下几个。

（1）提升曝光、转化率，增加销量。当客户在网上购买商品时，会优先选择拥有海外仓库存、可当地发货的商家，以缩短收货时间。

（2）缩短运输时间可减少物流纠纷的比例，缩短货物回款周期。

（3）海外仓拓展了跨境物流配送的适配性，为诸如家具、园艺、汽配等大重件及高价值商品提供了有效的物流保障。

（4）头程运输采用海运集装箱运输，克服了单个商品走空运的重量、体积限制，借助规模效应降低卖家的跨境物流成本。

（5）利用海外仓可实现本土销售，升级售后服务，提升客户满意度。

（6）品类的扩大促使卖家销量提升，服务的升级可使卖家提高产品售价、摆脱低价恶意竞争，物流成本的缩减可增加毛利。

海外仓优势非常明显，自 2013 年起，行业内就掀起了一股海外建仓热潮。但是海外仓也不是万能的，稍有不慎就会造成库存风险，而在海外进行滞销库存的处理也是一大难题。

4. 海外仓的注意事项

（1）产品选择

海外仓虽有很多的优势，但并不是所有产品都适合海外仓。适合海外仓运营的产品典型的有以下几类：

① "三高"产品，即体积超大、重量超限、价值超高的产品；

② 品牌产品，品牌产品需要用品质和服务来实现品牌溢价，未来中国的品牌产品必将以海外仓凸显服务价值；

③ 低值易耗品，非常符合本地需求的、库存周转快的产品，以及需要快速送达的产品；

④ 国际小包、快递无法运送或运送受限的产品，如带电产品、液体、粉末、膏状类产品等。

（2）费用问题

只有在选品合适且运营顺畅的条件下，海外仓的综合成本才会低。订单少甚至滞销会造成平均仓租负担过重。海外仓分段成本核算要精细，要从头程运费、清关税费及配送费等综合考量。不同国家和地区的仓储及配送费用也不同，要与不同的物流方式做综合对比。

（3）库存问题

海外仓运营就意味着必须有一定存量，但过多的库存会占用卖家的大量现金流，给卖家带来资金压力。因此，卖家要做好库存分析和销售周期的把控，注意发货节奏和安全库存，避免产品滞销、脱销的情况。

（4）运营风险问题

海外仓有其特定的跨国（或地区）风险。首先，产品要符合进口国（或地区）当地质量标准，如有侵权行为很容易被海关查扣；如有质量问题被客户投诉，仓库有可能遭到查封。其次，目前欧洲对中国跨境电商卖家征收销售增值税，未来美国甚至中东国家和地区都有可能针对中国跨境电商设置一定的贸易壁垒。

五、跨境物流运费计算

本节介绍了国际邮政物流、国际商业快递、国际专线物流和海外仓的基本知识，接下来重点讲解跨境物流运费计算。

（一）国际邮政物流、国际商业快递、国际专线物流

每一种物流方式，其官网或合作的跨境电商平台都会给出计算公式，其中要注意以下几个要点。

1. 首重和续重

例如，中国邮政平常小包+运费根据包裹重量按克计费（不足 30 克按 30 克计费），单件包裹限重在 2 千克以内，免挂号费；中国邮政挂号小包的运费根据包裹重量按克计费，每个包裹限重在 2 千克以内；e邮宝运费根据包裹重量按克计费，美国、俄罗斯、新西兰、日本按照 50 克起重计费（不足 50 克按 50 克计费），乌克兰按照 10 克起重计费（不足 10 克按 10 克计费），其他国家和地区无起重要求；EMS 按起重 500 克、续重 500 克计费，无燃油附加费；四大常用国际快递 DHL、UPS、FedEx、TNT，一般 21 千克以下按首重 500 克、续重 500 克计费，21千克以上首重、续重按照 1 千克计费。

2. 运费费率

目的地离本地的距离远近不同，因此各个物流方式设置了不同的运费费率，例如中国邮政平常小包+的运费费率表如表 5-2 所示，e邮宝的运费费率表如表 5-3 所示；还有一些物流方式设置了更复杂的阶梯计费制度，如中国邮政挂号小包的运费费率表如表 5-4 所示，燕文航空挂号小包的运费费率表如表 5-5 所示。

表5-2　中国邮政平常小包+的运费费率表（节选）

配送范围/目的地		首重价格（首重 30g）	续重价格（按 g 续重）
		元（RMB）	元（RMB）/kg
俄罗斯	RU	4.65	153.47
美国	US	3.94	130.22
巴西	BR	3.99	131.71
法国	FR	3.52	116.40

配送范围/目的地		首重价格（首重30g）	续重价格（按g续重）
		元（RMB）	元（RMB）/kg
英国	UK	3.33	110.12
澳大利亚	AU	3.33	110.13
德国	DE	3.43	113.37
以色列	IL	3.37	111.24
瑞典	SE	3.32	109.77
西班牙	ES	3.57	118.05
加拿大	CA	3.45	113.81

表5-3　e邮宝的运费费率表（节选）

配送范围/目的地		起重/g	重量交费 元（RMB）/kg	操作处理费 元（RMB）/包裹
澳大利亚	AU	1	60	19
奥地利	AT	1	60	25
比利时	BE	1	60	25
巴西	BR	50	80	25
美国	US	50	80	10
加拿大	CA	1	70	19
丹麦	DK	1	60	25
芬兰	FI	1	65	25
法国	FR	1	60	19
德国	DE	1	60	19
希腊	GR	1	60	25

表5-4　中国邮政挂号小包的运费费率表（节选）

配送范围/目的地		0~150g（含150g）		151~300g（含300g）		301~2000g		备注
		正向配送费（根据包裹重量按克计量）	挂号服务费	正向配送费（根据包裹重量按克计量）	挂号服务费	正向配送费（根据包裹重量按克计量）	挂号服务费	
		元（RMB）/kg	元（RMB）/单	元（RMB）/kg	元（RMB）/单	元（RMB）/kg	元（RMB）/单	
俄罗斯	RU	70.00	18.00	60.00	19.50	52.50	21.50	
美国	US	54.00	15.50	50.00	16.00	51.00	16.00	
巴西	BR	102.00	12.50	85.00	15.00	74.00	17.00	暂停服务
法国	FR	68.00	12.00	58.00	13.00	58.00	13.00	
英国	UK	50.00	21.50	50.00	21.50	46.00	22.00	
澳大利亚	AU	70.00	13.70	54.00	16.00	54.00	16.00	
德国	DE	73.00	13.10	53.00	16.00	48.00	17.00	
以色列	IL	53.38	14.20	52.00	15.00	52.00	15.00	

表 5-5　燕文航空挂号小包的运费费率表（节选）

配送范围/目的地		包裹重量为 1~150g		包裹重量为 151~300g		包裹重量为 301~1000g		包裹重量为 1001~2000g	
		配送服务费（按克计费）RMB/kg	Item服务费 RMB/包裹	配送服务费（按克计费）RMB/kg	Item服务费 RMB/包裹	配送服务费（按克计费）RMB/kg	Item服务费 RMB/包裹	配送服务费（按克计费）RMB/kg	Item服务费 RMB/包裹
爱尔兰	IE	52.02	19.19	44.13	21.30	44.13	21.30	44.13	21.30
爱沙尼亚	EE	50.04	16.94	50.04	16.94	50.04	16.94	50.04	16.94
奥地利	AT	90.40	14.14	57.99	18.82	53.04	19.81	53.04	19.81
澳大利亚	AU	69.87	13.58	54.03	15.85	54.03	15.85	44.13	18.82
巴西	BR	101.54	12.39	71.21	16.16	64.14	18.18	64.14	20.20
白俄罗斯	BY	64.92	13.87	57.00	14.86	47.10	15.85	47.10	15.85
比利时	BE	90.40	14.14	61.95	17.64	50.07	21.10	50.07	21.10

此外，除了中国邮政平常小包+、4PX 新邮经济小包、中外运-西邮经济小包、顺丰国际经济小包、顺友航空经济小包和燕文航空经济小包等经济类物流不收取或少量收取挂号服务费[1]外，中国邮政挂号小包、e 邮宝、中外运-西邮挂号小包、速优宝芬邮挂号小包、中俄航空 Ruston、4PX 新邮挂号小包和燕文航空挂号小包等标准类物流都要收取挂号服务费并提供物流跟踪服务。

国际商业快递的物流费用最为复杂，不仅包含国际快递费（按照包裹实际测量为准，体积重与实重取较大的计费）及燃油附加费，还会根据包裹的实际情况，收取以下费用：报关代理费；偏远地区附加费；换包装费，需更换外包装的货物，具体咨询对应仓库；超长超重附加费，无固定收费标准，具体以咨询官方或客服电话为准；特别安检附加费；磁检费，带有磁性货物做磁性检验产生的费用。

3. 是否计算抛重

国际商业快递的快递费用是按照包裹的实际重量和体积重取较大者进行计算，即要计算抛重（简称计抛）。

┃小知识-抛货┃

　　抛货是指体积大重量轻的货物，又称泡货，通俗点讲就是轻货。由于国际快递货舱空间有限，寄运抛货的情况多，会让货舱单位体积的载货量减少。为解决这一问题，就产生了抛货重量，即"体积重"这一概念。体积重大于实重的货物就是抛货。

计算体积重的公式：

（1）四大国际快递：长×宽×高/5000（长宽高单位为厘米）=体积重量（千克）。

（2）DPEX 东南亚专线：长×宽×高/6000（长宽高单位为厘米）=体积重量（千克）。

（3）EMS：包裹单边小于 60 厘米，不算体积重，计费重=实际重量；包裹单边大于等于 60 厘米，包裹记抛，体积重=长×宽×高/6000。体积重和实际重量大的为计费重。

---

[1] 不同物流方式对此服务费的命名不同，常见的有"挂号服务费""Item 服务费"和"操作处理费"等。

（二）海外仓物流

海外仓费用是指把仓库设立在海外而产生的一系列费用。海外仓费用包括头程费用、税金、当地派送费、订单处理费和仓储费。下面对每部分内容分别进行介绍。

1. 头程费用

（1）国际海运头程

头程费用是指把货运送至海外仓地址这段过程中所产生的运费。常用的头程运输方式为航空运输（简称空运）和货轮运输（简称海运）。海运可以分为集装箱拼箱和集装箱整箱，一般货运代理公司会根据拼箱或整箱来计算运费。

集装箱拼箱是指装不满一整箱的小票货物（Less Than Container Load，LCL）。这种货物通常是由承运人分别揽货，并在集装箱货运站或内陆集中，将两票或两票以上的货物拼装在一个集装箱内，而后在目的地的集装箱货运站或内陆站拆箱分别交货，一般以实际的重量来计算运费。表5-6为某公司派送至美国亚马逊仓库的海运头程报价单。

表5-6　美国FBA拼箱海运头程报价单

美国区域	100～199kg（最小100kg）RMB/kg	200～499kg RMB/kg	500～999kg RMB/kg	1000kg以上 RMB/kg	3000kg以上 RMB/kg
美国西岸一区（邮编9/8开头）	25.00	23.00	22.50	22.00	21.00
美国中岸二区（邮编7/6/5/4开头）	26.00	24.00	23.50	23.00	22.00
美国东岸三区（邮编3/2/1/0开头）	28.00	27.50	27.00	26.50	24.00

集装箱整箱（Full Container Load，FCL）指由发货人负责装箱、计数、机载并加铅封的货运，以集装箱数量计算运费。表5-7为某物流服务商发至英国的参考报价。

表5-7　整箱海运头程报价单

运输方式	数量	英国仓（RMB/立方米）
海运 FCL	20'GP	24000.0
	40'GP	36000.0
	40'HQ	36000.0
时效（工作日）		24～27天

小知识-集装箱

根据功能性的不同，集装箱有不同的规格，常见的有20尺货柜（20'GP：20 Feet General Purpose）、40尺货柜（40'GP：40 Feet General Purpose）、40尺高柜（40'HQ：40 Feet High Cube）。具体尺寸如下表所示。

柜型	规格	长×宽×高（m）		配货毛重（t）	体积（m³）
普通货柜	20GP	内：5.898×2.342×2.385		17.5	33.1（正常装28m³）
		外：6.058×2.438×2.591			
	40GP	内：12.032×2.352×2.385		22	67.5（正常装56m³）
		外：12.192×2.438×2.591			
高货柜	40HQ	内：12.032×2.352×2.69		22	76.2（正常装56m³）
		外：12.192×2.438×2.896			

（2）国际空运头程

国际空运头程的费用包括运费、清关费、报关费、送货费等其他费用。运费按重量计算，有最低起订量，清关费用按单票数量计算。表5-8为某物流服务商发至英国的参考报价。

表5-8 空运头程报价表

运输方式	条目		价格（元）
客机行李托运（OBC）	运费/千克		37
	4PX 代清关	清关费/票	300
		提货费/千克	2
	客户自有 VAT 税号清关	清关费/票	1200
		提货费/千克	2
普货空运（Air Freight）	1000 千克以内		31
	1000 千克及以上		28
	4PX 代清关	清关费/票	300
		提货费/千克	2
	客户自有 VAT 税号清关	清关费/票	1200
		提货费/千克	2

根据上例，发5千克货物至英国仓的头程费用（由4PX代清关）为：

37×5（运费）+300（清关费）+2×5（提货费）=495（元）

2. 税金

税金是指货物出口到某国（或某地），需按照该国（或该地）进口货物政策而缴纳的一系列费用，主要包括进口关税和一些国家（或地区）的特定费用。表5-9为各个国家或地区的关税情况。

表5-9 各国家或地区的关税计算方式

国家或地区	起征点	综合关税
美国	800 美元	综合税=关税（关税=货值×产品税率）+清关杂税
欧盟	22 欧元（CIF）	综合税=（货值+运费+关税）×19% 关税=（货值+运费×70%）×产品税率
英国	15 英镑（CIF）	综合税=增值税+关税（关税=货值×产品税率）+清关杂税 增值税=（货值+运费+关税）×20%

3. 仓储费

仓储费是指租用海外仓库存储商品而产生的费用。表5-10为亚马逊美国海外仓的仓储费报价。仓储费会根据当地的人力成本、库存紧张程度而发生变化，具体资费以官方发布为准。

表5-10 亚马逊美国海外仓仓储费报价

存储月份	标准尺寸	大件
1—9 月	每立方英尺 0.69 美元（每立方米 24.37 美元）	每立方英尺 0.48 美元（每立方米 16.95 美元）
10—12 月	每立方英尺 2.40 美元（每立方米 84.76 美元）	每立方英尺 1.20 美元（每立方米 42.38 美元）

此外，为了缓解亚马逊的仓库压力，亚马逊已经开始每月增收长期仓储费（FBA long-term storage fees），并进行每月一次的评估。其中，货物在亚马逊仓库存储时间大于 181 天小于 365 天的，每立方英寸收费 3.45 美元（每立方米收费约 21 万美元）；货物在亚马逊仓库存储时间大于 365 天的，每立方英寸收费 6.9 美元（每立方米收费约 42 万美元）或按件每月收取 0.5 美元的最低长期仓储费用[①]。

因此，卖家在选品的时候要做好权衡，不同货品搭配有序。在备货时，根据店铺的日常销量，结合备货周期、发货时效、销售速度等要素综合考虑，不过度备货，且尽量减少断货的出现。

4. 订单处理费

订单处理费是指买家下单后，由第三方人员对其订单拣货打包产生的费用。

5. 当地派送费

当地派送费俗称二程派送费用，是指买家下单后，由仓库完成打包配送至卖家地址所产生的费用。各物流公司操作有所区别，具体费用还需与当地货运公司咨询。

例如，亚马逊 FBA 物流费用包括仓储费和配送费（见图 5-6），其中配送费（FBA Fulfillment Fees）又包含订单处理费（Order Handling）、取件及包装费用（Pick&Pack）和配送费（Weighting Handling），图 5-7 展示了商品的 FBA 费用明细。

图 5-6 亚马逊 FBA 物流费用

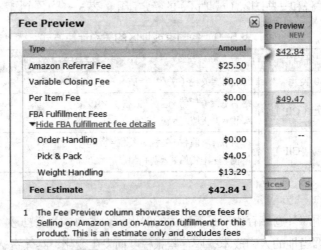

图 5-7 亚马逊 FBA 物流费用

在前文已介绍亚马逊美国的仓储费，表 5-11 为亚马逊美国仓的配送费，每件商品的出库配送重量按照商品重量加上包装重量进行核算，即按商品包装后的总重量向上取整的方式取值（单位：磅，1 磅约为 0.4536 千克）。之后，再根据出库配送重量来计算配送费用。

---

① 亚马逊将收取适用的长期仓储费总额或最低长期仓储费的较高金额。

表 5-11　亚马逊美国仓配送费报价

标准尺寸	全年费率
小号（不超过 1 磅）	2.41 美元
大号（不超过 1 磅）	3.19 美元
大号（1 磅至 2 磅）	4.71 美元
大号（超过 2 磅）	4.71 美元+0.38 美元/磅（超出首重 2 磅的部分）
大件	**全年费率**
小号大件	8.13 美元+0.38 美元/磅（超出首重 2 磅的部分）
中号大件	9.44 美元+0.38 美元/磅（超出首重 2 磅的部分）
大号大件	73.18 美元+0.79 美元/磅（超出首重 90 磅的部分）
特殊大件	137.32 美元+0.91 美元/磅（超出首重 90 磅的部分）

如果是服装商品，每件商品应额外支付 0.40 美元

六、跨境国际物流方式的选择

不同的跨境物流方式都有其优缺点，卖家要根据产品特点、目标消费者的需求做好利弊的权衡，选择最合适的跨境物流方式。目前的跨境电商市场上有着两股力量在挤压物流服务的升级。一是竞争延伸到了服务层面，买家对物流的需求表现得越来越在意，时效慢、清关难、无法退回、丢失破损、无法全程跟踪等问题直接影响到买家对卖家的评价。二是物流费用侵蚀卖家的利润，在低价竞争下，追求物流低价成为大家的期望。然而，跨境物流是一整条服务链，包括清关、仓储、空运、海运、配送等诸多环节，大部分物流企业规模小、功能单一，单一环节的表现也许合格，但是综合表现就不尽如人意了。因此，选择合适的物流方式要综合考虑各方面因素，趋利避害。

1. 选择跨境物流方式的考虑因素

选择跨境物流方式主要可以从以下四个方面考虑。

（1）价格：在跨境电商的整体成本中，物流成本通常占据销售额的 20%甚至更多，因此控制跨境物流成本很重要。

（2）时效：欧美的物流市场很成熟，但可能出现淡季罢工、旺季运力紧张的现象，建议使用"组合拳"。而新兴市场很多国家和地区的内部物流体系尚未建立或太薄弱（如俄罗斯、巴西、印度等），都还主要依赖邮政系统的普遍服务，尾程配送只能等，可考虑头程集货提速。

（3）质量：物流"三害"是指延误、破损和丢失。在跨境物流中，从揽件到买家收到货物，往往要经过多次转运，因此很容易出现包裹延误、破损，而且无论何种物流，都存在一定的丢包率。因此，物流企业能否准时地将货物完好无损、准确无误地送到消费者手中是卖家选取物流方式的关键因素。

（4）服务：服务的可得性，即跨境物流配送和服务能力满足消费者需求的程度，包括网络

覆盖范围、报关清关能力以及物流信息准确性等指标；服务的响应性，即消费者在跨境物流服务中及时获得服务、避免长时间等待、出现问题能够被迅速解决的响应程度，包括客服人员在线反应和处理问题的速度和能力等；服务的关怀性，更多考虑的是物流服务人员的职业素养，如服务人员态度、服务人员专业知识能力等。

2. 主流跨境物流方式对比

卖家必须熟悉常用跨境物流方式的特点，才能进行合理的选择。表 5-12 针对几种主流的物流方式进行了对比。

表 5-12　主流跨境物流方式对比

方式	优点	缺点	价格和时效
邮政小包	网络基本覆盖全球，价格非常便宜	重要尺寸有严格要求，无法享受正常出口退税	价格低；20～50 天
e邮宝	速度较快，费用低于普通国际 EMS，出关能力强	仅限 2 千克以下包裹，目的地相对少，上门取件城市有限	价格低；7～20 天
中邮 EMS 及区域快递	速度较快，费用低于四大国际快递巨头，EMS 境内的出关能力强	并非专注于跨境业务，相对缺乏经验，目的地数量比较有限	价格中高；5～10 天
四大国际快递	速度快、服务好，丢包率低，发往欧美发达国家非常方便	价格昂贵，资费变化大，只有货值高、客户强烈要求时效性的情况下才会使用	价格高；3～7 天
专线物流	集中大批量货物发送，价格比商业快递低，速度快于邮政小包，丢包率也比较低	相比邮政小包运费较高，且在境内的揽收范围相对有限	价格中等；俄罗斯专线 10～20 天
集货物流+海外仓	可降低物流成本，提供灵活可靠的退换货方案，发货周期短，发货速度快	标准化、偏重、体积大，有库存占用，适用于库存周转快的热销单品，对卖家供应链管理等提出更高要求	综合价格中高；本地快递时效高；2～5 天

> ✎ **想一想**
> 一位美国的客人在双翼公司速卖通店铺上订购了几条打底裤，打包后称重为500克，比较邮政小包和e邮宝，你认为哪一种物流方式更合适？为什么？

第三节　跨境物流的风险与防范

一、海外查验与扣货

跨境物流是跨境电商的重要组成部分，也是风险较大的一环，其中出现问题最多的就是目的地清关环节。对于跨境电商卖家来说，被海关查货扣货是一件负面影响非常大的事件。如果货物被扣，不仅耽误时间，影响店铺信誉度，还会造成不小的经济损失。下面主要介绍扣货的原因和处理方法。

1. 扣货主要原因及应对技巧

（1）申报价值与估价不一致

很多跨境电商当事人为了节省清关费，都会在申报货物价值时报少一点，如果海关在实际清关时查验比较严格，就会因为申报价值与估价不一致导致货物被查扣。针对这一问题，建议跨境电商卖家对不同国家（或地区）的清关制度有所了解，在申报时准确填写。

（2）品名和产品不符、装箱清单不详

因为不同的产品被海关扣货的概率不一样，所以很多跨境电商卖家寄希望于利用品名、装箱单的不实填写来蒙混过关。但实际上这种做法往往会加大被扣货的概率，因此一定要如实填写。

（3）私人物品超过 5000 元人民币货值

由于私人包裹被海关查扣概率较低，因此为了避免海关扣货，跨境电商卖家的普遍做法是针对一般的包裹以私人礼品（personal gift）形式发送，但是超过 5000 元人民币货值的包裹被海关查到就要被扣货。

（4）目的国或地区的相关政策

跨境电商买卖双方都要对相关国家或地区的政策有所了解。尤其是卖家，在发货前要了解各国（地）政策，如澳大利亚海关不允许电池类产品入关，因此卖家要对澳大利亚客户说清楚只发产品、不发电池。

2. 被扣货后的处理办法

（1）及时联系买家，告知扣货事宜。货物被扣后，跨境卖家要及时与买家联系，争取对方谅解，否则一旦买家没收到货，引发纠纷对卖家非常不利。

（2）联系买家，协商清关费用。跨境卖家得知货物被扣后，应立刻和买家联系，说服买家协助清关，双方协商解决清关费用。

（3）协商不成，退回包裹。如果买家不愿意协助清关，就设法退回包裹。如果是 EMS，包裹可以免费寄回，与买家沟通等包裹寄回后再重新发货。

（4）放弃包裹。如果快递成本过高，或包裹无法退回，清关费用很高，可考虑放弃包裹。

二、关税及增值税

与传统贸易不同，跨境电商是一种普惠的、碎片化的贸易，涉及许多国家和地区的公司或个人。一般贸易方式下，根据不同的贸易术语，进口清关环节的费用由相关方承担。但跨境电商中，尤其是 B2C、C2C 方式下，很多个人消费者对进口环节税没有概念，再加上各个国家和地区的税收政策不同，进口关税和增值税又经常调整，透明度不高，给跨境电商当事人带来的风险非常大。

1. 关税及增值税的主要风险

（1）没有搞清楚客户是企业还是个人

一般来说，进行跨境 B2B 交易，供货增值税无须卖家承担，而是由客户来承担。如果以 B2C 的模式供货，则将在发货地缴纳增值税。许多时候，跨境电商卖家没有搞清楚客户是企业还是个人，会导致交易货物增值税的承担人不明确。

（2）增值税没有包含邮费、包装费

很多 B2C 跨境电商卖家在计算增值税金额的时候，没有把邮费和包装费一起算进去，这样就会造成增值税被低估。

（3）关税、增值税税率不清楚

有些跨境电商当事人对相关国家（或地区）的增值税税率运用不正确，导致收到税务机构的罚款和利息费用。

（4）商品编码归类错误

通过商品编码来确定税率，才能确定包括可能享受的优惠或暂停缴税。如果编码归类错误，将会导致适用关税、增值税等计算错误。

2. 关税及增值税主要风险的防范措施

（1）搞清楚客户是企业还是个人

明确自己的销售模式是 B2B 还是 B2C。想要区别这两种模式，可以参考客户是否有增值税号（企业通常有一个增值税 VAT 号）。

（2）增值税须包含邮费、包装费

跨境电商零售商应该审核好对客户收取的每笔费用，确保运用正确的增值税税率。排查不属于增值税的金额，因为这些金额都有少申报增值税的可能。

（3）避免错误使用关税、增值税税率

要确保收取正确的关税、增值税金额，首先应该确认交易位置，即缴纳关税、增值税的地方，以及适用的税率。跨境电商当事人应及时掌握关税、增值税的变化情况，避免使用错误的税率。

（4）对交易商品进行正确归类

应缴纳的进口关税、增值税额度取决于货物价值以及其适用的商品编码。因此，要对商品进行正确分类，使货物能够顺利清关，给客户带来良好的购物体验。

三、境外配送

1. 境外配送主要风险

跨境电商在境外配送过程中的主要风险有以下几种。

（1）丢包、破损

跨境电商包裹在境外配送的过程中，经常会发生丢包、破损的情况，导致买家向卖家索赔，造成卖家经济损失。

（2）无法派送

在境外投递过程中，买家需要提供税号和护照号，有少数买家不肯配合，导致包裹无法投递而被退回。

（3）不可抗力

跨境包裹在整个投递过程中，有时会遭遇恶劣天气，有时会遭遇目的地无人投递的情况，影响包裹的寄达时间，甚至丢包。

2. 境外配送风险防范

（1）选择可靠的物流

跨境电商寄送包裹时，尽量选择线上发货。对于货值较高的货物，可选择 UPS 等四大商业快递。选择有物流赔付的物流方式，即如果发生丢包、破损等情况，可以得到相应的赔偿。

（2）与客户保持联系

发出包裹后，及时跟踪物流信息，与客户保持密切沟通，告知其货物运输情况，如遇意外情况，便于得到客户谅解。同时也可以尽量避免由于客户不配合而导致货物无法投递的状况发生。

（3）关注时事

关注国际形势，了解相关国家或地区的政治经济局势，避免与政局动荡地区的客户进行交易，以免造成不必要的损失。

实训　跨境物流费用计算

【实训目的】

了解不同跨境物流方式的运费费率情况，掌握不同重量、不同体积的包裹资费计算方法，并能够计算出正确的跨境物流费用。

【实训内容和步骤】

（一）e 邮宝运费计算

浙江金帆电子商务有限公司在速卖通上向俄罗斯客户销售了一条连衣裙，包装后的重量为 0.45 千克，包裹的长、宽、高分别为 20 厘米、10 厘米、3 厘米，计算这个包裹的 e 邮宝跨境物流运费（无折扣）。

实训提示：

（1）物流方式为国际 e 邮宝，该客户来自俄罗斯。

（2）按照国际 e 邮宝运费规定（物流报价可查询中国邮政官网）计算跨境物流运费。

实训步骤：

（1）查询国际 e 邮宝俄罗斯运费表，如表 5-13 所示。

表 5-13　国际 e 邮宝俄罗斯运费表

寄达国家或地区		资费		起重
		元/件	元/克	
俄罗斯	非 eBay	10	0.1	50 克，不足 50 克按 50 克计费
	eBay	8	0.1	
	促销	8	0.092	

由表 5-13 可知，非 eBay 业务：10 元/件+0.1 元/克，起重 50 克，不足 50 克按 50 克计；eBay 业务：8 元/件+0.1 元/克，起重 50 克，不足 50 克按 50 克计。

（2）计算国际 e 邮宝资费。

（二）邮政挂号小包运费计算

杭州嘉豪电子商务有限公司在速卖通上向西班牙客户销售了一款体操绳，包装重量 0.12 千克，包裹的长、宽、高分别为 22 厘米、15 厘米、4 厘米，计算这一包裹的邮政挂号小包物流运费。

实训提示：

（1）该客户来自西班牙，邮寄方式为邮政挂号小包。

（2）按照国际邮政小包运费规定，计算跨境物流运费。

实训步骤：

（1）查询邮政挂号小包的运费表，运往西班牙的费率为挂号费 8 元/件+80 元/千克，如表5-14 所示。

表 5-14　邮政挂号小包西班牙运费表

寄达国家或地区	配送服务费 元/kg	挂号服务费 元/包裹	配送服务费 元/kg	挂号服务费 元/包裹
西班牙	1～349g（含）		350～2000g（含）	
	80.0	8.0	80.0	8.0

（2）计算邮政挂号小包资费。

（三）DHL 运费计算

浙江飞豹有限公司在敦煌网上向美国客户销售了一包行李绳，包装重量 1.14 千克，包裹的长、宽、高分别为 15 厘米、15 厘米、10 厘米，计算该包裹的 DHL 跨境物流运费。

实训提示：

（1）比较体积重量和实际重量，以更贵的那个计算运费。

（2）按照 DHL 运费规定，计算跨境物流运费。

实训步骤：

（1）比较体积重和实际重量。

（2）根据表 5-15 的 DHL 运费表，计算 DHL 运费。

表 5-15　DHL 美国运费表（2017 年资料）

区域	国家或地区名称	DHL 国际快递价格		DHL 国际快递小包裹（0.5～20.5kg）	
		首 0.5kg	续 0.5kg	首 0.5kg	续 0.5kg
29	美国	98.6 元	30.0 元	131.7 元	19.3 元

包裹在 21 千克以下的，首重 0.5 千克，续重按 0.5 千克起算，不足 0.5 千克按 0.5 千克算。运费=首重运费+（总重量千克-首重）×续重运费，其中"总重量千克-首重"采取进位取整的原则。

注意：物流报价实时更新，应以当前网站最新报价为准。

【同步阅读】

直击跨境物流痛点，最全跨境物流解决方案

随着跨境电商的快速发展，跨境物流也在急速发展，物流未来将左右中国跨境电商的最终表现。而当前，跨境电商物流市场巨大但尚处于粗放时代，存在着价格贵、速度慢、后期追踪难、便利性差等难题，关税、清关等政策性问题也是跨境电商物流需要面对的难题。

欧洲、美国等地虽然市场较为成熟，然而卖家在这些国家依旧面临着不小的问题。

一、清关问题

对于跨境电商物流来说，不管是FBA还是海外仓，清关都是个大问题。FBA清关时，经常会出现一些意外情况，轻则需要补充资料，重则出现扣货，甚至没收货物，除了给物流和时效性带来了很多不确定因素、延长配送时间外，更给卖家带来了巨大的损失。

出现以上现象，除了没有重视监管制度和贸易壁垒等原因外，更多的是物流公司将报关业务交给第三方，而这些第三方公司既不重视，又不专业。那么，如何解决这个问题呢？

物流公司虽然为卖家提供报关服务，但大多都是从卖家这边揽货，报关、清关甩给第三方报关公司。在这个过程中，专业的报关公司可实现清关的规模化和规范化，降低监管成本，提高通关效率，避免偷税漏税。所以选择物流公司，最好是该公司在目的地同样设有分公司，以实现专业报关、快速通关。设立这些分公司，也让卖家能更清晰地追踪到货物。

二、税务问题

产品价格越高，税额越大，跨境电商卖家被要求进行真实、及时、准确的税务申报。如果故意延误、错误或虚假申报，都可能受到包括货物查封、被向电商平台举报导致账号受限、罚款在内等不同程度的处罚。

随着一些国家（地区）对跨境电商征收增值税（VAT），对于已经使用海外仓，但没有注册VAT账号的卖家，他们如果继续销售，将属于非法运营。对此，卖家也要特别注意。

卖家对于税务制度要有清晰的了解，特别是阶梯征税，当物流承诺的价格低于正常的价格时，就要多留一份心思。卖家不要相信所谓的渠道和保证，为了产品的安全，一定要通过正规渠道报税清关。如果自己没有VAT账号，要了解清楚物流公司的资质和操作机制。当然，建议自己注册一个VAT账号，自己缴税。

三、退件问题

在跨境电商交易过程中，由于消费者对货物不满意，或者产品破损，会产生退换货。所以卖家一定要保证商品的质量，并要做好产品的具体使用说明，因为很多买家是因为没有操作过产品，误以为产品有问题，才选择退货。有时候，虽然卖家小心翼翼，按照标准进行操作，质量上也让消费者满意，退货还是不可避免。然而，不同于国内物流，由于种种因素，无论是哪种渠道，都无法顺利支持卖家向买家提供退换货服务。

卖家只能选择海外仓提供退件处理，当前一些海外仓可提供售后维修、货物退回国内等服务。FBA是不帮忙处理退换货的，假如亚马逊仓库的货物需要退件，可以退到所在仓库进行附加服务，仓库可提供二次打包贴标、重新包装等服务，之后再次入库亚马逊FBA仓，或提供卖家指定的其他服务。

四、本地化问题

海外仓是本地化的重要组成部分。本地派送，即在"最后一公里"上选择最适合的合作快递公司，对物流公司也是个不小的考验。本地有实力的物流派送能有效提高时效和服务能力。在选择尾程派件服务商时，卖家不仅要考虑价格，也需要考虑时效性，更要综合考虑派送公司的派送范围。快递公司暂时还无法做到全覆盖或者在每个国家（地区）都有很强的派送能力，因此有些国家（地区）适合这个派送公司，有些国家（地区）则适合另一个。即便是使用海外仓，卖家也要考虑物品的大小与属性、单件重量和尺寸的限制，也需要了解超过会有哪些附加费用。

因此，商家在与物流公司合作之前，要了解物流公司与当地的哪家派送公司合作，产品的大小与属性是否可行，该物流是否是最适合的，自己的目标市场与物流的优势市场是否相符，是否对某些物品有所限制，是否是在当地的最优选择。

除此以外，跨境物流还面临着难以全程追踪、跨境包裹易破损甚至丢包等问题。中国电商物流业近年来的高速发展，使得中国境内已基本实现包裹的实时追踪查询。所以，跨境物流的追踪问题，往往出在境外段。很多包裹出境后，就难以追踪了。

在跨境物流系统中，物流商揽件以后，货物往往需要经过四五道甚至更多次的转运，才能最终送达客户。经过不同人的手非常容易出现包裹破损的情况，在这个过程中也都会存在一定概率的丢包情况。跨境包裹破损甚至丢包，不仅会给客户带来糟糕的购物体验，也使得卖家的运营成本大幅提高，还要面临丢失客户的风险和损失。

只有境外段物流配送处于高度信息化水平，并能够同境内段物流配送实现信息对接，才能解决包裹的跨境全程追踪问题，这显然是一项长期的系统工程。这就要求物流服务商有强大的系统建设能力，在当地要有强大的合作伙伴，与派送端进行无缝连接，才能更好地对全程进行掌控。

（资料来源：中国口碑网）

【本章小结】

跨境物流作为跨境电子商务中重要的组成部分，直接关系到跨境贸易的顺利完成。随着跨境贸易竞争日趋激烈，跨境物流的压力也越来越大，跨境物流除了有运送商品的功能之外，还和消费者的购物体验密切相关。

本章第一节介绍了跨境物流的概念、现状、发展趋势和运输方式，让读者对跨境物流有一个基本的认识。第二节介绍了常用的跨境物流方式及其运费计算方式，读者可通过了解各种物流渠道的特征，选择合适的跨境物流方式。第三节的内容是跨境物流的风险和防范，介绍了跨境物流中容易遇到的风险及相应的防范措施。

【同步测试】

1. 单项选择题

（1）下列有关跨境直邮模式描述正确的是（　　　）。

    A. 大部分的跨境电商平台都采用直邮模式

    B. 直邮模式最大的优点就是可以节省运费

    C. 直邮模式可以给消费者提供多样化的产品

    D. 直邮的产品可以免交关税

（2）生活在杭州的朱小姐需要寄一条珠宝项链给远在美国的表妹，她应该选择何种跨境物流的渠道来寄送？（　　　）

　　A. 中国邮政国际小包　　　　　　　　B. 中国邮政国际大包

　　C. e邮宝　　　　　　　　　　　　　D. EMS

（3）正确的保税仓模式的流程是（　　　）。

　　a. 买家下单　　　　b. 买家收货　　　　c. 保税仓存储　　　d. 保税仓报关出货

　　e. 卖家海外采购

　　A. ecadb　　　　　B. eacdb　　　　　C. aecdb　　　　　D. acedb

（4）中国邮政针对跨境电商商品推出的e邮宝产品最大限重（　　　）千克（以色列除外）。

　　A. 1　　　　　　　B. 2　　　　　　　C. 3　　　　　　　D. 4

（5）下列有关国际物流渠道说法正确的是（　　　）。

　　A. e邮宝中国境内的出关能力强

　　B. EMS网络基本覆盖全球，且价格非常便宜

　　C. 商业快递价格昂贵，但资费稳定

　　D. 国际专线物流发货周期缩短，发货速度加快

2. 多项选择题

（1）以下快递中属于商业快递的是（　　　）。

　　A. EMS　　　　　　　B. TNT　　　　　　C. UPS　　　　　D. DHL

（2）下列关于国际专线物流表述错误的是（　　　）。

　　A. 国际专线物流的价格比较高

　　B. 国际专线物流的速度比邮政小包快

　　C. 专线物流在现今跨境电商国际物流中是并不常使用的一种运作模式

　　D. 国际专线物流的丢包率高

（3）下列关于商业快递表述正确的是（　　　）。

　　A. 商业快递的时效性高

　　B. 商业快递可以一票多件

　　C. 商业快递的成本较高

　　D. 国际四大商业快递是EMS、DHL、UPS、TNT

（4）跨境物流中，最容易出现问题的就是清关环节。以下哪些原因会导致海关查验与扣货？（　　　）

　　A. 申报价值与估价不一致

　　B. 品名和产品不符、装箱清单不详

　　C. 私人物品超过5000元人民币货值

　　D. 违反当地的一些相关政策

（5）海外仓费用包括（　　　）。

　　A. 头程费用　　　　　　　　　　　　B. 订单处理费用

　　C. 仓储费用　　　　　　　　　　　　D. 当地派送费用

3. 简答和分析题

（1）跨境物流的渠道有哪些？各有什么特点？

（2）区分中国邮政旗下的国际物流产品，并完成表 5-16。

表 5-16　中国邮政旗下物流产品对比

	EMS	国际邮政挂号小包	e 邮宝
送达国家（地区）			
重量限制			
体积限制			
时效			
计费方式			

（3）某公司王经理想通过某快递专线邮寄 60 个 LED 灯到新加坡，你觉得这其中有什么风险吗？为什么？

（4）配套资源视频"疫情对我国跨境电商进出口的影响"，请大家思考：疫情给我国跨境进口和出口电子商务带来哪些影响？为了应对疫情常态化的挑战，我国政府做出了什么政策规划？

Chapter 6
第六章
跨境支付与结算

【学习目标】

了解跨境支付政策和跨境支付的风险与防范，熟悉购付汇与结售汇的操作流程，掌握跨境支付的主流支付方式；认识到中国的电子支付在国际上的优势，增强四个自信、幸福感和获得感；了解与跨境支付相关的政策、法律法规，培养识别支付风险、规避支付陷阱的能力。

【知识导图】

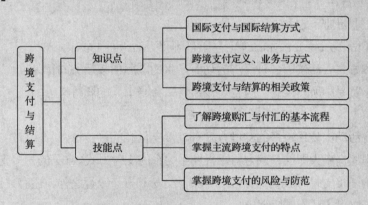

【引例】

2018年3月，亿邦动力研究院联合跨境第三方收款机构WorldFirst发布了《2017中国跨境出口电商金融服务白皮书》。白皮书从宏观背景、卖家调研、跨境金融创新实践、未来趋势预判等几个方面阐述了中国跨境出口电商市场的全景。

目前卖家收款的方式主要有三种：海外本土银行收款、中国香港离岸银行账户收款、第三方海外收款账户收款。第三方海外收款方式[①]是跨境出口企业最主要的选择。

据亿邦动力网了解，随着跨境电子商务的发展，越来越多的跨境电商将第三方海外收款账户和平台账户绑定在一起。到了2012年，第三方海外服务商开始大规模地进入跨境电商领域，目前，中国大多数跨境电商使用的是第三方海外收款方式。使用第三方海外收款账户有一定的优势，例如办理手续很方便，支持的平台也比较多；但也存在一些弊端，如对于一些新兴市场，有很多币种还没有覆盖。

---

① 所谓第三方海外收款方式，就是利用一个第三方的收款账户，将资金回转到境内的账户，以解决人民币在国际上无法流通的问题。

资金的安全性是跨境电商商家选择支付方式时首要考虑的因素。亿邦动力研究院研究总监何树煌表示，第三方跨境支付方式会存在一定的风险。"对于卖家而言，可能有账户被盗、资金冻结的风险；对于收款方而言，可能会出现洗钱套现的问题；对于电商平台来说，可能会存在收款账户被黑、关联账户的风险。每个环节都会存在不同的风险。"

（资料来源：亿邦动力网——《关于"钱"，跨境电商不得不知的秘密》）

【引例分析】

近年来，随着全球跨境电商行业的迅猛发展，跨境支付的需求也在不断扩大，国内巨头以及相关企业纷纷布局跨境支付领域，跨境支付的市场竞争日趋激烈，这也促使跨境支付服务商不断提升服务水平和服务范围，获取更大的规模效应。

在跨境电子商务大发展的驱动之下，跨境支付作为跨境电商交易的重要一环也得到了快速发展。第三方跨境支付方式是目前跨境电商在交易过程中使用率较高的方式。第三方支付机构作为跨境电子商务支付渠道的新平台，正发挥着越来越大的作用。

第一节　跨境支付与结算概述

一、国际支付与国际结算

1. 国际支付与国际支付方式

国际支付（International Payments）是指在国际经济活动中的当事人以一定的支付工具和方式，清偿因各种经济活动而产生的国际债权债务的行为。通常它是在国际贸易中所发生的、履行金钱给付义务当事人的履行义务的一种行为。

国际支付方式
介绍

在国际经济活动中使用较多的支付方式有直接支付和间接支付两种。直接支付方式是指由国际经济活动中的当事人即交易双方与银行发生关系的支付方式。常见的直接支付方式有付汇、托收和信用证。间接支付方式是指支付行为除了交易双方与银行之外，还有其他主体参加的方式。常见的间接支付方式有国际保理。

2. 国际结算与国际结算方式

在国际贸易中，国际支付与国际结算（International Settlements）是密不可分的，国际支付是过程，而国际结算是结果。国际结算可以促进国际贸易发展，服务国际经济文化交流，促进国际金融一体化，进而繁荣整个世界经济；同时还可为本国（或地区）创汇和积累外汇，引进外资，合理使用外汇，输出资金向外投资，起到巩固本国（或地区）货币汇率，提高本国（或地区）对外支付能力的作用。

国际结算是指通过货币收付来实现的国际支付或资金转移行为，包括贸易结算，资本和利润转移，劳务的提供和偿付，国际交通、航运、保险费用的收支，侨汇、旅游、政府的外事活动等。

国际结算方式是指以一定条件实现国际货币收付的方式，按照使用工具、支付手段的不同，大体可分四类。

（1）现金/货币结算。这是原始结算方式，就是买方一手交钱，卖方一手交货，钱货两清，通常称为现金交货（Cash on Delivery），现在较少采用。

（2）票据结算。票据是出票人签发的无条件约定自己或要求其他人支付一定金额，经背书可以转让的书面支付凭证。票据一般包括汇票、本票、支票。例如，托收即是出口方开立汇票，委托出口地银行通过进口地代收银行向进口方收款的一种国际贸易结算方式。托收根据是否随附单据又可分为跟单托收和光票托收。

（3）凭单结算。在大多数国际贸易中，结算还需另附单据，包括基本单据和附属单据。其中基本单据是出口方向进口方提供的单据，有商业发票、运输单据、保险单据等；附属单据是出口方为符合进口方法律法规或其他原因而提供的特殊单据。例如，信用证业务作为一种纯粹的单据业务，其结算方式就是凭单付款，即在信用证结算的方式下，银行付款的依据是单证一致、单单一致，而不管货物是否与单证一致。

（4）电信结算。电汇、环球同业银行金融电信协会（Society for Worldwide Interbank Financial Telecommunications，SWIFT）电开信用证、电子交单及保理业务中的电子数据交换（Electronic Data Interchange，EDI），都属于电信结算范围。

二、跨境支付

1. 跨境支付的定义

跨境支付（Cross-border Payment）是指两个或两个以上国家或地区之间因国际贸易、国际投资及其他方面发生的国际债权债务，借助一定的结算工具和支付系统实现的资金跨国或跨地区转移的行为。

与境内支付不同的是，跨境支付的付款方所支付的币种可能与收款方要求的币种不一致，或牵涉外币兑换及外汇管制政策问题。如境内消费者在网上购买境外商家产品或境外消费者购买境内产品时，由于币种的不一样，就需要通过一定的结算工具和支付系统实现两个国家或地区之间的资金转换，最终完成交易。

2. 跨境支付业务

跨境支付业务按照资金流向可分成进口业务和出口业务。进口业务是资金出境，跨境支付公司通过与境外的银行、第三方支付公司建立合作，利用国际卡组织建立的清算网络，帮助境内的企业实现境外资金分发，在境内扮演收单服务商的角色。出口业务是资金入境，跨境支付公司与境内的第三方支付公司合作建立分发渠道，帮助境外的买家和支付机构完成资金入境及境内分发。

跨境支付包括跨境收单、跨境汇款和结售汇三个业务大类。

（1）跨境收单

跨境收单即帮助一个国家（地区）的商户从另一个国家（地区）的客户收钱。具体包括：

① 外卡收单，帮助商家收取境外消费者的货款，出现在出口业务中，收的是境外的信用卡或其他支付工具支付的货款；

② 境外收单，商家在境外，消费者在境内，即进口业务，如海淘等；

③ 国际收单，即商家、消费者和支付机构分属不同的国家（地区），如 PayPal 在中国开展

跨境支付业务的情况。收单业务主要服务于企业 B 端商户，支付公司本身不需要建立账户体系，其核心是在商户和收单行之间建立联系，通过网关进行账户信息和支付指令的加密传输。

（2）跨境汇款

汇款业务在大部分国家（地区）需要牌照，专业汇款公司以西联、速汇金等为代表，但这类机构的市场份额正在减少，而 PayPal、Payoneer 和 WorldFirst 等支付机构日渐成为跨境汇款的主流公司。中国的跨境支付公司正在与这些外资公司争夺市场份额。国际支付公司具有一定的先发优势，目前掌握较多的大客户资源，针对跨境出口电商的汇款业务快速增长。跨境电商呈现平台化趋势，中国商家也在亚马逊、Wish 等美国的第三方电商平台上销售产品，而第三方电商平台都有指定的支付方式，新的支付工具很难切入，但中国商家有境外收款、汇款入境的真实需求。在相关外汇政策的支持下，在美国获得汇款牌照的支付公司可为中国商家开立美国的银行账户（虚拟账户），再将货款汇入境内结汇或在我国香港地区结成人民币再汇入境内。

（3）结汇、售汇

小知识–结汇、售汇

结汇即"外汇结算"，是指外汇收入所有者将其外汇收入出售给外汇指定银行，外汇指定银行按一定汇率付给等值本币的行为。图6-1为第三方支付的结汇流程。售汇即"外汇出售"，是指外汇指定银行将外汇卖给外汇使用者，并根据交易行为发生之日的人民币汇率收取等值人民币的行为。图6-2为第三方支付的售汇流程。

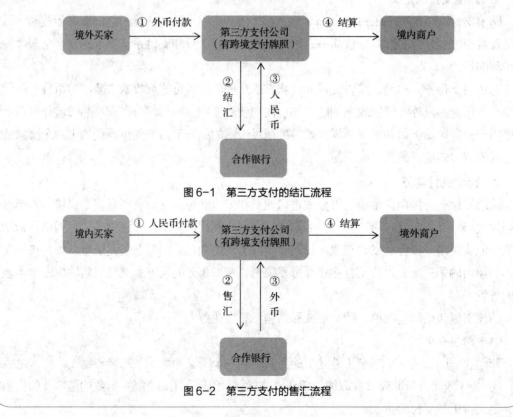

图 6-1　第三方支付的结汇流程

图 6-2　第三方支付的售汇流程

过去贸易外汇收入主要由银行收单后结汇，外贸企业通过境内的外币账户收款，银行根据报关单等凭证结汇。而跨境电商中小卖家多直邮发货到境外，无法按照一般贸易申报出口，收款多使用第三方支付或离岸账户，结汇时就无法提供出口核销单等凭证。目前，个人境内身份证结汇是外贸小卖家最主要的结汇方式。按照国家外汇管理政策，个人年度结汇额度为5万美元。政府也在试点境内个人投资者计划（QDII2），并积极推动人民币跨境支付。

2014年国家外汇管理局开始发放外汇跨境支付牌照，允许支付公司在特定行业开展跨境支付业务。外汇跨境支付首先要进行换汇，持牌的跨境支付公司可在境内开展结汇、售汇业务。目前更便利的方式是人民币跨境支付，支付公司在中国香港进行换汇。现有政策鼓励人民币跨境支付业务，相关监管比银行宽松，操作手续简单，因此传统贸易也在用第三方支付的通道进行跨境支付。持牌的支付公司将结汇、售汇作为跨境支付的主要业务，赚取汇兑差。

3. 跨境支付方式

支付是商业体系的基础服务，之前传统的跨境支付主要有两种形式：一种是银行间的国际结算业务，即通过电汇、信汇、票汇等传统国际结算工具进行汇款（Remittance）；另一种是以西联汇款为代表的专业汇款公司所提供的小额汇款业务。前者主要针对公司之间的一般贸易业务，后者多以个人客户为主。

随着跨境电子商务、出国旅游等行业的大发展，新型跨境支付方式应运而生。新型跨境支付方式可解决传统模式的痛点，其创新性在于凭借技术手段降低金融服务的成本和门槛，提高服务频次，扩大金融服务的受众群体。近年来，其市场份额不断增大。新型跨境支付主要是指线上化的第三方支付，支持银行账户、国际信用卡、电子钱包等多种支付工具，满足小额高频的交易需求，进一步提高支付效率，降低成本。与国内的第三方支付类似，新型的跨境支付较传统方式的区别在于切入消费场景，优化C端的客户体验，并针对不同行业的B端商户定制支付综合解决方案。跨境支付的主要方式有以下几种。

（1）银行间国际结算汇款：汇款又称汇付，是指银行（记出行）应付款人的要求，使用一定的结算工具，以一定方式将款项通过国外联行或代理行交付收款人的结算方式。汇款方式分为电汇、票汇和信汇。电汇（Telegraphic Transfer，T/T）是指汇出行应汇款人申请，以加押电报、电传或者SWIFT形式给境外汇入行，指示其解付一定金额给收款人的汇款方式。国际电汇的特点是收款较快，但手续费较高，因此只有在金额较大时或比较紧急的情况下才使用电汇。电汇是传统B2B贸易中最常见的付款方式。票汇和信汇这里不做具体介绍。

（2）专业汇款公司：通常与银行、邮局等机构有较深入的合作，借助这些机构分布广泛的网点设立代理点，以迅速扩大地域覆盖面。专业汇款公司以西联汇款和速汇金为代表，汇款流程更加简便，到账时间更快。目前这两家公司通过和境内的银行和支付公司合作拓展业务。为保证商家利益不受损失，一般都采用先付款后发货模式，但由于款项迅速到账，导致交易安全性不够。一旦出现卖家欺诈，买家难以挽回损失，导致新用户对该汇款交易方式信任不足，交易规模难以快速增长。

（3）第三方跨境支付

《支付机构跨境外汇支付业务试点指导意见》中给出的"支付机构跨境外汇支付业务"定义是：支付机构通过银行为电子商务（货物贸易或服务贸易）交易双方提供跨境互联网支付所涉的外汇资金集中收付及相关结售汇服务。第三方跨境支付提供一个与银行一系列跨境金融服务相对接的平台，它使得跨境支付不再受银行服务时间和时差的限制，避免了不同银行账户间转账不畅的情况。

纵观全球，第三方跨境支付模式有三种。

① 购汇支付，是境内持卡人在境外网站进行支付购买，第三方支付企业为其提供人民币支付、外币结算的服务。这一种模式可以细分两类，一类是以支付宝公司的境外收单业务为典型的代理购汇支付，另一类是以好易联为代表的线下统一购汇支付。两种购汇支付方式的主要区别为在代理购汇类型中，第三方支付企业只是代理购汇的中间人，实际购汇主体仍是客户；统一购汇支付则以支付公司的名义，在电子平台后方通过外汇指定银行统一购汇，购汇主体为第三方支付企业。第三方支付工具购汇支付的具体流程如图6-3所示。

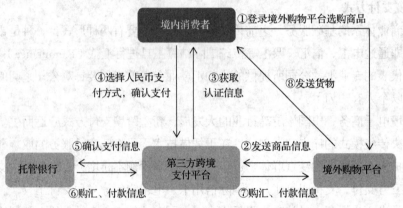

图6-3　第三方支付工具购汇支付流程

② 收汇支付，即境外持卡人在境内网站进行支付购买，第三方支付企业为境内企业收到跨境外币提供人民币结算支付服务。这类模式也可以细分为两类。一类是以公司名义办理。第三方支付工具收到买方支付的外币货款后，由第三方支付企业集中统一到银行办理结汇，再付款给境内卖家，如快钱、收汇宝等。有实力的公司采取在境内外设立分公司，通过两地公司间资金转移，实现资金汇入境内银行，集中结汇后，分别支付给境内生产商或供货商。另一类是以收款方个人名义申请结汇。规模较小的个体户通过在境外亲戚或朋友收汇后汇入境内，再以个人名义结汇，如PayPal等。

第三方支付工具收汇支付的具体流程如图6-4所示。

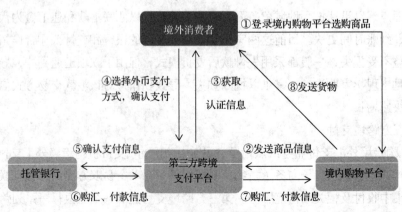

图6-4　第三方支付工具收汇支付流程

③ 境外持卡人通过境内的第三跨境支付平台实现境外网站的支付购买行为。这种模式的出现需要我国第三方跨境支付公司在使用便利性、平台覆盖性、费用廉价性上都超越或是与境外第三方跨境支付公司持平。当然，以上条件现阶段还无法同时满足，故国内还显少出现这类第三方跨境支付模式。

最后，就我国的跨境支付方式的特点、应用场景和费用做一个总结，如表6-1所示。

表6-1　三大跨境支付方式对比

跨境支付模式	特点	主要应用场景	费用
电汇（主要银行）	最早出现的跨境支付方式，一般通过 SWIFT 通道传输数据，到账慢（2～3 天），手续费高	跨境银行间往来 B2B 大额交易，传统进出口贸易	包括电报费+手续费+中转费，手续费费率为 0.05%～0.1%，电报费为 0～200 元不等
专业汇款公司	到账快（10～15 分钟），手续费高，分档计算	1 万美元以下的小额支付	汇款资费最低 15 美元，每增加 500 美元，加收 5 美元、10 美元或 20 美元。按址投送、电话通知、附言等附加服务费
第三方跨境支付	最晚进入，需拥有支付牌照+支付许可证，到账快	小额高频交易，B2C 跨境电子商务	手续费费率（最低）：1%～1.5%

三、跨境支付与结算政策

随着中国进出口贸易在全球市场重要性的提升和跨境电商的快速发展，我国跨境支付市场进入了新的发展阶段，政策监管也顺应市场需求进行了积极的调整。2007 年以来，为了适应跨境消费领域的快速发展，国家跨境支付相关政策逐步推出，相关政策逐步放松，跨境支付试点、跨境电商单笔限额均逐步放开，跨境支付系统不断完善。

1. 监管跨境支付机构的相关政策

2007 年 9 月，国家外汇管理局批复、允许支付宝公司办理境外收单业务，境内消费者可以通过支付宝用人民币购汇，购买境外合作商户网站上以外币标价的商品。

2009 年 4 月，中国人民银行发布〔2009〕第 7 号公告，正式要求第三方支付企业开展登记备案，标志着第三方支付无监管时代的结束。登记备案确定了中国人民银行是该行业的主管监督部门，并且划定了支付清算业务的非金融机构的范围，明确了支付清算业务的内涵。

2013 年 2 月，为规范支付机构跨境支付业务的发展，国家外汇管理局下发了《国家外汇管理局综合司关于开展支付机构跨境电子商务外汇支付业务试点的通知》，在北京、上海、浙江、深圳和重庆五个地区先行开展支付机构跨境电子商务外汇支付业务试点，允许参加试点的支付机构集中为电子商务客户办理跨境收付汇和结售汇业务。同年 9 月，又在全国范围内正式开展了支付机构跨境电子商务外汇支付业务试点。支付宝、财付通、汇付天下、钱宝科技等 17 家第三方支付公司成为首批获得跨境电子商务外汇支付业务试点资格的企业，国内第三方支付平台开始广泛介入跨境电子商务的交易活动当中，参加试点的支付机构可集中为电子商务客户办理跨境售付汇和结售汇业务，这表明境内消费者的跨境购物可以经由第三方支付机构完成跨境外汇支付。

2013 年 8 月，《国务院办公厅转发商务部等部门关于实施跨境电子商务零售出口有关政策意见的通知》，明确提出鼓励银行机构与支付机构为跨境电子商务提供支付服务，完善跨境电子支付、清算、结算服务体系，切实加强对银行机构和支付机构跨境支付业务的监管力度。

2014 年 2 月，中国人民银行宣布银联支付、快钱、通联等 5 家支付机构在上海自贸区试点跨境人民币支付业务，并在上海率先发布《关于上海市支付机构开展跨境人民币业务的实施意见》。上海银联、通联、东方电子、快钱、盛付通 5 家第三方支付机构取得了首批跨境人民币支付业务资格。同年 6 月，中国人民银行下发了《关于贯彻落实〈国务院办公厅关于支持外贸稳定增长的若干意见〉的指导意见》，明确提出要支持银行业金融机构与支付机构合作开展跨境人民币结算业务。

2015 年 1 月，国家外汇管理局正式发布《支付机构跨境外汇支付业务指导意见》（以下简称《指导意见》），在全国范围内开展支付机构跨境外汇支付业务试点。《指导意见》将单笔交易金额提升至 5 万美元；支付机构可轧差结算，这极大地缩小了支付机构的结算成本；小额支付汇总录入，大大简化了银行信息申报的流程；取消备付金合作银行数量限制，令跨境支付机构可选择面更多，也令更多银行加入跨境贸易中。该《指导意见》开启了第三方机构跨境支付业务的大门。同年 6 月，国务院办公厅正式下发《关于促进跨境电子商务健康快速发展的指导意见》，提出完善跨境电子商务支付结算管理的要求。

2019 年 4 月，为便利跨境电子商务结算，促进支付机构外汇业务健康发展，防范外汇支付风险，国家外汇管理局在总结支付机构跨境外汇支付业务试点经验的基础上，制定了《支付机构外汇业务管理办法》，标志着支付机构跨境支付业务迈入新阶段。

2. 规范人民币跨境支付结算业务相关政策

2009 年 4 月，国务院常务会议决定在上海、深圳、东莞等四个城市率先开展跨境贸易人民币结算试点工作。这带动了跨境业务清算行的发展，加快了跨境人民币的放款速度，促进了代理银行账户的融资及人民币债券交易。同年 7 月，中国人民银行《跨境贸易人民币结算试点管理办法》对人民币跨境结算试点的业务范围、运作方式、试点企业的选择、清算渠道的选择等问题做出具体规定。

2010 年 6 月，为了防范金融风险，促进支付服务市场健康发展，中国人民银行制定了《非金融机构支付服务管理办法》，针对从事支付业务的非金融机构，规范非金融机构支付服务行为，防范支付风险，保护当事人合法权益，促进支付服务市场健康发展。《非金融机构支付服务管理办法》的出台使支付市场参与者更多元化，但针对跨境支付业务的监管细则并未出台。

2011 年 5 月，中国人民银行正式公布了获得《支付业务许可证》（支付牌照）的支付机构名单。支付宝、银联商务、通联支付等 27 家企业榜上有名。这是第三方支付发展史上的里程碑，表明了国家对第三方支付行业的认可和支持，是中国支付产业发展道路的基石。2011 年 8 月，《关于扩大跨境贸易人民币结算地区的通知》文件中将跨境贸易人民币结算境内地域范围扩大至全国。

2015 年 10 月，人民币跨境支付系统（Cross-border Interbank Payment System，CIPS）正式启动。CIPS（一期）的制度主要包括《人民币跨境支付系统业务暂行规则》《人民币跨境支付系统参与者服务协议》《人民币跨境支付系统业务操作指引》《人民币跨境支付系统运行规则》以及《人民币跨境支付系统技术规范》。系统的上线运行，大大提高了跨境清算效率，标志着人民币国内支付和国际支付统筹兼顾的现代化支付体系取得重要进展。

第二节　跨境支付方式

跨境支付方式很多，本节仅对跨境电子商务所涉及的跨境支付方式进行介绍。

一、主流跨境支付方式

1. 国际信用卡支付

国际信用卡除了线下 POS 刷卡交易外，还能通过在线网关进行支付，实现全球范围内的收单和资金结算。目前国际上六大信用卡品牌有威士 VISA、万事达卡 MasterCard、美国运通 American Express、日本国际信用卡 JCB、大莱信用卡 Diners Club、中国银联 UnionPay，其中前两个为大家广泛使用，如图 6-5 所示。

图 6-5　国际六大信用卡品牌

跨境电商网站可通过与国际信用卡组织合作，或直接与海外银行合作，开通接收海外银行信用卡支付的端口。国际信用卡支付是欧美最流行的支付方式，信用卡的用户人群非常庞大，但接入方式麻烦、需预存保证金、收费高昂、付款额度偏小，且黑卡蔓延，存在拒付风险。国际信和卡主要适用于从事跨境电商零售的平台和独立 B2C。

2. PayPal 与贝宝

目前，PayPal 作为全球大型在线支付公司，在第三方支付机构中占据着重要地位。PayPal 业务支持全球 190 个国家和地区的 25 种货币交易，尤其在欧美普及率极高。同时，PayPal 还是在线支付行业标准的制定者，在全球支付市场中获得认可，拥有很高的知名度和品牌影响力。中国跨境交易的用户也受此影响，选择了 PayPal，尤其是个人海淘用户和跨境 B2C 出口企业使用率更高。

贝宝是由上海网付易信息技术有限公司和 PayPal 合作为中国市场量身定制的网络支付服务。由于中国现行的外汇管理制度，贝宝在中国地区仅受理人民币业务。因此，我们通常说的是 PayPal 账户是指 PayPal 国际账户，即针对具有国际收付款需求用户设计的账户类型。

PayPal 交易完全在线上完成。收付双方必须都是 PayPal 用户，以此形成闭环交易，风控好。但 PayPal 对买家过度保护，交易费用主要由卖家支付；买家有任何不满意都可以提出纠纷，使卖家无法拿到钱。

PayPal 支持内地电汇提现、香港账户提现，以及美国账户提现和支票提现四种提现方式。

这种支付方式尤其适用于跨境电商零售行业，几十到几百美元的小额交易更划算。

3. 支付宝（Alipay）与国际支付宝（Escrow）

支付宝凭借国内第三方支付的良好基础，逐步进军跨境电商支付行列。2007 年 8 月，支付宝成为首家获批开展跨境支付业务的第三方支付机构。随后，支付宝与我国银行等银行机构合作，推出跨境支付服务。从 2009 年开始，支付宝先后和威士 VISA、万事达卡 MasterCard 进行合作，这两大全球发卡机构在中国港澳台地区的持卡用户都可通过支付宝在境内的淘宝网进行购物，从而完成双向的跨境支付服务。

目前支付宝已经形成了"全球收全球付"的能力，可以为全球 200 多个国家和地区的用户提供服务，支持 18 种货币结算，包括美元、英镑、欧元、日元等。

2010 年，阿里巴巴全球速卖通上线。平台通过对买家调研，发现买家群体更加喜欢和信赖 Escrow 一词，因此在买家端将国内支付宝（Alipay）改名为国际支付宝（Escrow）。买家可通过国际支付宝使用多种方式（信用卡、借记卡、西联汇款 Western Union、T/T 银行汇款、Boleto、Qiwi Wallet、WebMoney、Yandex.Money、PayPal）进行支付，如图 6-6 所示。

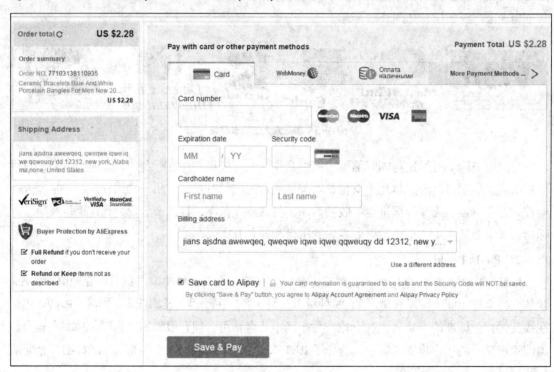

图 6-6　买家付款界面

4. 西联汇款（Western Union）

西联国际汇款公司是世界上领先的特快汇款公司，可以在全球大多数国家（或地区）的西联代理所在地汇出和提款。西联有三种汇款方式可供选择，即合作银行网点汇款、网上银行和手机银行汇款，其中后两种为电子渠道。西联有四种收款方式可供选择，即合作银行网点收款、直接到账、网上银行和手机银行收款。读者可以登录西联官方网站追踪汇款状态、查询网点，如图 6-7 所示。

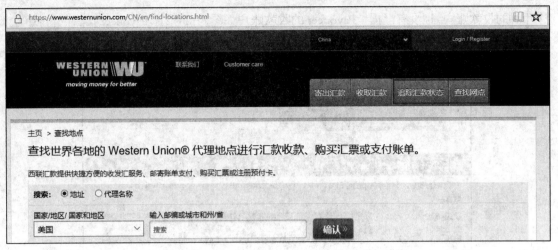

图 6-7　西联官网

西联手续费由汇款人承担，收款人免付手续费。对于卖家来说，安全性好，可先提钱再发货，而且到账速度快。反之，对买家来说风险极高，因此买家不易接受。买家和卖家需要去西联线下柜台操作，且手续费较高。适用于 1 万美元以下的小额支付。

二、其他跨境支付方式

1. 速汇金汇款（Money Gram）

速汇金是一家与西联相似的汇款机构。目前该公司在全球 150 个国家和地区拥有总数超过 50000 个的代理网点。速汇金汇款是该公司推出的一种快捷、简单、可靠的个人间的环球快速汇款业务，可在十几分钟内完成汇款过程，具有快捷便利的特点。收款人凭汇款人提供的编号即可收款。

其优点是在一定的汇款金额内，汇款的费用相对较低，无中间行费，无电报费；手续简单，汇款人无须选择复杂的汇款路径，收款人无须预先开立银行账户，即可实现资金划转。

其缺点是汇款人及收款人均必须为个人。客户如持现钞账户汇款，还需缴纳一定钞变汇的手续费。国内目前有中国银行、工商银行、交通银行、中信银行四家代理了速汇金收付款服务。

2. 派安盈（Payoneer）

派安盈是一家总部位于纽约的在线支付公司，主要业务是帮助其合作伙伴将资金下发到全球，同时也为全球客户提供美国银行/欧洲银行的收款账户用于接收欧美电商平台和企业的贸易款项。

其优点是注册简单，审核效率高，有个人账户和企业账户两种类型，用户只要有身份证和银联借记卡即可注册 Payoneer 个人账户，只要有营业执照和法人或股东的银联储蓄卡即可注册 Payoneer 企业账户，无须提供地址证明；费用相对便宜，2014 年 6 月开始 Payoneer 对部分客户优惠减免 1%的入账手续费、2%的提现手续费；2017 年，Payoneer 更是让利给老客户，全币种降价，只收 1.2%的提现费；Payoneer 可无条件开通美元、欧元、英镑、日元、加元和澳元共 6

个币种的收款账户,且没有汇损①。Payoneer 的收款账户如图 6-8 所示,Payoneer 后台的付款(左)和收款(右)界面如图 6-9 所示。

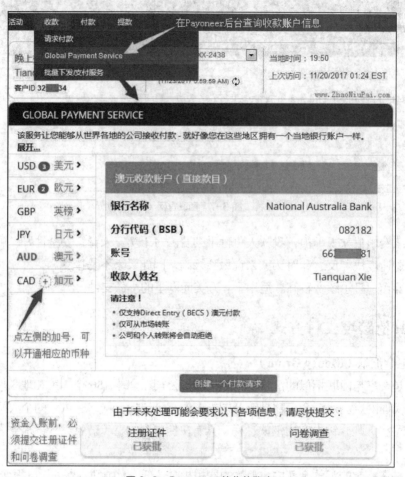

图 6-8　Payoneer 的收款账户

图 6-9　Payoneer 后台的付款（左）和收款（右）界面

Payoneer 适用于单笔资金额度小但是客户群分布广的跨境电商网站或卖家。除了速卖通和 eBay 外，Payoneer 几乎支持所有国内外热门跨境电商平台进行收款，如亚马逊、Wish、Lazada、Shopee、CDiscount、Newegg 等。

3. 联动支付（UMPAY）

联动优势电子商务有限公司于 2011 年注册成立，为联动优势科技有限公司全资子公司。联动优势作为一家中国第三方支付企业，获得跨境外币、跨境人民币、支付业务许可证三张权威牌照，接受国家外汇管理局、中国人民银行双重监管。联动优势跨境支付业务的合作伙伴已遍及全球，包括 Wish、蜜芽、海淘乐等。

4. 易联支付（payeco）

易联支付有限公司成立于 2005 年，是国内大型非金融支付服务机构，公司总部设在广州，并在北京、上海、深圳、成都、宁波、香港设有分公司。2009 年，公司拿到了 PCI-DSS 的国际认证；2011 年，获中国人民银行颁发的《支付业务许可证》；2013 年，获中国人民银行许可开展跨境人民币支付结算业务，并完成了首笔支付机构跨境人民币支付交易；2014 年，获基金销售支付结算业务许可，新增"互联网支付"业务。

易联支付的优势在于能提供多种支付服务方式，支持互联网、手机、呼叫中心多种渠道支付；能实现全球支付高效率服务，跨境结算较快可实现当天办理，跨境交易高效便捷；由中信银行全程资金管理、中国人民银行全程资金风险监控，安全可靠。

5. WebMoney

WebMoney 是由成立于 1998 年的 WebMoney Transfer Technology 公司开发的一种在线电子商务支付系统，是俄罗斯最主流的电子支付方式，俄罗斯各大银行均支持自主充值取款，目前有包括中国在内的全球 70 个国家（或地区）使用，支持多币种收付，许多国际性网站都与其合作。WebMoney 的优势在于使用人数较多，适用范围广。

6. Qiwi Wallet

Qiwi Wallet 是俄罗斯 mail.ru 旗下公司出品的类似于中国的支付宝的产品，是俄罗斯最大的第三方支付工具之一。Qiwi Wallet 帮助客户快速、方便地在线支付水电费、手机话费、网络购物和银行贷款等。买家可以根据自己的情况选择合适的付款方式，支持多个币种付款。俄罗斯人对 Qiwi 非常信任，俄罗斯买家可以先对 Qiwi 进行充值，再到对应的商户网站购买产品。

Qiwi Wallet 的优势在于其拥有较完善的风险保障机制。不同于 PayPal 或者信用卡有 180 天的"风险观察期"，Qiwi 不存在拒付（Chargeback）风险。如果买家通过 Qiwi 钱包支付，通过资金审核（一般 24 小时内）即可到账。

2012 年阿里巴巴与 Qiwi 签署战略合作协议。合作后，俄罗斯用户可通过 Qiwi Wallet 在阿里巴巴平台上购买中国产品。

7. Yandex.Money

Yandex.Money 是俄罗斯领先的网络平台及搜索引擎 Yandex 旗下的电子支付工具，拥有 1800 万活跃用户。Yandex.Money 的优势在于其充值方便，可通过支付终端、电子货币、预付卡和银行转账（银行卡）等方式向钱包内充值，实时到账，无拒付风险，使用范围广。

8. CASHU

CASHU 自 2002 年起隶属于阿拉伯门户网站 Maktoob（Yahoo 于 2009 年完成对 Maktoob 的收购），主要用于支付在线游戏、VoIP 技术、电信、IT 服务和外汇交易。CASHU 允许客户使用任何货币进行支付，但该账户将始终以美元显示客户的资金。CASHU 现已成为中东和北非地区应用最广泛的电子支付方式之一。

9. Boleto

Boleto 是由多家巴西银行共同支持的一种支付方式，在巴西占据绝对主导地位，客户可以到巴西任何一家银行、ATM、彩票网点或使用网上银行授权银行转账。该支付渠道有如下特点：

① 一旦付款，不会产生拒付和伪冒，保证商家的交易安全；

② 无须预付交易保证金，降低了门槛；

③ 单笔支付限额为 1~3000 美元，月累计支付不超过 3000 美元；

④ 不是网上实时付款，消费者需在网上打印付款单并通过网上银行、线下银行或其他指定网点进行付款。

消费者可以在 1~3 天内付款，各个银行需要 1~3 个工作日完成数据交换，所以每笔交易一般需 2 天到一周左右的时间才能支付完成。因此，当买家使用 Boleto 支付时，卖家需要等待几天才能看到付款成功，不要立即催付或修改订单价格。

除以上跨境支付方式之外，还有 Cashpay、Skrill（2010 年之前叫 Moneybookers）、ClickandBuy、Paysafecard、LiqPay、Neteller 等。

目前信用卡是消费者网购付款的第一选择，除了全球使用范围最广的 VISA、MasterCard 外，还有很多境外当地卡（含预付卡），如美国 Discover、英国 Maestro 和 Solo、西班牙 4B、爱尔兰 Laser、法国 Carte Bleue、丹麦 Dankort、意大利 CartaSi、中东地区 CASHU 和 Onecard。

全球性的第三方跨境支付公司也多达几十家，具备银行卡交易、在线汇兑、转账汇款、国际结算等服务功能，如美国 PayPal、英国 Payza、俄罗斯 Qiwi 和 WebMoney、荷兰 iDeal、德国 Sofort、澳大利亚 POLi、波兰 Przelewy24、印度 PayTM、巴西 Boleto 和 Pagseguro、欧洲 Paysafecard 和 Trustpay 等。

我们不仅要熟悉全球使用最广泛的跨境支付方式，也要了解一些国家或区域性的支付方式，作为收付款的辅助手段。

第三节　跨境支付的风险与防范

一、跨境支付的风险

1. 交易真实性识别风险

交易的真实性是跨境电商运行和发展的生命线，是跨境电商平台必须守住的底线。若非如此，跨境电商交易会沦为欺诈盛行之地，各种犯罪滋生的温床，成为逃避监管的法外之地。同时，交易真实性也是国际收支申报、个人结售汇管理、反洗钱义务履行的前提和保证。

交易真实性包括交易主体的真实性和交易内容或背景的真实性。与一般进出口贸易相比，跨境电商支付的真实性更加难以把握。

第三方支付机构缺乏身份识别的有效手段，很难做到"了解你的客户"，如由于第三方支付机构目前尚未使用公安部的身份联网核查系统，难以确保个人身份信息的真实性；而且对于重号身份证、一代身份证、虚假身份证、转借身份证等情况也缺乏有效的甄别措施；境外客户的身份审查困难；对法人客户身份信息的审核存在漏洞等。

第三方支付机构在交易内容或背景的真实性审核方面同样存在困难。由于第三方支付平台获取境外客户的实际控制人、股权结构等信息存在困难，难以判断客户财务状况、经营范围与资金交易情况是否相符，所以无法核实跨境交易金额和交易商品是否匹配。加之对境外客户进行尽职调查的成本相对较高，造成审核工作流于形式。支付机构可以通过比对订单信息、物流信息、支付信息等方式，确认现金流与货物流或服务流是否匹配。但这同样存在一定的困难：从信息获取渠道角度来讲，电商平台和支付平台是两个不同的主体，支付机构仅负责支付事项，并不掌握订单信息和物流信息；从信息质量角度看，支付机构从电商平台和物流公司获取的信息可能滞后，信息的准确性也受影响。总之，第三方支付机构审核跨境交易内容真实性和主体真实性都存在不少困难，跨境电商支付存在交易真实性识别风险。

2. 资金非法流动风险

如何甄别资金非法流动和合法流动缺乏可靠手段，对于同一个跨境交易主体既在境内注册成为第三方支付机构客户，又在境外注册成为境外商户，或者境内机构客户通过在境外设立关联公司的方式，自己与自己交易，绕过国家外汇管理限制，进行跨境资金转移等行为，目前缺乏有效的甄别手段。

3. 逃避个人结售汇限制的风险

我国目前实行的资本项目下的外汇管制，经常项目基本可自由兑换。但对于个人结售汇实行年度限额管理，个人年度结售汇限额不超过等值 5 万美元。通过第三方支付机构进行的跨境支付，境内消费者在完成订单确认后，需要向第三方支付机构付款，再由第三方支付机构向银行集中购汇，银行再按照第三方支付机构的指令，将资金划入目标账户。

一方面，第三方支付机构只能获取交易双方有限的交易信息，如订单号、银行账号等，银行无法获取个人信息，这样就很难执行个人年度结售汇管理政策。另一方面，如何认定分拆结售汇也存在着一定的困难。从国家外汇管理局前期试点监测情况来看，试点业务多为 C2C 个人"海淘"等小额交易，平均结售汇金额不足 60 美元。对于境内消费者一天之内几次或十几次小额购物是否认定为分拆结售汇，并没有明确规定。大多银行并没有按照国家外汇管理局颁布的《关于进一步完善个人结售汇业务管理通知》的规定进行业务办理，就是说默认了 PayPal 使用虚拟电子账户来识别用户，对银行账号和信用卡账号保密，屏蔽资金的真实来源与去向。这将影响国际收支核查工作的有效性，使银行无法正常履行相关部门的规定，不利于跨境电子商务支付在国际收支方面的申报。

4. 国际收支的申报管理监测风险

首先，支付机构成为国际收支申报主体既存在"越位"又存在"缺位"的难题，支付机构的定位不甚明确。按照规定，支付机构应当报送相关业务数据和信息，并保证数据准确性、完整性和一致性。银行应按照国际收支申报及结售汇信息报送相关规定，依据支付机构提供数据进行相关信息报送。但支付机构在跨境的外汇收支管理中，实际上承担着与银行类似的职责，既要执行外汇管理政策，又要监督交易行为，也就是说支付机构既是运动员又是裁判员。支付机构是以盈利为目的的商业企业，让其承担一定的管理职责存在着义务的冲突，容易滋生监管缺位和监管腐败问题。另外，由于《外汇管理条例》没有规定跨境支付结售汇的具体内容，支付机构的法律地位也缺乏上位法的依据。

其次，外汇收支统计中存在问题。由于支付机构直接充当跨境电子商务的收付款方，境内外交易主体不发生直接的资金收付行为，因而国际收支申报的收付款主体是支付机构，而不是实际的交易对手，申报时间与资金实际的跨境收支时间不吻合，增加了监测难度，并为以后调查审核工作带来了不可估量的难度。

最后，实名认证系统不完善。一方面，国家外汇管理局对支付机构的用户——包括跨境电商企业和个人，没有进行实名认证管理，无法核实企业是否具有对外贸易经营权。并且，部分从事跨境电商交易的企业未办理外汇收支企业名录登记，这样就增加了后续管理的难度，可能造成货物贸易总量核查出错。国家外汇管理局仅对支付机构进行了实名认证管理，但是，认证后这些用户名单并没有直接进入外汇监管系统，给监管带来不便。因此，也存在另一方面的问题，即支付机构对企业和个人用户没有进行区别管理。而实际上，个人项下资金流动相应的申报和审核标准有别于企业。如果两种主体的资金没有进行严格区分，监测和监管的难度同样会加大。

5. 跨境支付交易的风险

跨境支付交易欺诈预防最大的挑战，就是缺乏统一的市场交易规范机制。跨境交易量不断增加，也给欺诈预防带来很大的困难。各国和地区的欺诈预防工具也有很大的差异。语言障碍和将货物跨境发往单一客户的复杂流程，都让跨境交易欺诈更加难以防范。

由于跨境支付的整个交易流程涉及各方主体的交互，跨境电商的卖家或多或少都遭遇过支付欺诈；而网络支付安全问题又给用户带来了隐私信息被盗、账号被盗、银行卡被盗用、支付信息丢失等风险。

二、跨境支付的风险防范

1. 履行相关责任，保证交易真实

在跨境支付交易的过程中，支付机构应严格按照相关法律法规，并遵循有关部门发布的指导意见审核交易信息的真实性及交易双方的身份。支付机构可适当增加交易过程中的信息交互环节，并留存交易双方的信息备查，对有异常的交易及账号进行及时预警，按时将自身的相关业务信息上报给国家相关部门。国家相关部门也应定期抽查并审核交易双方的身份信息，并对没有严格执行规定的第三方支付机构进行处罚。同时应制定科学的监管方案对支付机构进行监管，并促进支付机构和海关、工商、税务部门进行合作，建立跨境贸易信息共享平台，使得跨境交易的监测更加准确和高效。

在加强监管的同时，支付机构也应加大技术的研发力度，提升跨境支付过程的安全性，增加跨境支付交易数据的保密程度，利用大数据及云技术的优势对跨境交易的双方进行身份审核并分级，为境内外客户提供更加安全、有保障的购物环境。

2. 遵守知识产权，合法进行申诉

随着跨境电商的快速发展，国家的大力推动让跨境电商从原来草莽发展的粗放模式慢慢向阳光化的精细模式发展。跨境电商在成长的路上会不断付出代价，汲取教训。从事跨境电商的卖家要真正解决跨境交易的资金风险，首先要做的就是合规经营，以知识产权为公司核心，同时注重企业产品品质，并且要努力、持续地学习各个跨境电商平台的规则和条款，尤其是涉及资金安全的条款；其次在遭遇跨境电商交易纠纷的时候，中小跨境电商卖家应该认识到个体的力量是弱小的，遭到资金冻结的卖家一方面应积极了解相关法律法规，另一方面也可以聚拢起来，通过抱团的方式，利用行业协会的优势，积极应诉取得诉讼的主动权，保证自己的资金安全。

3. 加强监管个人结售汇业务

2016 年 9 月，国家外汇管理局下发了《关于进一步完善个人结售汇业务管理的通知》，规定个人客户不得以"分拆交易"等方式规避个人结汇（将外币换为人民币）和境内个人购汇（将人民币换为外币）的年度总额管理。

根据规定，5 个以上不同个人，同日、隔日或连续多日分别购汇后，将外汇汇给境外同一个人或机构；个人在 7 日内从同一外汇储蓄账户 5 次以上提取接近等值 1 万美元的外币现钞；同一个人将其外汇储蓄账户内存款划转至 5 个以上直系亲属等情况均会被界定为个人分拆结售汇行为。

国家外汇管理局会对全国范围内的个人结售汇、汇款等交易进行分拆甄别，将符合分拆规则的客户纳入"关注名单"管理。

4. 修订《国际收支统计申报办法》，确保国际收支统计申报数据的及时性、准确性和完整性

为确保国际收支统计申报数据的及时性、准确性和完整性，自 2014 年 1 月 1 日起施行修改后的《国际收支统计申报办法》（以下简称"新《办法》"）。目前，我国的国际收支统计工作已经形成一套比较完整、有效的管理体系。新《办法》实施后，国家外汇管理局（以下简称外汇局）将在此基础上，通过以下措施确保数据的及时性、准确性和完整性。

一是进一步完善配套法规。在新《办法》的基础上，通过实施细则、规范性文件，对国际收支统计数据内容、采集渠道等进行规范，明确相关机构和个人的申报义务和途径。近期，外汇局已根据新《办法》所明确的"对外金融资产、负债"统计范围，修订了《对外金融资产负债及交易统计制度》。未来，外汇局会继续根据外汇业务发展和统计需要，及时对具体申报规范和细则进行补充和完善。

二是加强数据采集系统建设，为全面提高统计数据质量夯实基础。加快开发与新《办法》相配套的数据报送系统，向银行和其他申报主体提供便利的申报渠道。在数据的采集、汇总和处理方面，尽快实现由基本电子化向全面电子化的转变。

三是加强培训与核查。各级外汇管理部门将对银行等数据报送机构定期开展业务培训，提高国际收支统计人员的业务能力；对报送的国际收支统计数据进行非现场核查，及时跟踪数据质量，必要时进行现场核查。

5. 建立风险管控，开展数据监控

建立起一套完整的风险管理架构无论是对跨境电商还是对支付机构都非常重要。面对不断

发生的跨境电商欺诈交易，企业可以通过账户安全、交易安全、卖家安全、信息安全、系统安全等五大安全模块的组合来实现风险管理架构的搭建，从而防止账户盗用和信息泄露，并最终借助管控交易数据等手段降低交易风险欺诈的可能性。

除了搭建风险管理架构外，企业还可以通过建立以数据驱动为核心的反欺诈系统来进行风险管控。不同于传统的反欺诈系统，通过签名识别、证照校验、设备指纹校验、IP 地址确认的审核方式，跨境支付反欺诈系统应拥有强大的实施模型、灵活的风险规则和专业的反欺诈人员判断。第三方支付机构还应该加强行业内部的风险共享和合作机制，因为一般犯罪分子在盗取一批信用卡信息之后会在多个交易平台上反复使用，实现价值的最大化，且往往把风控能力最弱的一方作为突破口，所以建立风险共享及合作机制就显得非常必要且非常紧急。只有大家齐心协力，才能从根本上有效提升跨境支付交易的整体风险防控能力。

实 训　PayPal 支付与结算

【实训目的】
了解 PayPal 的功能，熟悉 PayPal 账户的申请流程，了解其提现方式。

【实训内容和步骤】

（一）申请并开通 PayPal 账户

请进入 PayPal 官网，注册 PayPal 账号。

实训步骤：

（1）进入 PayPal 官网，选择 Personal，单击 "Sign Up for Free" 按钮。

根据要求填写相关资料，包括国籍、姓名、电子邮箱等，如图 6-10 所示。

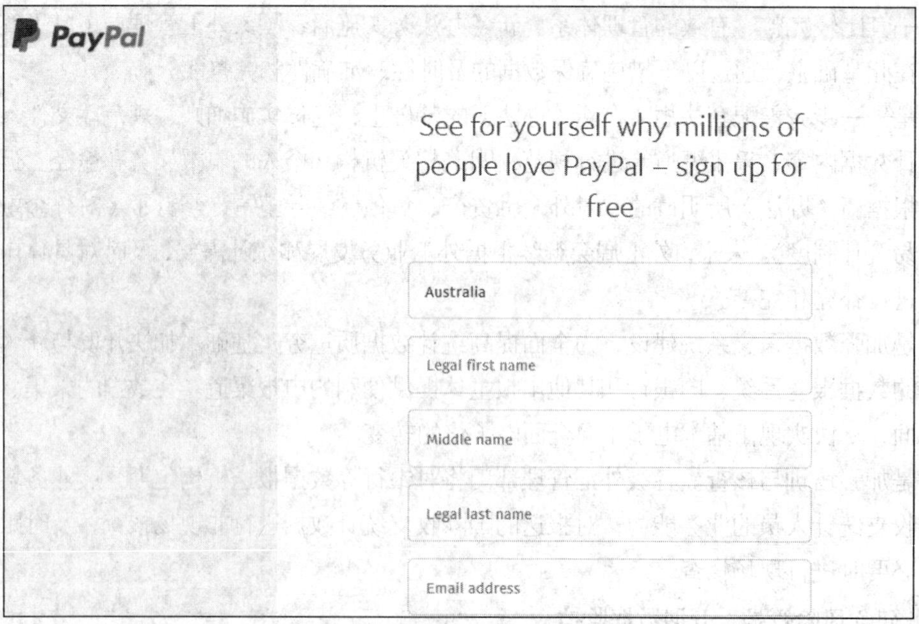

PayPal

See for yourself why millions of people love PayPal – sign up for free

Australia

Legal first name

Middle name

Legal last name

Email address

图 6-10　PayPal 账号注册首页

（2）提供一张本人名下的借记卡或贷记卡，填写卡号和账单地址，如图 6-11 所示。

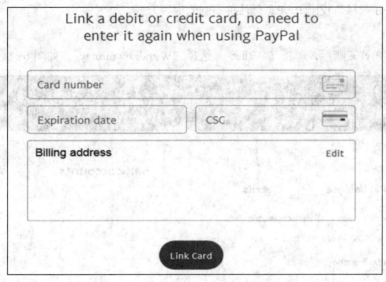

图 6-11　PayPal 借记卡或贷记卡号输入页面

（3）登录注册邮箱，单击"Confirm My Email"按钮，确认使用的邮箱，如图 6-12 所示，之后确认使用的手机号码。

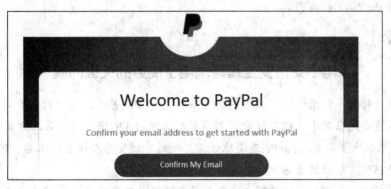

图 6-12　PayPal 注册邮箱确认页面

（4）PayPal 账号注册完成，显示注册成功页面，如图 6-13 所示。

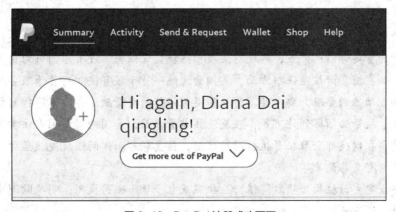

图 6-13　PayPal 注册成功页面

（二）PayPal 提现方式

登录 PayPal 账号，找出 PayPal 有几种不同的提现方式。

实训步骤：

（1）登录 PayPal 账号，单击"Wallet"，选择"Withdraw money"，如图 6-14 所示。

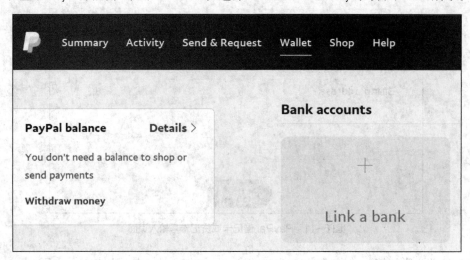

图 6-14　PayPal 提现页面

（2）查看 PayPal 的提现方式。

【同步阅读】

电子支付安全是跨境电子商务的关键问题

目前，银行转账、信用卡、第三方支付等多种支付方式并存，其中商家对商家的B2B模式下，支付方式主要是信用卡、银行转账，而商家对客户的B2C模式下，第三方支付工具被广泛应用。美国的第三方支付系统PayPal是全球使用广泛的跨境交易在线支付工具，有超过1.32亿活跃用户，支持25种货币付款交易。

从监管角度看，美国和欧盟对第三方支付是否跨境并不做区分。美国是第三方网上支付方式的发源地，对第三方支付监管有一些成功经验。第一，将第三方支付机构界定为货币服务机构，需要由监管机构发放牌照进行管理和规范，必须登记注册；第二，对第三方支付平台实行功能性监管，监管重点在交易过程，而不是从事第三方支付的机构；第三，采用立体监管体制，对支付服务的监管与约束来自联邦与州两个层面；第四，有专门的监管部门，美国联邦存款保险公司是监管的重要部门；第五，从现有法规中寻找监管依据，没有专门针对第三方支付平台的法律法规，如在消费者权益保护方面，美国的《统一货币服务法》对货币服务机构提出了担保、净资产和流动性的要求，要求其不得从事类似银行的存贷款业务、不得擅自留存、挪用客户的交易资金，投资必须得到许可等；在反洗钱监管方面，美国的《爱国者法案》规定，第三方支付平台需要在财政部金融犯罪执行网络注册，接受联邦和州两级反洗钱监管，及时汇报可疑交易，保存所有交易记录等。

欧盟同样规定支付机构必须取得银行业执照或电子货币公司执照，明确欧洲中央银行是监管主体。此外，还涉及：

① 最低资金要求，规定电子货币机构必须具备不低于35万欧元的初始资金，而且必须持续拥有自有资金，并规定了最低限额；

② 投资活动限制，规定支付机构提供服务过程中沉淀的资金属于其负债，其投资活动受到严格限制，包括投资项目及投资额度方面；

③ 滞留资金监管，建立风险准备金制度，支付机构需在中国人民银行开设专门账户并留存大量资金，以防范金融风险。

（资料来源：节选自《贝多罗观察：跨境电商发展趋势》）

【本章小结】

随着全球化进程的加深和境内消费升级的热潮，跨境支付的市场正经历着高速增长，并随着金融科技的发展呈现出百花齐放的态势。

本章第一节介绍了国际支付与结算、跨境支付业务与跨境支付方式、跨境支付与结算的相关政策，让读者对跨境支付与结算有一个整体的认识。第二节介绍了主流跨境电商支付方式和其他跨境支付方式。第三节介绍了跨境支付的风险及其防范措施。其中主流跨境支付方式是本章的重点。

读者学习完跨境支付与结算，下一章将学习跨境电子商务营销。

【同步测试】

1. 单项选择题

（1）下列关于跨境支付与结算说法错误的是（　　）。

A. 跨境支付可能涉及外汇管制政策问题

B. 跨境支付付款方所支付的币种与收款方要求的币种总是一致的

C. 两个或两个以上国家或地区之间因国际贸易、国际投资及其他方面发生的国际债权债务

D. 跨境支付实现了资金跨国（或地区）转移

（2）2015年1月，国家外汇管理局正式发布《支付机构跨境外汇支付业务指导意见》（以下简称"《指导意见》"），在全国范围内开展支付机构跨境外汇支付业务试点。《指导意见》将单笔交易金额提升至（　　）美元。

A. 2万　　　　　　B. 3万　　　　　　C. 4万　　　　　　D. 5万

（3）（　　）是跨境电商运行和发展的生命线，是跨境电商平台必须守住的底线。若非如此，跨境电商交易会沦为欺诈盛行之地，各种犯罪滋生的温床，成为逃避监管的法外之地。

A. 洗钱和资金的非法流动　　　　　　B. 国际收支的申报管理监测

C. 个人结售汇限制　　　　　　D. 交易的真实性

（4）下列哪种跨境支付方式是欧美最流行的支付方式，用户人群非常庞大，但接入方式麻烦、需预存保证金、收费高昂、付款额度偏小？（　　）

A. 国际信用卡收款　　　　　　B. MoneyGram

C. PayPal　　　　　　D. 西联汇款

（5）下列哪种跨境支付方式是俄罗斯最大的第三方支付工具，其服务类似于支付宝？该系统使客户能够快速、方便地在线支付水电费、手机话费、上网、网上购物采购、银行贷款。（　　）

    A．CASHU　　　　　B．Qiwi Wallet　　　　C．MoneyGram　　D．Payoneer

2．多项选择题

（1）按支付币种区分，跨境支付与结算可分为（　　）。

    A．人民币结算　　　　　　　　　　　B．外汇结算

    C．消费者本人支付　　　　　　　　　D．委托第三方支付

（2）2013年2月，为规范支付机构跨境支付发展，国家外汇管理局下发了《国家外汇管理局综合司关于开展支付机构跨境电子商务外汇支付业务试点的通知》，在（　　）深圳和重庆五个地区先行开展支付机构跨境电子商务外汇支付业务试点，允许参加试点的支付机构集中为电子商务客户办理跨境收付汇和结售汇业务。

    A．北京　　　　　　B．上海　　　　　C．浙江　　　　　D．福建

（3）按跨境网络消费途径，跨境支付可分为（　　）。

    A．第三方支付平台　　　　　　　　　B．网银线上支付

    C．信用卡在线支付　　　　　　　　　D．移动手机支付

（4）跨境支付购汇的主要方式有（　　）。

    A．第三方购汇支付　　　　　　　　　B．通过境内银行结汇流入

    C．通过境内银行购汇汇出　　　　　　D．境外电商接受人民币支付

（5）目前国际上的五大信用卡品牌VISA、MasterCard、American Express、JCB、Diners Club，其中哪两个品牌为大家广泛使用（　　）？

    A．VISA　　　　　　　　　　　　　B．MasterCard

    C．American Express　　　　　　　　D．JCB

3．简答和分析题

（1）目前，主流跨境电商支付与结算的方式有几种？比较不同支付方式的优缺点。

（2）跨境支付购汇的主要方式有哪几种？请画出跨境购付汇业务支付中资金的出境流程图。

（3）什么是交易真实性识别风险？为什么交易真实性识别存在较大的困难？

Chapter 7

第七章
跨境电子商务营销

【学习目标】

了解国际市场营销理论与调研方法及其在跨境电子商务领域的应用；熟悉并掌握跨境电子商务站内和站外的主要推广方式和技巧；培养学生民族自豪感，建立跨文化营销意识；了解《互联网广告管理暂行办法》，培养法律意识。

【知识导图】

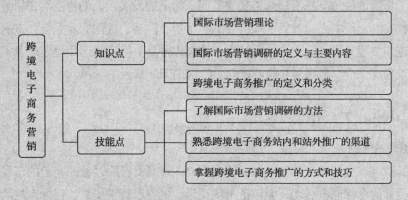

```
                              ┌─ 国际市场营销理论
                    ┌─ 知识点 ─┼─ 国际市场营销调研的定义与主要内容
跨                  │         └─ 跨境电子商务推广的定义和分类
境                  │
电                  │
子 ─────────────────┤
商                  │         ┌─ 了解国际市场营销调研的方法
务                  └─ 技能点 ─┼─ 熟悉跨境电子商务站内和站外推广的渠道
营                            └─ 掌握跨境电子商务推广的方式和技巧
销
```

【引例】

2018年8月9日，作为跨境电子商务行业内首个以营销为切入点的年度性行业活动，第二届跨境出口电商营销峰会在深圳成功举行。

阿里巴巴国际站流量运营总监徐琳称，"每次说到电商，大家都会想到电商三要素：人、货、场。前几年做营销、做流量时，可能我们只要抓住搜索引擎，就可以抓住流量。但今天，流量已经变了，它已经渗透到生活的各个场景之中。今天，我们不在乎很大的流量，更在乎的是流量背后的人是不是我们想要的，是不是够精准，所以今天的流量更看重的是人。"

因此，阿里巴巴国际站整体营销战略会更多提供定向帮助卖家圈定人群的工具。例如，进行分国家（或地区）的投放或者提供一些人群标签，如客户是不是访问过我的店铺，是不是曾经在同行那边进行过采购。通过标签的方式，阿里巴巴国际站可以帮助卖家更快触达自己想要的、更加精准的人群。另外，为顺应趋势和买家诉求，阿里巴巴国际站为中小企业搭建专属的B2B内容自营销阵地——粉丝通，可发布企业动态、企业故事等，通过这样的方式管理流量和粉丝。

（资料来源：美通社行业新闻稿）

【引例分析】

　　传统的营销模式是想办法告诉大家"我有货，快来买"，具体方式有租门面、印名片、树招牌/灯箱打广告、派业务员上门推销等。有了网络，营销模式进入了"PC端时代"：公司建网站，宣传自己的企业；用电子邮件群发广告；在网络投放广告。但这些营销方式实际上还都属于传统营销思维，即产品思维。

　　到了互联网时代，思维方式发生了转变，从产品思维变为用户思维，从"告诉你我卖什么"到"我能为你解决什么问题"。现代营销理论有个名言：客户对你的产品没有兴趣，他只对自己的问题有兴趣。客户买一个钻头，他并不是需要一个钻头，而是需要去"打一个孔"。我们需要"帮助他打一个孔"，而不是"把一个钻头卖给他"。这就是思维方式和思维角度的转变。

　　通过本章的学习，读者可对国际市场营销理论及应用、跨境电子商务推广的常用方式和技巧有基本的认识。

第一节　国际市场营销与跨境电子商务

　　有人曾这样说过："这是一个可与大航海时代并肩媲美的互联网时代。"借助网络的力量和庞大的触角，信息的传播一日千里，发展到了前所未有的程度。人们的交流更是打破了时空的界限，冲破了地理的藩篱。基于全球货品的互通、物流的发展，人们的生活变得异常便捷，消费者可以轻松在网上搜罗来自世界各地的商品，下单、购买，选购的商品会如期送达。随着科技和服务的进步，世界更开放、连接更紧密，跨境电子商务商家将运用更多的营销手段，在世界范围内定位精准受众，把商品和服务推向更广阔的国际舞台。

一、国际市场营销理论

1. 市场营销理论

　　营销就是管理市场，促成满足人们欲望和需要的商品交换的过程。企业的市场营销活动在广义上包括企业的全部业务活动，即包括市场调研、消费者行为研究、目标市场的选择、产品开发、定价、促销和售后服务等。

　　想一想
　　营销和销售有什么区别？

　　（1）4P营销理论

　　4P营销理论被归结为四个基本策略的组合，即产品（Product）、价格（Price）、渠道（Place）、促销（Promotion）。4P营销理论以企业为中心，以追求利润最大化为原则。

　　（2）4C营销理论

　　4C营销理论以消费者需求为导向，重新设定了市场营销组合的四个基本要素是消费者（Customer）、成本（Cost）、便利（Convenience）、沟通（Communication）。

　　4C营销策略瞄准消费者的需求和期望，虽克服了4P营销策略只从企业出发的局限，但被动适应消费者的色彩较浓。

（3）4R营销理论

4R营销理论以关系营销为核心，重在建立客户忠诚。4R营销理论的四要素分别是关联（Relevancy）、反应（Respond）、关系（Relation）和回报（Return）。

4R营销理论认为：第一，企业与客户是一个命运共同体，建立并发展与客户之间的长期关系是企业经营的核心理念和最重要的内容。第二，在相互影响的市场中，对经营者来说，最现实的问题不在于如何控制、制订和实施计划，而在于如何站在客户的角度及时地倾听，并从推测性商业模式转移成为高度回应需求的商业模式。第三，在企业与客户的关系发生了本质性变化的市场环境中，抢占市场的关键已转变为与客户建立长期而稳固的关系。与此相适应产生了5个转向：从一次性的交易转向强调建立长期友好合作关系；从着眼于短期利益转向重视长期利益；从客户被动适应企业单一销售转向客户主动参与到生产过程中来；从相互的利益冲突转向共同的和谐发展；从管理营销组合转向管理企业与客户的互动关系。第四，任何交易与合作关系的巩固和发展，都是经济利益问题。因此，一定的合理回报既是正确处理营销活动中各种矛盾的出发点，也是营销的落脚点。

综上所述，4R营销理论既从企业的利益出发，又兼顾消费者的需求，是一个更为实际、有效的营销制胜术。

（4）4S营销理论

4S营销理论以"消费者占有"为导向，要求企业针对消费者的满意程度对产品、服务和品牌不断进行改进，从而达到企业服务品质最优化，使消费者满意度最大化，进而使消费者对企业产品产生忠诚。4S是指满意（Satisfaction）、服务（Service）、速度（Speed）、诚意（Sincerity）。

满意是指客户满意，强调企业以客户需求为导向，以客户满意为中心，企业要站在客户立场上考虑和解决问题，把客户的需要和满意放在一切考虑因素之首。

服务包括几个方面的内容：首先，精通业务工作的企业营销人员要为客户提供尽可能多的商品信息，经常与客户联络，询问他们的要求；其次，要对客户态度亲切友善，用体贴入微的服务来感动用户；再次，要将每位客户都视为特殊和重要的人物，也就是"客户是上帝"；另外在每次服务结束后要邀请每一位客户再次光临；最后，要为客户营造一个温馨的服务环境，这就要求企业加大文化建设力度。

速度指不让客户久等，能迅速地接待、办理。

诚意指要以他人的利益为重，真诚服务他人。要想赢得客户，必先投之以情，用真情服务感化客户，以有情服务赢得无情的竞争。

2. 国际市场营销

国际市场营销学是一门研究以国际客户需求为中心，从事国际市场营销活动的国际企业管理科学。具体地说，它研究的是企业如何从国际市场客户需求出发，依据一些自身不可控制的环境因素（主要包括国内及国外不可控制的因素，诸如竞争机构、政治力量及文化力量等）运用自己可控制的因素，诸如产品、价格、促销、分销等，制订出国际市场营销策略，包括制订出国际营销计划，以及对国际营销计划的执行、控制和审计等。企业应从适应和刺激国际市场客户的需要和欲望出发，有计划地组织本企业的整体国际营销活动，实现企业的盈利目的。

二、国际市场营销调研

1. 国际市场营销调研的定义

国际市场营销调研是指运用科学的方法，系统、有目的地收集、记录、整理和分析有关国际市场的重要信息，为企业制订国际市场营销决策提供可靠依据的一种活动。

要使自己的产品打入国际市场（出口），或以较低的价格购入所需商品（进口），企业必须了解国际市场。例如，我们的客户主要来自哪些国家和地区；哪些国际市场是同行还未涉及或仍有市场空间的；目前市场上所销售产品的价格、质量标准和服务水准如何；我们参与竞争有哪些优势和劣势等。由于各国（或地区）在文化、经济、政治、法律、社会环境等方面存在很大差异，因此国际市场营销要比国内市场营销面临更加复杂的市场环境，而国际市场营销调研显得尤为重要。

2. 国际市场营销调研的主要内容

国际市场营销调研主要包括国际市场宏观环境调研、微观环境调研和企业自身情况调研。

（1）国际市场宏观环境调研

国际市场宏观环境包括地理、人口、经济、社会文化、政治法律和科技等，每一部分内容都会对营销产生影响，如表7-1所示。

表7-1　国际市场宏观环境调研内容

环境因素	内容	对市场营销的影响
地理环境	自然资源、气候条件、地理位置等	地理环境影响营销产品选择、改进和营销时机的选择
人口环境	人口数量、结构、增长、流动和分布；人口性别、年龄和家庭结构等	人口规模决定潜在市场，人口分布和结构影响产品需求、促销方式、分销渠道
经济环境	经济发展阶段、国民生产总值、国民收入和分配、产业结构、税收、利率、汇率等	收入决定购买力，产业结构决定购买需求，金融因素影响产品竞争力和销售策略
社会文化环境	文化教育、宗教信仰、价值观念、风俗习惯、社会舆论、社会道德等	文化环境能在根本上影响人们对世界的看法和社会行为。文化渗透于营销活动的各个方面。文化环境是影响国际营销的核心因素
政治法律环境	政府与政党体制、政策以及政治风险、贸易壁垒等	掌握目标市场国家（或地区）的政治气候，对本国（或地区）的政治主张；了解本国（或地区）、目标市场国家（或地区）和国际法律中有关产品、价格和广告的规定
科技环境	基础研究、应用研究、技术开发、科研成果转化及其应用、科技水平与发展	科技的发展决定了社会需求的多元化

（2）国际市场微观环境调研

国际市场微观环境包括个人消费者、企业客户、分销渠道、沟通媒介和竞争对手等，每一部分内容如表7-2所示。

表 7-2　国际市场微观环境调研内容

环境因素	内容
个人消费者	消费者类型及其特征、地理分布、消费者需求、购买动机、购买过程、购买习惯和购买类型等
企业客户	客户政治、资信、经营业务范围和经营能力等
分销渠道	渠道类型、物流信息等
沟通媒介	媒介可获得性、有效性和成本等
竞争对手	竞争对手的产品开发、质量、品种、价格、服务、销售渠道、促销手段等

（3）企业自身资源情况调研

企业自身的资源包括人力资源、资金、厂房设施等物质资源和技术资源。

3. 国际市场营销调研的方法

根据信息来源不同，可分为原始信息（一手资料）和次级信息（二手资料）。相对应的，国际市场营销调研也分为原始信息获取和次级信息获取。

原始信息是通过调研人员实际调查、直接获取的信息，及时准确、可信度高，获取渠道有：

（1）参加国际展会、展销会、交易会了解市场需求；

（2）赴国外实地考察，了解市场动态和消费者需求；

（3）与交易方在询/复盘、谈判过程中获取信息；

（4）购买竞争对手的产品，进行对比、分析和试验等。

目前主要有调查法、观察法、实验法等获取原始信息的调研方法。

次级信息是由他人收集并整理的现成资料，来源可以是企业内部，如会计报告、销售记录、采购记录、产品设计与技术资料等；也可以是企业外部，如各种出版物、数据库、政府统计数据、咨询机构报告等。国际市场调研的大量数据是间接获得的，特别是随着互联网的普及，网络调研被广泛应用，大大提高了国际市场调研的时效性、效率和效果。

4. 国际市场营销调研的目的

（1）了解、预测国际市场变化。

（2）调查、了解特定地区的消费者行为。

（3）调查、研究竞争对手。

（4）评估营销活动的效果等。

三、国际市场营销在跨境电子商务的应用

广义的营销（Marketing）就是"满足需求，获取利润"，几乎涵盖了企业相关的一切内容，包括市场调研、消费者行为研究、目标市场的选择、产品开发、定价、推广和售后服务等。其中前 5 项内容属于售前准备，后 2 项属于售中和售后环节。无论是国内市场还是国际市场，营销的根本思想是万变不离其宗的，只不过面对的市场环境和消费者有所差异。

而狭义的营销只涉及营销传播（Marketing Communication）这一个环节。在电子商务中，"营销"的概念近似于"推广"（Promotion），即让消费者知道本公司的产品和品牌。推广主要包括品牌推广、产品推广和促销推广三种类型。

第二节　跨境电子商务推广

　　跨境电子商务推广根据流量来源不同可以分为站内推广和站外推广。站内、站外是以某特定平台为基准，使用该平台提供的营销推广工具实现的站内引流活动属于站内推广，除此之外的其他站外引流的渠道和方式都属于站外推广。

一、站内推广

　　下面以速卖通平台为例讲解站内推广。速卖通平台的站内推广方式可分为免费和付费两种情况。其中免费的站内推广方式有：店铺自主营销活动、橱窗推荐、平台活动和大促等；付费的站内推广方式主要有直通车。速卖通后台营销活动版块如图 7-1 所示。

图 7-1　速卖通后台营销活动

1. 店铺自主营销

　　"限时限量折扣""全店铺打折""满立减"和"优惠券"是速卖通平台的四大店铺自主营销工具。图 7-2 是某产品设置店铺自主营销活动后的详情页展示效果。此外，平台还开发了"购物券"和"店铺互动"两种新的营销工具。

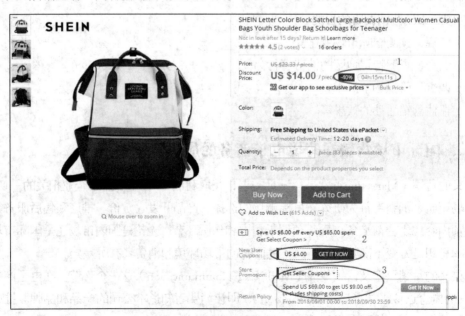

图 7-2　店铺自主营销活动的展示效果

卖家可在后台学习店铺活动教程，查看每一项活动资源的个数和时长，如图7-3所示。

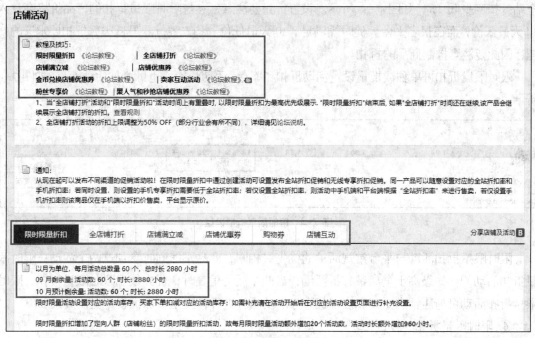

图 7-3　店铺自主营销活动查询

（1）限时限量折扣

① 什么是限时限量折扣

限时限量折扣即选定店铺的某些商品在规定的时间区间内享受一定的折扣优惠。在此时间段内，商品不以原价而是以折后价进行销售。图 7-2 所示的产品销售价减免了 40%，即打了 6 折，此折扣优惠倒计时 4 小时 15 分钟后结束。

② 限时限量折扣的作用

限时限量折扣活动可配合产品满立减、优惠券等活动实现新品快速出单，打造爆款，清理库存，优化产品排名并提升转化率。

平台为了方便卖家和店铺粉丝的互动，增加粉丝黏性，限时限量折扣还增加了定向人群（店铺粉丝）的限时限量折扣活动，故每月限时限量活动数由 40 个增加到 60 个，活动时长额外增加了 960 小时。

③ 限时限量折扣的注意事项

限时限量折扣可跨月设置，但会同时占用 2 个月的活动数量，并扣减各自所占用的时长。如一个活动设置时间为 2019 年 1 月 31 日 0:00 到 2 月 3 日 23:59，这样 1 月和 2 月各会扣减 1 个活动数，活动时长分别会扣减 24 小时和 72 小时。

活动设置时间为美国太平洋时间。卖家可选择"实时发布"，即无须设置活动开始时间，活动创建后添加商品，可设置发布后 5 分钟内活动生效。卖家也可提前设置活动时间，但必须在活动开始前至少 12 小时完成活动商品创建。活动开始前 6 小时商品将进入锁定状态等待展示，在"等待展示"和"展示中"的产品只可编辑部分字段，如有错误活动不能停止，只能下架商品。

活动折扣包括全站折扣和手机专享折扣，手机专享折扣可以不设置，如果设置，则必须比全站折扣至少低 1%，如图 7-4 所示。设置折扣要注意，参与限时限量折扣的产品价格会计入30 天最低价，而在报名平台大促时需满足"30 天最低价"和"各行业最低类目折扣要求"的门槛，因此要注意控制商品的折扣。

限时限量折扣可单独或批量设置活动折扣和库存。活动开始后也可增加活动库存，如图 7-4所示。

商品信息	原售价	全站促销价	手机促销价	全站折扣率	手机折扣率	定向人群附加折扣	活动库存
New Comic Books DIY Graffiti Black Graffiti Cardboard Books	1.98	1.60	1.58	19 % OFF 即 8.1 折	20 % OFF 即 8 折	查看详情	总量 500 pieces 剩余量 500 pieces 增加活动库存 限购 50 pieces

图 7-4　限时限量折扣设置

限时限量折扣活动与平台常规活动的优先级相同，商品不能同时参加这两个活动；限时限量折扣活动的优先级高于全店铺打折活动，当两个活动重叠时，优先展示限时限量折扣；限时限量折扣活动可与店铺满立减和店铺优惠券活动同时进行，产生叠加优惠，促使买家下单。

④ 限时限量折扣的设置技巧

限时限量折扣有"限时"和"限量"两个方面，因此，活动应当设置少量多次，时间不宜过长，活动库存不宜过多。时间短、活动库存少，可以营造紧张的促销氛围，促使买家下单。但卖家同时也应时刻关注活动库存，若在活动期内商品活动库存售完应及时补充。

由于活动资源有限，因此要选择表现较好的商品及时加入限时限量折扣，并做好跟踪。应根据店铺的流量规律和主推市场来确定商品的流量高峰时段，以此作为活动的起始时间。

（2）全店铺打折

① 什么是全店铺打折

全店铺打折是以"营销分组"为依据，不同组别设置不同的折扣率，可覆盖店铺所有商品的营销活动。全店铺打折的展示效果和限时限量折扣一样，但优先级比限时限量折扣低。

▌小知识–"营销分组"与"商品分组"的区别▐

"营销分组"是以商品折扣为依据的分组，同一组别的商品设置相同的全店铺折扣率。"商品分组"是以商品类别、名称为依据的分组，方便卖家进行分类管理，也方便买家进行商品查找。不在营销分组的商品会被系统自动分配到other组内。

② "全店铺打折"的注意事项

全店铺打折需在活动开始前至少 24 小时设置，活动开始前 12 小时进入锁定状态。全店铺打折每月活动有 20 个，30 天的月份活动时长为 720 小时（30×24），31 天的月份活动时长为 744小时（31×24）。全店铺打折可跨月设置，但会同时占用 2 个月的活动数量，并扣减各自所占用的时长。

全店铺打折与限时限量活动不同，不设置独立的活动库存，售卖时直接扣减商品库存。除了平台大促活动外，全店铺打折不要求所有营销分组（包括 other 组）必须打折，只需至少设置一个组别即可成功提交。

为了避免卖家提高原价、虚假打折的情况，更好地提升买家的购物体验，平台针对各行业设置了适合行业情况的全店铺活动打折上限。如一级类目"服装/服饰配件"（Apparel & Accessories）的折扣上限为50%，即无线端和全站折扣都不能低于5折。因为每个行业的折扣上限都不一样，所以应尽量按照类目进行营销分组，以免活动设置失败。

（3）满立减

① 什么是满立减

满立减活动针对店铺的全部或部分商品，在买家订单中，若订单中商品的总额超过了其设置的优惠条件（满X元），则在买家支付时系统会自动减去优惠金额（减Y元）。

② 满立减的作用

设置满立减可以刺激买家为了达到优惠条件多买，从而提升销售额，拉高平均订单金额和客单价。因此卖家应计算店铺的客单价，设置合理的促销规则。例如，某店铺的客单价是80美元，可设置成满100~120美元的满减条件，但如果设置过高就形同虚设、无人买账了。

满立减可以对指定商品实施优惠，且其最终成交价格不计入最低价，可用于新品快速出单。

③ 满立减的注意事项

满立减活动不仅可以支持全店商品维度进行创建，也可以针对部分商品进行设置。每月活动总数为10个，总时长720小时（30天）。满立减活动与前两种店铺自主活动不同，不可跨越设置。满立减活动须至少提前24小时进行设置。

满立减条件可设置为单层级或多梯度满减。单层级满立减支持优惠累加的功能。例如，当促销规则为满100减10时，则满200可减20，满300可减30，依次类推，上不封顶。选择"多梯度满减"，则需要至少设置2个梯度、最多可以设置3个梯度的满立减优惠条件；多梯度满立减设置时需要满足以下两个条件：第一，后一梯度的订单金额必须要大于前一梯度的订单金额；第二，后一梯度的优惠力度必须要大于前一梯度，如满减第1梯度设置为满100美元立减10美元（即9折）；则满立减第2梯度设置的单笔订单金额必须大于100美元，假设设置为200美元时，则设置对应的满立减金额必须大于等于21美元（即8.95折），如图7-5所示。

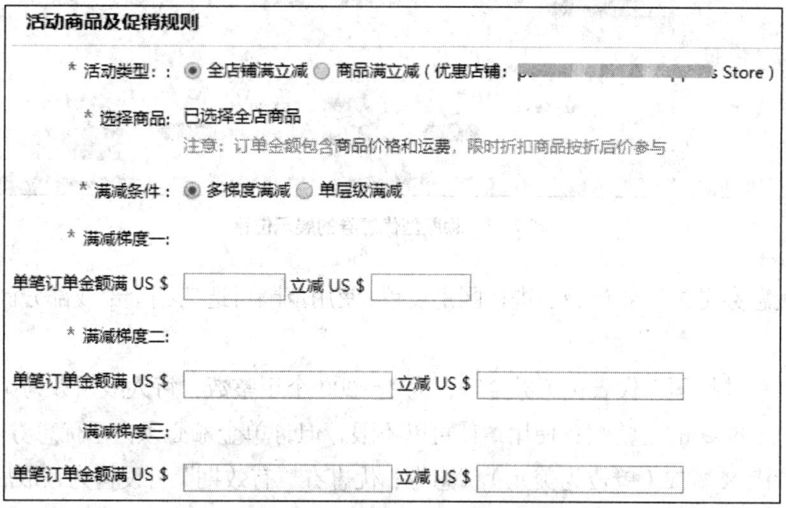

图7-5　满立减活动设置规则

满立减活动的订单金额包括商品的折后价和运费。由于满立减可以和任意活动叠加使用，卖家要注意核算利润率，可优化店铺的商品价格和品类，设置不同的搭配组合，如某店铺的满立减规则是满 100 美元减 10 美元，而店铺大部分商品的价格为 80 美元左右，可以巧妙插入价格为 20～40 美元的关联商品让客户凑单。

（4）店铺优惠券

店铺优惠券主要分为领取型优惠券、定向发放型优惠券、金币兑换优惠券、秒抢优惠券和聚人气优惠券 5 种类型，每月活动数如图 7-6 所示。

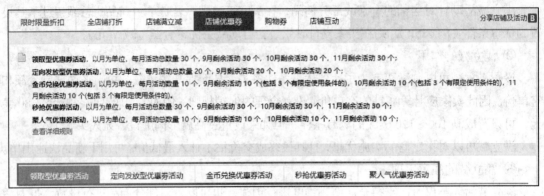

图 7-6　店铺优惠券活动

① 领取型优惠券

领取型优惠券须至少提前 1 小时创建活动。活动开始和结束时间表示买家可领取优惠券的时间。

领取型优惠券的展示位置为产品详情页购买按钮下方（见图 7-2）、店铺的 Sale Items 页面，以及平台优惠券页面，如图 7-7 所示。

图 7-7　领取型优惠券的展示位置

领取型优惠券可根据会员级别进行区别设置，使用范围可选店铺全部或部分商品，如图 7-8 所示。

领取型优惠券的面额代表优惠券金额，为 1～200 个正整数；每人限领数为 1～5 张；总发放数量为 50～99999 的正整数；使用条件可以不限，但订单金额必须大于优惠券金额，也可根据客单价设置满 X 减 Y（单位为美元）优惠券；优惠券"有效期"可设置为领取后的 N 天之内（如活动时间为 11 月 11 日—11 月 30 日，有效期为 7 天，即买家在 11 月 11 日领取的优惠券，领用后可立即使用，最晚使用日期为 11 月 18 日），也可设置为指定的时间区间（优惠券使用开始时间必须在活动开始时间之后，结束时间必须在活动结束时间之前），如图 7-9 所示。

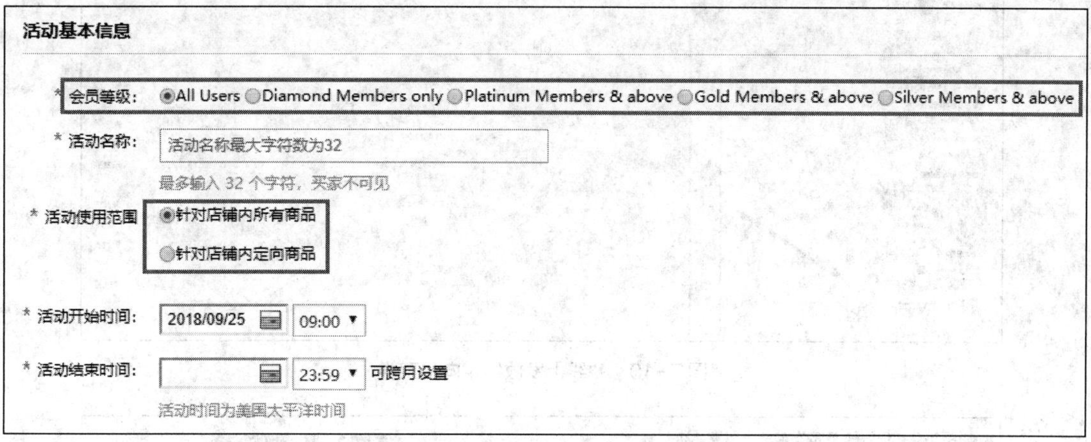

图 7-8　领取型优惠券的活动基本信息

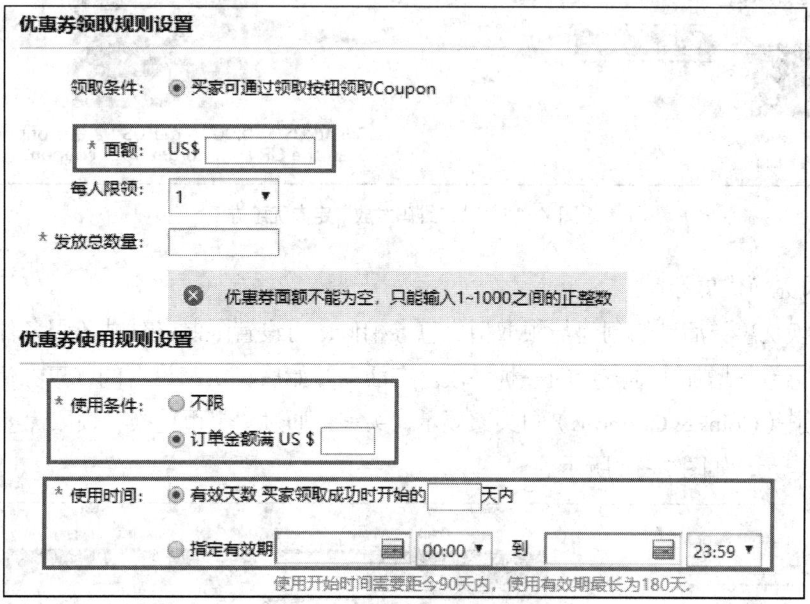

图 7-9　领取型优惠券的规则

② 定向发放型优惠券

定向发放型优惠券有"选择客户线上发放"和"二维码发放"两种形式。"线上发放"定向优惠券需要添加客户，可以查看所有有交易记录、加购物车或加收藏夹的客户，并进行筛选，给这些老客户或潜在客户发放店铺优惠券，建议卖家同时给客户发送优惠券营销邮件，刺激买家下单，如图 7-10 所示。

"二维码发放"定向优惠券要保存并下载二维码，建议卖家可以同时将二维码放在客户的包裹中，买家下载速卖通的手机客户端就可以扫码领取优惠券了，如图 7-11 所示。

定向发放型优惠券在活动设置后即时生效，可设置限制条件或不限条件。与领取型优惠券不同，定向发放型优惠券是不会在店铺中展示的。

图 7-10 "线上发放"定向优惠券

图 7-11 "二维码发放"定向优惠券

③ 金币兑换优惠券

金币兑换优惠券活动的创建与领取型优惠券相似，可设置限制条件或不限条件。不同的是金币兑换优惠券是增加店铺流量的一种手段。在活动开始后，卖家设置的优惠券信息将在无线端的金币频道（Coins & Coupons）向买家展示，买家可通过"金币兑换"领取优惠券，50 个金币可兑换 1 美元，如图 7-12 所示。

图 7-12 无线端的金币频道

④ 秒抢优惠券

秒抢优惠券的活动时间可选择 2:00/8:00/14:00/20:00，结束时间为活动开始后的 2 小时。秒抢优惠券不能设置限制条件，通过无门槛的大额店铺优惠券吸引买家到店，可有效维持店铺的买家活跃度。秒抢优惠券设置后不会在店铺内呈现，只有报名相应的平台活动才会出现在平台活动的场景内，因此单独设置没有曝光渠道，需要结合平台活动才有曝光场景。

⑤ 聚人气优惠券

聚人气优惠券和秒抢优惠券一样，不能设置限制条件，也不会主动在店铺内呈现，会在一些平台活动中不定时获得相应曝光。买家需要拉其他买家帮其领取才能获得优惠券，因此可通过买家人传人的形式快速给店铺带来新流量。

2. 橱窗营销

（1）什么是橱窗推荐

在速卖通平台，商品使用橱窗推荐可增加商品的排序加权，从而提高商品的曝光。在同等条件下，设置橱窗推荐的商品曝光量比非橱窗推荐的普通商品高 8～10 倍。速卖通的橱窗并没有特定的展示位置，是平台根据卖家店铺等级奖励给卖家的一个增加商品曝光量的资源。各店铺橱窗推荐的数量和卖家服务等级相关，如图 7-13 所示。

	不及格	及格	良好	优秀
定义描述	上月每日服务分均值小于60分	上月每日服务分均值大于等于60分且小于80分	上月每日服务分均值大于等于80分且小于90分	上月每日服务分均值大于等于90分
橱窗推荐数	无	无	1个	3个
平台活动权利	不允许参加	正常参加	正常参加	优先参加
直通车权利	无特权	无特权	开户金额返利15%，充值金额返利5%（需至直通车后台报名）	开户金额返利20%，充值金额返利10%（需至直通车后台报名）
营销邮件数量	0	1000	2000	5000

图 7-13　卖家服务等级与橱窗推荐数

（2）橱窗推荐的设置技巧

平台发放的所有橱窗（包括服务等级发放、平台活动赠送等）的有效期为 7 天。假设某商品被设置了橱窗推荐，若在橱窗有效期内下架商品，对应的橱窗资源不会释放；若在橱窗有效期内商品下架后又上架了，不会再重新计算。

合理利用橱窗推荐，选择最有竞争力的商品进行橱窗推荐。橱窗推荐位可以用来推新款，也可以用来打造爆款和活动款。在使用橱窗推荐的过程中，卖家应不断观察数据，淘汰转化率不高的商品，使橱窗推荐效果最优。

3. 平台活动

（1）什么是平台活动

平台活动是指由平台组织、卖家参与的，以促进销售为主要目的的主题营销活动。速卖通平台活动是平台向卖家推出的免费推广活动，是平台效果最显著的营销利器之一，它能帮助店铺快速实现高曝光、高点击和高转化的一系列目标。速卖通的平台活动可以分为四类。

① 非好卖家日常平台活动：包括新版 Flash Deals（普货）、俄罗斯团购（爆品团和秒杀团）和其他日常主题活动，如图 7-14、图 7-15 所示。

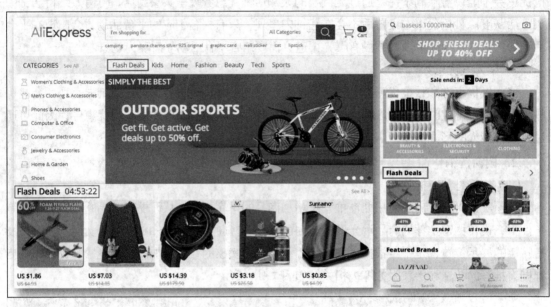

图 7-14 新版 Flash Deals

图 7-15 俄罗斯团购首页

② 好卖家日常平台活动：包括无线金币兑换、无线全球试用、新版 Flash Deals（核心商家尖货），如图 7-16、图 7-17 所示。

③ 俄罗斯品牌团：速卖通俄文网站上的 Tmall 相当于俄罗斯版的天猫，俄罗斯品牌团目前限定只有俄罗斯精品馆商家可以参加，如图 7-18 所示。

跨境电子商务基础

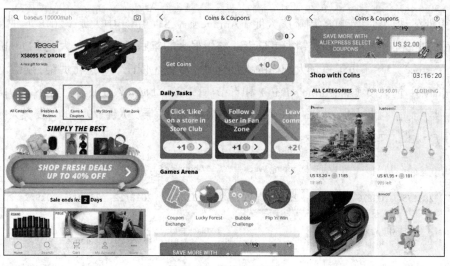

图 7-16　无线金币兑换

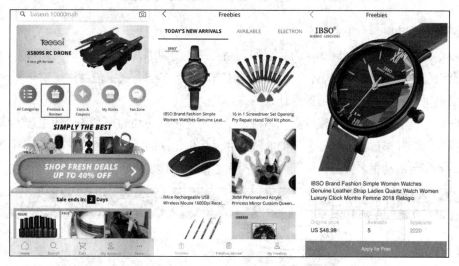

图 7-17　无线全球试用

图 7-18　俄罗斯品牌团、爆款/秒杀团

④ 大促活动：包括年初的周年庆大促（Anniversary Sale），年中大促（2018 年的主题为品牌周 Brand Shopping Week）和促销力度最大、流量最大的年底"双十一"大促（Double Eleven Shopping Festival）。除了每年三场大规模的大促之外，平台还依托节日进行促销，如黑色星期五（Black Friday）、情人节（Valentine's Day）和春节（Chinese New Year）等。另外，2018 年平台还根据品类规划了行业大促，如 5 月的时尚类大促、7 月的家居类大促、9 月的母婴类大促和 12 月的 3C 数码类大促，如图 7-19 所示。

图 7-19　速卖通 2019 财年全球促销活动计划

（2）平台活动报名

平台作为活动组织方会对参与的卖家和商品有一定的要求，符合要求的卖家可以自主选择报名，有大量卖家报名的情况下，平台会筛选出部分卖家参与。卖家应关注每财年平台的促销计划，跟上平台节奏来安排店铺运营计划。

要做好平台活动，首先要登录卖家后台，了解清楚每项活动的报名条件和注意事项；针对性地选择商品，并根据相应指标条件提前做好商品优化，提高活动报名的成功率。图 7-20 是速卖通后台平台活动报名界面，可以查找各类平台活动及其规则。

图 7-20　速卖通后台平台活动报名

4. 直通车

（1）什么是直通车

速卖通直通车又叫竞价排名，它是一种按效果付费（Pay For Performance，P4P）的全球在线推广服务，可以让卖家的商品在多个关键词的黄金位置优先排名展示。直通车的付费方式是曝光免费，只有当买家点击商品进入详情页时才会进行扣费，即按点击付费（Cost Per Click，CPC）。速卖通直通车旨在帮助卖家迅速精准定位海外买家，扩大商品营销渠道，具有关键词海量选择、多维度曝光商品、全面覆盖潜在买家三大主要优势。

（2）直通车的展示位置

第一页为直通车中国好卖家专区；普通卖家只能从第二页开始展示，中国好卖家也同样可以竞争其他页面展示位；相关度不足的产品在底部进行展示，如图7-21所示。

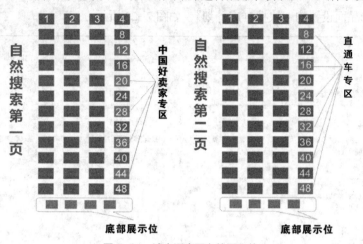

图7-21 速卖通直通车的展示位

（3）直通车的使用

① 选择适合直通车的产品

选对的商品进行推广是成功的关键。根据"二八法则"，店铺20%的商品可带来80%的流量，直通车的应用之一就是打造爆款。直通车选品时可以从以下几个角度出发。

第一，商品角度。根据目标市场的季节和直通车排名规则（见图7-22），选择优质、差异化的品牌商品进行打造。至少提前一个月做准备，优化商品信息质量（包括标题、属性、图片、详情描述、价格分级和运费等），提升销量、转化率和好评率等。

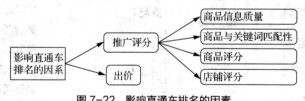

图7-22 影响直通车排名的因素

第二，货源角度。保证库存充足，颜色、尺码、规格齐全，能覆盖广泛的买家群体，满足其需求。

第三，市场角度。运用速卖通后台"数据纵横"版块的"选品专家"筛选出平台热销和热搜的产品，再通过"搜索词分析"工具查找"飙升词"和"零少词"等做一些差异化商品，同时也可以参考其他平台的热卖商品。

此外，直通车后台也有选品工具，系统会根据热搜、热销和潜力三个推荐理由帮助卖家精选出值得推广的商品。

② 选择直通车用词

　　卖家可以通过速卖通后台"数据纵横"版块的"搜索词分析"、直通车的"关键词工具"来选择高流量、高转化、高订单或小二推荐的商品关键词，并可运用"创意"功能等良词推优方法提高关键词的推广分。

③ 建立推广计划

　　目前，速卖通直通车的推广方式有两种，一种是为打造爆款而设置的"重点推广计划"，另一种是为方便选品而设置的"快捷推广计划"，如图 7-23 所示。

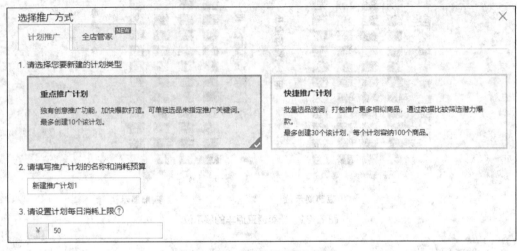

图 7-23　建立直通车推广计划

　　两者的区别在于"重点推广计划"下每个推广商品都有其独立的推广关键词，可以单独设置商品推荐投放；"快捷推广计划"所有商品共用所有的关键词，默认展示商品评分最高、匹配度最高的商品，如图 7-24 所示。两者的共同点是所有商品共用一个每日消耗上限。

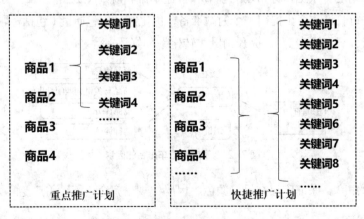

图 7-24　两种直通车推广计划对比

5. 粉丝营销

　　粉丝趴是速卖通平台为广大卖家提供的粉丝营销阵地，功能类似于淘宝的"微淘"，基于买卖双方的关注关系进行内容展示。关注店铺的买家可以收到卖家发布的动态信息，包括店铺上新、买家秀、粉丝专享活动和导购文章等。此外，若卖家获得了直播权限，其直播视频也会同步展示在频道内，并支持买家对相应的内容进行点赞和评论。

　　粉丝趴在速卖通移动端占据了非常明显的位置，并成为一个非常重要的流量入口。My Stores 频道内容分为关注（FOLLOWING）和发现（EXPLORE）两部分内容，如图 7-25 所示。

图 7-25　速卖通无线端 My Stores

　　粉丝趴是一种内容营销方式，内容营销的特点就是要持续地进行优质内容输出而获得长期的流量曝光。平台系统会不断对粉丝趴内容进行更新，因此建议卖家一周发布一次新内容。平台也对粉丝趴优质帖制订内容标准，卖家可认真阅读官方指导。

　　除了定期发布优质内容外，卖家还应积极与用户进行互动，回复用户的评论。因为系统判断一个粉丝趴内容是否优质，除了判断图文内容是否符合优质标准之外，还会判断帖子的反馈数据，如点赞数、评论数、加关注数和转化订单数等，这些才是真正能够与其他卖家拉开差距的筛选数据，所以卖家应该重视对这些数据的优化。

二、站外推广

　　站外推广是指应用站外推广渠道，将站外流量吸引到平台内的推广方式。有的跨境电子商务平台为卖家提供了站外引流的便利工具，如速卖通平台为卖家提供了"海外联盟营销"和"客户邮件营销"。除此之外，搜索引擎优化（Search Engine Optimization，SEO）、搜索引擎营销（Search Engine Marketing，SEM）和社交媒体营销（Socail Network Service，SNS）也是常用的站外推广方式。

1. 海外联盟营销

（1）什么是海外联盟营销

海外联盟营销（以下简称"联盟营销"）是海外营销广告联盟[①]对卖家发布于速卖通平台并

---

　　① 海外营销广告联盟包括海外广告联盟平台（"联盟平台"）及在联盟平台注册的推广信息海外发布者。

设置推广的商品在海外实施的推广服务，是一种"按效果付费"（Cost Per Sale，CPS）的推广方式，即基于成功销售收取一定比例的佣金。

成功销售商品的交易金额不包含运输费用、买家确认付款前的退款或其他第三方向卖家收取的相关费用（阿里巴巴对营销服务另有规定的除外）。基于成功销售交易额，平台根据卖家事先设定的比例收取推广费用。

（2）联盟营销的推广渠道

速卖通平台站内的联盟专属频道首页呈现了 Flash Deals 和各大热销品类，如图 7-26 所示。联盟推广采用千人千面展示机制，对非首次来访客户，平台会依据其在网站的历史浏览、采购行为进行推荐，对首次来访的新客户，平台会依据流量来源的喜好展示对应的商品。

图 7-26 速卖通联盟专属频道

联盟目前聚集了来自全球 100 多个国家和地区的各大门户网站、搜索引擎、导航网站、影音娱乐、社交网站、导购网、返利网和论坛博客等，并且还在不断扩展之中。卖家的商品会包装成各种形式的促销，有针对性地投放到匹配的网站或平台上。目前速卖通和网站合作的广告形式有广告条、文字链推广、打包产品推送、API[①]、邮件营销等，形式多样、发展较成熟。

（3）"联盟营销"的设置

① 加入联盟营销。进入速卖通后台的"营销活动"版块，单击"联盟看板"，阅读并同意协议即可加入联盟计划，如图 7-27 所示。卖家一旦加入联盟，那么整店所有的商品都变成了联盟商品。

② 设置联盟佣金。联盟支持按全店铺、类目、单个商品（主推/爆品）设置佣金比例进行重点推广。不同行业默认的佣金比例不同。

---

① 应用程序编程接口（Application Programming Interface，API）是一些预先定义的函数，目的是提供应用程序与开发人员基于某软件或硬件无须访问源码或理解内部工作机制的细节，就可以访问一组例程的能力。

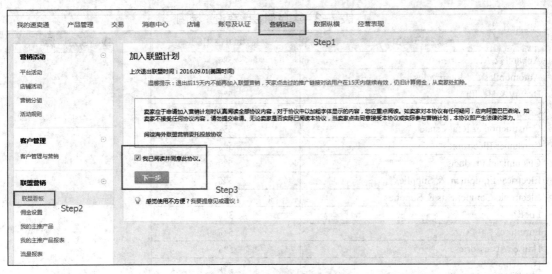

图 7-27　加入速卖通联盟营销

设置全店默认佣金比例和类目佣金比例的操作路径为"营销活动"—"联盟营销"—"佣金设置",单击"添加类目设置",平台会自动抓取店铺发布商品的所在类目,选择要设置佣金比例的类目,输入佣金比例(系统会自动给到佣金比例可设置的范围)和生效日期。所有未设置的类目适用于店铺的默认佣金比例,其他类目则根据设置的佣金比例执行,如图 7-28所示。

图 7-28　联盟营销佣金设置

设置爆品佣金比例的操作路径为"联盟营销"—"我的爆品",设置主推商品佣金比例的操作路径为"联盟营销"—"我的主推产品"。

设置店铺默认和类目佣金时不同行业参照不同的行业标准,如表 7-3 所示。主推商品佣金比例最高可设置为 50%,爆品最高可设置为 90%。

表 7-3　类目佣金比率设置范围

一级发布类目	最低佣金比例	最高佣金比例
Apparel & Accessories	5%	
Automobiles & Motorcycles	5%	
Beauty & Health	5%	
Computer & Office	3%	
Construction & Real Estate	5%	
Consumer Electronics	5%	
Customized Products	5%	
Electrical Equipment & Supplies	5%	
Electronic Components & Supplies	5%	
Food	3%	
Furniture	5%	
Hair & Accessories	5%	
Hardware	5%	
Home & Garden	3%	
Home Appliances	5%	
Industry & Business	3%	50%
Jewelry & Watch	5%	
Lights & Lighting	3%	
Luggage & Bags	5%	
Mother & Kids	3%	
Office & School Supplies	5%	
Phones & Telecommunications	3%	
Security & Protection	5%	
Shoes	8%	
Special Category	5%	
Sports & Entertainment	5%	
Tools	5%	
Toys & Hobbies	5%	
Travel and Vacations	3%	
Weddings & Events	5%	

联盟佣金比例的大小和优先级为：爆品>主推商品>类目>默认。即如果全店铺商品的佣金比例设置为 5%，则类目商品可设置的佣金比例范围为 5%～50%；如果类目佣金比例设置为 10%，则主推商品和爆品可设置的佣金比例范围分别为 10%～50% 和 10%～90%，如表 7-4 所示。

表 7-4　联盟佣金设置范围

联盟商品	可推广商品数量	佣金设置范围	权益
全店铺商品	全店铺均可	（默认门槛佣金比例，50%）	无
类目商品	类目下商品	（门槛佣金比例，50%）	无
主推商品	<=60	（门槛佣金比例，50%）	无
爆品	<=20	（门槛佣金比例，50%）	KOL 推广

③ 联盟营销的设置技巧

设置联盟佣金比例时，应将联盟推广费用核算在商品成本内。设置阶梯佣金制，即将店铺、类目设置为基础佣金，将主推品和爆品设置高佣金。卖家可通过速卖通后台"联盟看板"定期关注并调整佣金比例，将高转化的商品佣金适当提高。

2. 客户邮件营销

（1）什么是邮件营销

邮件营销（E-mail Direct Marketing，EDM）是利用电子邮件（E-mail）与受众客户进行商业交流的一种直销方式，它广泛应用于网络营销领域。

速卖通平台根据"卖家星级"，为卖家提供了免费的邮件营销资源（见图7-29），卖家可编辑营销邮件发送到客户的注册邮箱中，从而达到营销目的。在"营销活动"—"客户管理"—"客户管理与营销"—"客户营销"中可以找到这个功能，如图7-29所示。

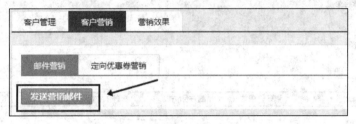

图7-29　速卖通邮件营销

（2）如何设置邮件营销

① 选择邮件发送对象。卖家可以选择与本店铺建立联系（加购物车、加收藏夹、已交易）的客户，通过邮件渠道进行二次营销，如图7-30所示。

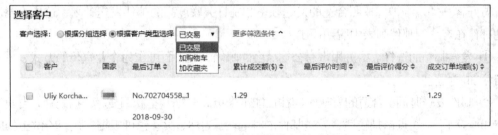

图7-30　速卖通邮件营销之选择客户

② 编辑邮件。编辑邮件标题、邮件内容，添加推荐商品（最多8个），若店铺目前有优惠券，可以添加在对应的邮件中，如图7-31所示。

图7-31　速卖通邮件营销之编辑邮件

③ 查看营销效果，如图 7-32 所示。

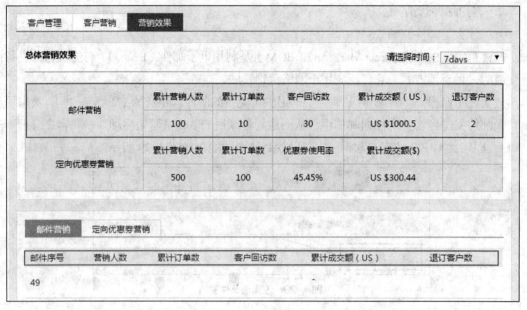

跨境电子商务基础

166

图 7-32　邮件营销效果

（3）邮件营销的设置技巧

虽然邮件营销在境外的接受度很高，但由于市场已经很成熟，因此应在邮件内容上下足功夫，做好客户关系维护、按照合适的发送频率和制订关联度高的邮件发送计划，这样才能使自己的邮件在客户的邮件列表中脱颖而出。

① 发送邮箱的选择。尽量用带有公司域名的邮箱，一方面可作为企业宣传的方式，另一方面可增加信用度。

② 邮件发送时间。合适的发送时间往往能带来更高的打开率和回复率。据统计，当地时间上午 10 点和下午 3 点都是较适合发送邮件的时间段。当然，卖家也可根据实践经验做出相应的调整，找到开启率最高的时间点进行邮件发送。

③ 邮件标题和内容。邮件标题要吸引人，且能准确地描述邮件内容，突显最具影响力的信息；邮件内容不宜过长，尽量富有个性化和互动性，注意内容布局和图片处理，并兼顾用户体验。

此外，速卖通平台为买卖双方搭建了一个沟通渠道，推出了"商品邮件推送功能"，买家一经订阅，每周都可以收到平台最新的优质商品和优质店铺信息，以及买家通过关键词或行业订阅的相关信息。卖家可以推荐买家订阅自己的店铺，以便让买家在第一时间了解店铺的最新动态。

3. 社交媒体营销

（1）什么是社交媒体营销

社交媒体营销（Social Media Marketing）是指利用消费者在博客、论坛、在线社区、百科和其他社交媒体平台上发布的内容来进行营销推广和客户服务维护开拓的一种方式。与搜索引擎、电子邮件等其他网络营销方式相比，社交媒体营销以信任为基础的传播机制和用户的高主动参与性，更能影响网民的消费决策，并且为品牌提供了大量被传播和被放大的机会。社交媒体用户黏性和稳定性高、定位明确，可以为品牌提供更细分的目标群体。目前，社交媒体营销的市场仍在不断扩大，成了一种全新的商业竞争模式。

在国际上具有代表性的社交媒体平台有脸书（Facebook）、推特（Twitter）、照片墙（Instagram）、拼趣（Pinterest）、VKontakte（VK）、领英（LinkedIn）、YouTube、色拉布（Snapchat）和汤博乐（Tumblr）等。速卖通平台在商品详情页为用户提供了一键分享到各大社交平台的功能，如图7-33所示。

图7-33　速卖通社交平台分享功能

（2）主要社交媒体平台介绍

① 脸书（Facebook）。

Facebook 于 2004 年 2 月 4 日在美国正式上线，主要创始人为马克·扎克伯格。Facebook目前已拥有 21 亿活跃用户，是全球第一大社交网站。Facebook 公司创立并收购了相关的商品服务加入 Facebook 家族，对社交领域的各类商品形态进行了布局，如图7-34所示。

图7-34　Facebook 家族

Facebook 营销的最大特点是以人为本的精准。通过页面信息，卖家可以清楚了解客户的基本情况、兴趣点，从而判断这个客户是不是自己的目标消费群体。因此，卖家可以根据自己经营的品种，有选择地进行客户筛选，以达到时间、精力、成本的效用最大化。

② 推特（Twitter）。

Twitter 是由杰克·多西在 2006 年 3 月创办，并于当年 7 月启动的一家美国的社交网站，是全球互联网上访问量最大的十个网站之一。Twitter 是微博的鼻祖，最初它为突出"微"，讲究言简意赅，限制用户发送不超过 140 个字符的消息，称作"推文"（Tweet），现此限制已被取消。

Twitter 虽没有 Facebook 如此广泛的用户群体，但它有自己的优势：在 Facebook 上，广告会显示在新闻资讯或是桌面右侧，相比之下，在 Twitter 上，广告会显示在时间线上，即屏幕中心位置，能吸引更多的用户；与 Facebook 复杂的广告界面相比，Twitter 的广告界面体现了很高的用户友好性，通过信息中心和广告界面可以轻松创建广告。

③ 照片墙（Instagram）。

Instagram 由 Kevin Systrom 和 Mike Krieger 于美国旧金山联合创办，2010 年 10 月正式上线，随后用户迅速增长。Instagram 以一种快速、美妙和有趣的方式让用户彼此分享抓拍下的图片。Instagram 的使用群体非常广泛，演艺圈艺人、时尚博主、网络红人都在使用 Instagram 发布自己的生活照、街拍照等，是时尚类品牌的良好营销渠道。

④ 拼趣（Pinterest）。

Pinterest 由美国一个名为 Cold Brew Labs 的团队创建，于 2010 年正式上线，是世界上最大的图片社交分享网站之一。网站采用瀑布流的形式展示图片，无须用户翻页，在页面底端不断加载新图片。网站允许用户创建和管理主题图片集合，如按照事件、兴趣和爱好等分类的图等集合。

⑤ VKontakte（VK）。

VK 是俄罗斯最大的社交网站，功能类似于 Facebook。除了俄罗斯外，VK 还是乌克兰、白俄罗斯、哈萨克斯坦等俄语系国家的主流社交媒体平台。此外，VK 也推出了多语言版本，让其他国家或地区的用户也可在平台与俄语系市场的客户进行互动。俄罗斯是中国跨境电子商务的重要市场之一，因此 VK 也成为跨境电子商务营销人员的必争之地。

⑥ 领英（LinkedIn）。

LinkedIn 于 2002 年 12 月在美国成立，2003 年启动上线，是全球最大的职业社交网站，其全球会员人数已超过 5 亿。LinkedIn 致力于向全球职场人士提供沟通平台，并协助他们发挥所长，打造专属人脉。2016 年 6 月，LinkedIn 被微软全资收购。

LinkedIn 不仅是跨国求职的重要利器，还为品牌与商品推广提供了优质曝光的精准渠道。Facebook 有粉丝页，而 LinkedIn 有公司专页，公司专页可以完整地呈现公司及商品介绍，定期更新公司动态，让感兴趣的用户追踪、评价和推荐，还可以链接公司员工的简历，增加公司的曝光度与影响力。

LinkedIn 广告主要有动态赞助（Sponsored Updates）和文字广告（Text Ads）两种：前者是付费让自己公司的动态消息让更多人看到；后者是以简单的图文广告形式展示在网站的右侧，

或以纯文字的形式出现在网站搜寻列下方，并通过广告将用户导入到公司专页或公司网站。收费方式有按照点击收费和按照曝光次数收费两种。

⑦ YouTube。

YouTube 是由美籍华人陈士骏等人于 2005 年创立的视频网站。2006 年 11 月，Google 公司收购了 YouTube，并把它当作一家子公司来经营。作为当前行业内领先的在线视频服务提供商，YouTube 拥有 10 亿的活跃用户，接近全球人口的七分之一，YouTube 的系统每天要处理上千万个视频片段，为全球用户提供高水平的视频上传、下载、分发、展示和浏览服务，如图 7-35 所示。

图 7-35 YouTube 视频网站

（3）社交媒体营销技巧

社交媒体营销的三大技巧主要包括：事件营销、红人营销、信息流与瀑布流营销。

① 事件营销（Event Marketing）：卖家可以通过 Facebook、Instagram 或 Twitter 等渠道制造营销型事件，引起用户关注，并通过引发持续关注、发酵事件增加用户的兴趣。卖家可以输入品牌故事，以品牌价值渲染提升影响力；也可以通过各种不同渠道的"再营销"（Remarketing）模式去促进销售，分享已购买用户的体验及心得，引爆商品卖点。

② 红人营销（KOL[①] Marketing）：有调查显示，不同地区、不同领域的 KOL 在精准触达目标消费者上有明显优势。94%的广告主肯定 KOL 的推广效果，足以证明其影响力；近一半（49%）的 Twitter 和 Instagram 用户会参考 KOL 的推荐，借助达人/红人的影响力营销成了 2017 年增长最为迅速的营销推广渠道，预计未来仍会持续增长，如图 7-36 所示。

③ 信息流与瀑布流营销：信息流是以信息为内容排列展示出去的模块，广义上指在空间和时间上向同一方向运动的一组信息，它们有共同的信息源和信息的接收者。瀑布流就像瀑布一样，源源不断地给用户展示东西，视觉表现为参差不齐的多栏布局，随着页面滚动条向下滚动，典型例子是将推广的商品直接发布到 Pinterest 上面进行分享。

———————

① KOL 即 Key Opinion Leader，关键意见领袖。

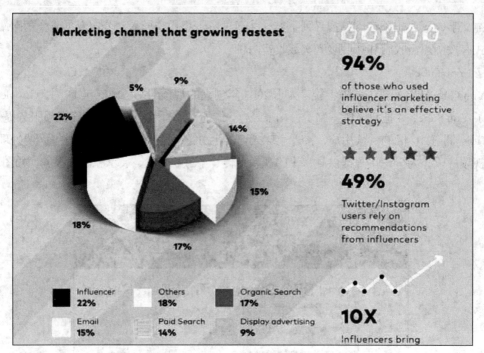

图 7-36　2017 年发展最快的营销渠道

4. 搜索引擎优化

（1）什么是搜索引擎优化

搜索引擎优化（Search Engine Optimization，SEO）是指通过对网站进行站内优化、修复和站外优化，从而提高网站的网站关键词排名及公司商品的曝光度。搜索引擎是人们在互联网上获取信息的重要工具和入口，而搜索引擎的搜索结果是按照一定的规则进行排列的。利用搜索引擎的规则提高网站在有关搜索引擎内的自然排名，可以达到推广和营销的目的。

（2）如何进行搜索引擎优化

通过了解各类搜索引擎如何抓取互联网页面、如何进行索引以及如何确定其对某一特定关键词的搜索结果排名等技术，来对网页内容进行相关的优化，使其符合用户浏览习惯，在不损害用户体验的情况下提高搜索引擎排名，从而提高网站访问量，最终提升网站的销售能力或宣传能力。所谓"针对搜索引擎优化处理"，是为了要让网站更容易被搜索引擎接受。在国外，SEO 开展较早，那些专门从事 SEO 的技术人员被 Google 称为"Search Engine Optimizers"，简称 SEOers。由于 Google 是世界最大的搜索引擎提供商，所以 Google 也成为全世界 SEOers 的主要研究对象，为此 Google 官方网站专门有一页介绍 SEO，并表明 Google 对 SEO 的态度。

为了从搜索引擎中获得更多的免费流量，应从网站结构、内容建设方案、用户互动传播、页面等角度进行合理规划。常见的 SEO 手段分为内部优化和外部优化两种。

① 内部优化：包括 META 标签优化[①]、内部链接优化[②]和网站内容更新。

---

① META 标签优化包括 TITLE、KEYWORDS、DESCRIPTION 等的优化。
② 内部链接优化包括相关性链接（Tag 标签）、锚文本链接、各导航链接和图片链接等的优化。

② 外部优化：包括保持外部链接类别[①]的多样性、定期的外链运营[②]和做好外链选择[③]等。

5. 搜索引擎营销

（1）什么是搜索引擎营销

搜索引擎营销（Search Engine Marketing，SEM）是根据用户使用搜索引擎的方式，利用用户检索信息的机会尽可能将营销信息传递给目标用户。简单来说，搜索引擎营销就是基于搜索引擎平台的网络营销。企业通过搜索引擎付费推广，让用户可以直接与公司客服进行交流、了解，实现交易。

（2）如何进行搜索引擎营销

① 了解产品、服务针对的用户群体。

② 了解目标群体的搜索习惯。

③ 调研目标群体经常会访问哪些类型的网站。

④ 分析目标用户最关注商品的哪些特性，如品牌、价格、性能、可扩展性、服务优势等。

⑤ 搜索引擎竞价广告账户、广告组规划。例如，创建 Google 的广告系列及广告组；考虑管理的便捷性，增强广告文案与广告组中关键词的相关性。

⑥ 相关关键词的选择。可以借助以用户搜索数据为基础的谷歌关键词分析工具。

⑦ 撰写有吸引力的广告文案。

⑧ 内容网络广告投放。

⑨ 目标广告页面的设计。

⑩ 广告效果转换评估。

实 训　速卖通营销活动设置

【实训目的】

了解速卖通站内和站外不同的营销推广方式，掌握其营销活动的设置规则和方法。

【实训内容和步骤】

（一）店铺自主营销

查看店铺自主营销活动的可用资源，掌握活动设置规则和步骤。

实训步骤：

1. 查询店铺自主营销活动的可用资源

登录速卖通卖家后台，进入"营销活动"，单击"店铺活动"后，可查看各个店铺自主营销活动的活动数和活动时长，如图 7-37 所示。

2. 设置店铺自主营销活动（以限时限量折扣为例）

（1）单击"创建活动"按钮进入创建店铺活动页面，如图 7-38 所示。输入活动名称，为了方便管理，一般将活动名称设置为日期或者产品分组。

---

① 外部链接类别包括友情链接、博客、论坛、B2B、新闻、分类信息、贴吧、知道、百科、站群、相关信息网等。
② 每天添加一定数量的外部链接，使关键词排名稳定提升。
③ 与一些和本网站相关性较高、整体质量比较好的网站交换友情链接，巩固稳定关键词排名。

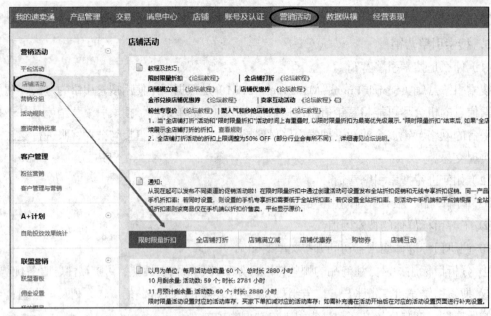

图 7-37　查看速卖通店铺自主营销活动资源

图 7-38　速卖通自主营销活动基本信息设置

设置活动时间，限时限量折扣有以下两种发布方式。

① 实时发布，无须选择活动开始时间，活动创建后再添加商品，单击发布后 5 分钟内即可生效。

② 提前至少 12 小时创建，注意活动开始时间为美国太平洋时间（夏令时与北京时间时差 15 小时，冬令时与北京时间时差 16 小时）。

小知识–美国时间与北京时间之"时差"

美国国土面积广阔，与中国统一应用的"北京时间"不同，美国时间比较精细，同时并不完全按照经线划分，基本上照顾了各州的自然边界。美国本土横跨西五区至西八区，共四个时区，每个时区对应一个标准时间。美国从每年 3 月的第二个星期日至 11 月的第一个星期日采用夏令时，夏令时比正常时间早一小时。下面就美国时间与北京时间时差（冬令时）做一个小结。

美国太平洋时区：代表城市洛杉矶，时差 16 小时。

美国山地时区：代表城市盐湖城，时差 15 小时。

美国中部时区：代表城市芝加哥，时差14小时。

美国东部时区：代表城市纽约、华盛顿，时差13小时。

美国夏威夷时区：代表城市火奴鲁鲁，时差18小时。

美国阿拉斯加时区：代表城市费尔班克斯，相差17小时。

思考：假设现在是北京时间 10 月 1 日 8:59，那么美国太平洋时间是几月几日几点，现在能设置的最早的限时限量折扣活动时间是美国太平洋时间几月几日几点？

假设现在是北京时间 1 月 1 日 19:01，那么美国太平洋时间是几月几日几点，现在能设置的最早的限时限量折扣活动时间是美国太平洋时间几月几日几点？

（2）创建好店铺活动后，选择参与活动的商品，限时限量折扣每个活动最多可选择 40 个商品，如图 7-39 所示。

图 7-39　添加产品

（3）批量或单独设置商品折扣率和活动库存（促销数量）。商品折扣又分为全站折扣和手机专享折扣。同一产品必须先设置全站折扣才能设置手机专享折扣，若设置手机专享折扣，必须低于全站折扣；若不设置，手机端价格会根据全站折扣率进行售卖，如图 7-40 所示。

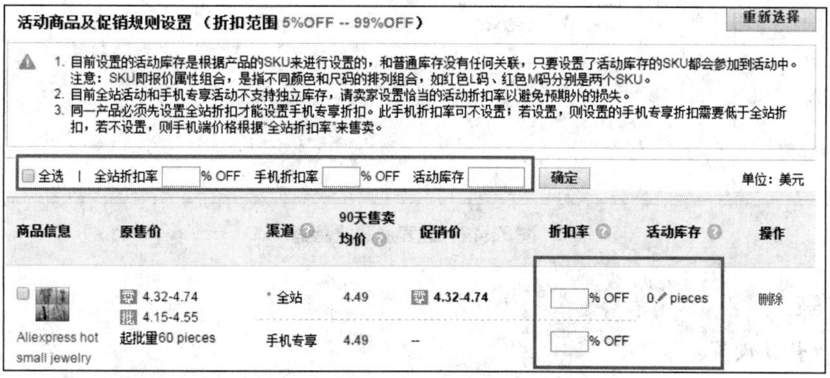

图 7-40　设置商品折扣率和活动库存

3. 活动展示

活动展示中的产品部分信息不可编辑，因此应反复检查产品信息以免有误。如出现错误，看错误信息是否为可编辑的。在速卖通后台"产品管理"中打开一个活动展示中的产品，不可编辑的信息呈灰色，如图7-41所示。

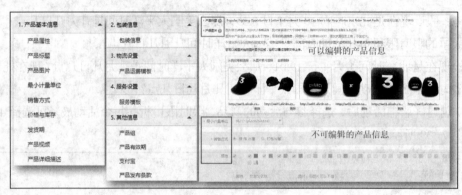

图7-41　活动展示中产品的信息

根据图7-41左侧的产品信息列表，查看并归纳哪些信息是可以编辑的，哪些信息是不可编辑的。

实训提示：

根据限时限量折扣设置的范例，动手设置全店铺打折、满立减和优惠券活动。

（二）联盟营销之"网红"推广

"网红"推广是速卖通联盟营销（见图7-42）的其中一种推广方式，由"网红"在阿里妈妈"网红"平台向商家独立提供，设定爆品的联盟卖家可以快速入驻阿里妈妈"网红"平台，选用"网红"提供的推广服务，如图7-42所示。推广服务内容为试用推荐，即"网红"通过记录和介绍由商家提供的免费产品样品的试用情况，引导买家进行购买。

图7-42　速卖通联盟营销

实训步骤：

1. 联盟营销设置

登录速卖通卖家后台，进入"营销活动"，单击"联盟营销"后，确认服务协议，即可成功加入速卖通联盟营销。进行"网红"推广须设置好"爆品"的佣金比例。具体操作步骤和注意事项可参照前文"海外联盟营销"部分的知识。

2. 登录"网红"平台选择 brand 的身份入驻

用速卖通卖家账号和密码登录"网红"平台，如图 7-43 所示。阅读并签署"网红"平台的协议。

图 7-43　登录网红平台

3. 发布需求

单击左侧导航栏的"发布需求"按钮，发布爆品试用、商品推广等需求，如图 7-44 所示。发布完需求后，商家可以在"需求管理"模块查看需求的审核情况。

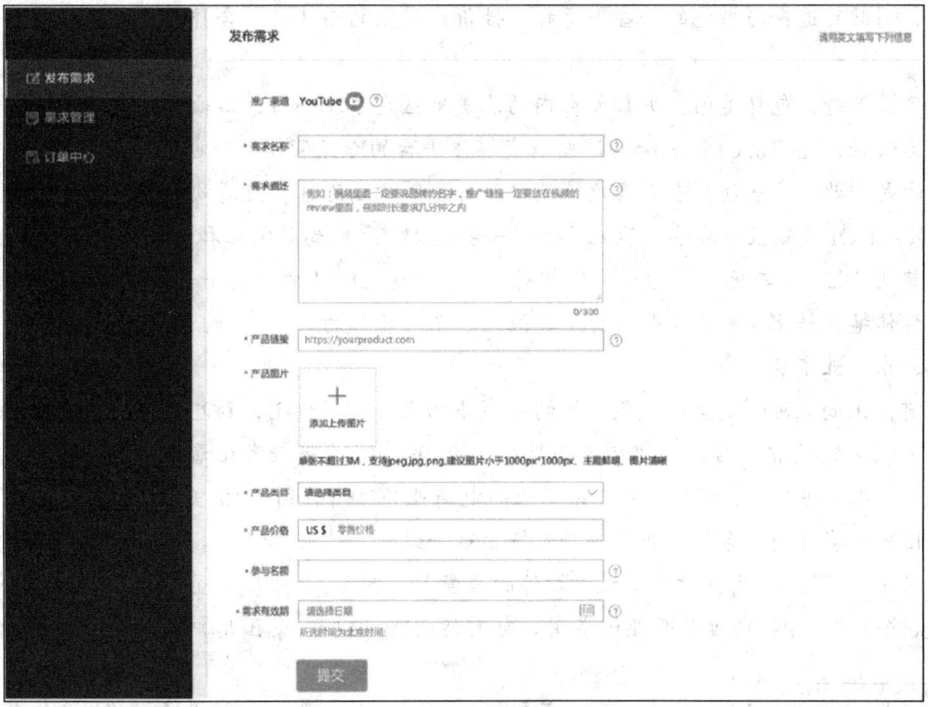

图 7-44　发布需求

之后，"网红"对卖家发布的需求进行申请。卖家可在订单中心确认是否审核通过。审核通过"网红"申请后，卖家需要在 5 个自然日内完成发货。

【同步阅读】

如何利用海外 KOL① 引爆跨境电子商务营销

电商出海热潮持续，越来越多的品牌主开始选择与自带流量的海外KOL合作进行营销，并借助这些海外KOL在Facebook、YouTube、Instagram、Twitter等社交媒体发布的图片或者视频内容嵌入广告，以达到用户导流和品牌曝光的需求。

与明星代言相比，这些海外KOL对消费者的说服力、推广效果更佳，性价比也相对较高。但是，KOL海外营销效果却往往与预期目标相差甚远。究其背后原因，往往是商家对海外电商市场以及KOL海外营销运作了解得不够全面，以至于无法做出最有效和最正确的判断。

受文化、人文习惯的影响，不同地区KOL营销战略也有所不同。要想快速实现海外KOL资源的精准匹配，卖家需要分析海外KOL营销的不同区域。

一、欧美市场

基于多年的海外运作经验和实际投放效果分析，NoxInfluencer认为，目前欧美市场电商行业发展势头迅猛且运作成熟，网购消费者比例高，KOL "网红"资源也较为丰富多样，非常适合电商平台做海外KOL营销。

European Ecommerce Report 2017报告显示，2017年年底，欧洲电商零售市场规模约达6020亿欧元，比上一年增长14%。数据显示，87%的英国消费者会在网上购买产品，丹麦和德国的网购者比例分别为84%和82%。因此，在欧洲市场进行KOL营销时可重点跟进英国、丹麦及德国这几个地区。此外，需要注意的是，北欧地区的消费者虽都会说英语，但他们更喜欢浏览母语网站，因此可选择与当地的一些小语种、性价比较高的KOL进行合作，以此来获得最大化的利益。

除了欧洲外，包括美国、加拿大在内的北美地区也不容小觑，该地区电商市场庞大、消费者购买力较强，YouTube、Facebook这些社交媒体平台的KOL营销运作也非常成熟。需要电商平台考虑的是，北美地区消费者更喜欢搞笑、恶作剧等原创KOL，且喜欢社交网络，爱好科技、时尚，因此KOL营销投放应尽可能地多使用一些更潮流、时尚的词汇和话题吸引消费者。此外，相对于其他地区，北美地区的KOL价格相对较高，但这些KOL为电商平台所带来的品牌曝光度、二次品牌传播、转化率及商品购买力是其他地区不可比拟的。

二、东南亚市场

目前，东南亚可谓是全球发展最快的电商市场之一。据预测，到2025年，东南亚网民的数量大概可以达到4.8亿，接近于现在东南亚人口的80%。从电商业务上看，东南亚的潜力也是非常可观的。据数据显示，到2025年，东南亚的电商业务可增长到880亿美元。因此，东南亚地区常常被国内许多电商平台作为布局海外市场的第一站。

而在东南亚地区，用户对社交媒体软件的喜爱超乎想象，几乎所有企业、用户都有Facebook、YouTube账号。其中，印度尼西亚近半用户每天访问YouTube，泰国用户每天耗时最多的社交媒

---

① 关键意见领袖（Key Opinion Leader，KOL）是营销学上的概念。它通常被定义为拥有更多、更准确的产品信息，且为相关群体所接受或信任，并对该群体的购买行为有较大影响力的人。

体平台就是Youtube、Facebook、Line，而超过2亿4100万的东南亚地区用户习惯使用Facebook来获取生活第一手资讯。2017年，Facebook官方公布的数据中显示，印度Facebook"潜在用户"超越美国达到了2.41亿人，排名第一，而印度尼西亚1.26亿人、泰国0.57亿人则分别排在Facebook用户数的第四位和第八位。因此，对于计划出海东南亚的电商平台而言，KOL营销无疑是最有潜力和最重要的获取用户渠道。

需要国内电商平台了解的是，东南亚拥有众多不同文化的国家，每个国家的电商市场也略有不同。比如在泰国，服装是泰国最受欢迎的网购类别，其次为个人护理、化妆品、技术产品（不包括计算机和移动设备）。在印度尼西亚，服装和电子产品则最受欢迎。因此，国内电商平台需要基于不同地区消费者的喜好进行KOL营销投放，以此来获取更加精准的用户。

三、俄语地区

调查研究发现，俄罗斯、白俄罗斯等俄语地区互联网渗透率较高，物流区域集中，而且俄语地区的消费者非常喜欢在中国的网店购物，一是因为中国网店产品便宜；二是可以买到本国买不到的产品。据统计，超过1亿的俄罗斯人每天至少访问一个社交媒体平台。

需要注意的是，俄语地区不同的社交网站KOL营销受众差异很大。Facebook和Twitter主要是拥有先进技术、社交能力或商业技能的用户在使用，如经理和高管；Instagram在13～34岁的女性中更受欢迎；YouTube用户来自各个年龄段，电商平台需要根据具体的需求来选择不同的KOL。此外，俄语地区的KOL种类也非常丰富，价格相对于欧美地区来说便宜很多。

（资料来源：NOXINFLUENCER官方博客）

【本章小结】

跨境电子商务基于自身特点，在营销推广方面面临着更多的不确定性和更大的挑战。卖家不仅需要掌握并熟练应用各个跨境电子商务平台提供的营销推广工具，还应利用好其他站外引流手段。

本章第一节介绍了国际市场营销理论、国际市场营销调研及国际市场营销在跨境电子商务方面的应用，指导读者从各国（或地区）的文化、经济、政治、社会环境等方面出发来思考和解决问题。第二节根据流量来源不同，介绍了站内推广和站外推广两类推广方式，内容包括活动是什么，设置规则如何，以及设置方法与技巧。

学习完跨境电子商务营销，下一章将介绍跨境电子商务客服。

【同步测试】

1. 名词解释

（1）P4P （2）CPC （3）EDM （4）SNS （5）SEO （6）SEM

2. 单项选择题

（1）国际市场宏观环境调研内容不包括（ ）。

  A. 地理环境 B. 社会文化环境 C. 经济环境 D. 竞争对手

（2）速卖通平台店铺自主营销活动不包括（ ）。

  A. 满立减 B. MyStore C. 限时限量折扣 D. 优惠券

（3）关于店铺优惠券，以下哪一项描述不正确？（ ）

  A. 活动开始后可告知老买家 B. 分为领取型和定向发放型

C. 一旦创建无法更改　　　　　　　　D. 与店铺满立减可以叠加使用

（4）关于限时限量活动的设置，以下哪一项是不建议操作的？（　　　）

    A. 活动开始后可告知老买家

    B. 提价后打折

    C. 设置时间不宜过长，一般以一周为宜

    D. 结合满立减和优惠券等其他活动，效果更好

（5）限时限量活动不可直接实现哪个促销目的？（　　　）

    A. 打造爆款　　　　　　　　　　　B. 促使客户收藏店铺

    C. 清库存　　　　　　　　　　　　D. 推新款

3. 简答和分析题

（1）某 A 产品在 2019 年 1 月 3 日至 1 月 15 日参加的各类活动如图 7-45 所示。

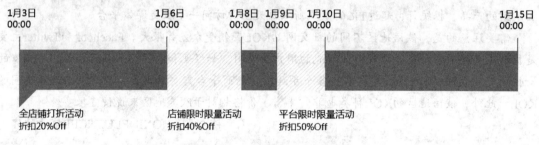

图 7-45　A 产品参加的各类活动

1 月 3 日 00:00—1 月 15 日 00:00，A 产品参加全店铺打折活动，折扣率为 20%Off；1 月 6 日 00:00—1 月 8 日 00:00，A 产品参加店铺限时限量活动，折扣率为 40%Off；1 月 9 日 00:00—1 月 10 日 00:00，A 产品还参加了平台活动，折扣率为 50%Off。

请回答：A 产品的销售价格经历了几个阶段的波动？每个阶段的折扣率各是多少？

（2）速卖通四大店铺自主营销工具有各自不同的权限要求、设置规则（设置要求、创建时限和锁定时限）以及展示规则（活动优先级、可否叠加使用）。登录速卖通后台，在"营销活动"版块进行查看，并将表 7-5 填写完整。

表 7-5　速卖通店铺自主营销活动规则

活动类型	权限要求	设置规则			展示规则
		设置要求	创建时限	锁定时限	
限时限量折扣					
全店铺打折					
全店铺满立减					
店铺优惠券					

（3）为进一步规范互联网广告活动，保护消费者的合法权益，促进互联网广告业健康发展，市场监管总局组织开展《互联网广告管理暂行办法》修订工作，并将其更名为《互联网广告管理办法》。修订后的《办法》调整了适用范围，针对当前互联网广告发展新情况和新业态，明确将跨境电商广告纳入《办法》。针对这一变化，对于跨境电商营销从业者带来什么影响？你从中得到哪些启示？

Chapter 8

第八章
跨境电子商务客服

【学习目标】

了解跨境电子商务客服工具及客户价值评价；熟悉跨境电子商务客服流程；掌握客户选择与开发的主要方式；建立"以客户为中心"的意识、尊重他国（地区）文化和信仰；树立"自信担当、平等互惠"的职业信仰，确立"遵纪守法、诚信守则"的职业底线。

【知识导图】

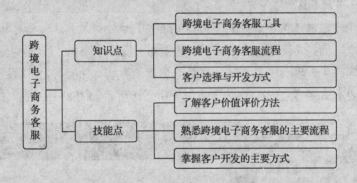

【引例】

跨境电子商务不同于淘宝等境内电商，其客服人员售前与客户联系较多，海外客户多是静默下单（不咨询直接下单）。客户联系客服人员一般有三种情况：一是售前产品咨询，二是购买的产品出现了问题，三是物流出现了问题。下面给大家举一些客服工作的反面案例。

有的客服人员可能是做营销出身，喜欢在回复中使用广告的方式强调重点，把大段的文字染成红色并且大写，希望让客户能够一眼看到卖家的关键内容，但没想到会产生反面效果。有客户就投诉他"Why you always shout out to me！"（你为什么总对我嚷嚷呢）。这里客服人员犯了大忌，在英文书信里，成段的大写表示愤怒、激动、喊叫，是非常没礼貌的表达方式。

有的客服人员在同客户沟通时喜欢用长句或者复杂句式表达，这不利于与客户的有效沟通，特别是针对非英语母语国家的客户，应该多用口语化的表达方式与客户沟通交流。

有的客服人员在遇到问题时应对被动，无法提出好的解决方案，而是随口回复"You can consider how to deal with this problem"（你可以考虑下如何解决这个问题），给客户一种推卸责任的感觉，留下非常不专业的印象，导致客户基本不会产生二次购买。

（资料来源：张丹《跨境电子商务客服经常遇到的问题与解决技巧》）

【引例分析】

客服工作是电商销售流程的重要一环，同时客服人员也是企业连接消费者的重要窗口。订单小单化、碎片化，以及订单数量增长迅速，是目前跨境电子商务的两大特点，这也意味着跨境电子商务客户服务的工作量、难度和复杂程度都很大。

就工作量而言，跨境电子商务客服大多时候都在处理客户的售后问题。具体而言，有"产品瑕疵""货品差距较大""物流没送到"等问题。而且由于语言不通，客户等了很久才收到货物，沟通过程中容易出现缺乏耐心、不愿听卖家解释的现象。这对新手客服是很大的挑战。客服在遇到客户质疑或提起纠纷的时候，如果没有妥善处理，损失的不仅是产品和邮寄费，还会使纠纷率上升，影响好评率和评论。

综上所述，跨境电子商务客服非常重要也有一定的复杂性，本章我们就来学习跨境电子商务客服的相关内容。

第一节　跨境电子商务客服概述

一、跨境电子商务客服工具

（一）站内信息服务工具

1. 平台即时聊天工具

阿里巴巴为境内电商（淘宝、天猫、1688）提供了即时聊天工具——阿里旺旺。同样，阿里巴巴也为跨境电子商务（阿里巴巴国际站、速卖通）提供了阿里旺旺国际版 TradeManager，提供在线沟通、联系人管理、消息管理、登录记录查询等基本功能。为了满足用户日益丰富的需求，后期 TradeManager 会逐步升级为国际版千牛工作台，如图 8-1 所示。

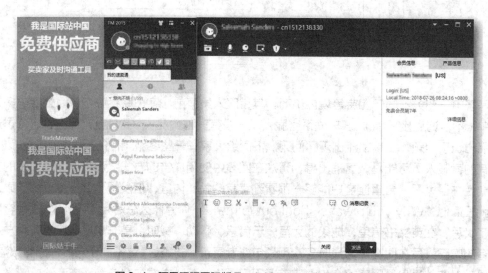

图 8-1　阿里旺旺国际版 TradeManager 和国际站千牛

2. 站内信或订单留言

以速卖通为例，在未达成交易之前，买家一般通过站内信与卖家建立联系，咨询产品问题，如图 8-2、图 8-3 所示。在成功下单付款之后，买卖双方就可以通过订单留言来相互沟通，如

图 8-4 所示。订单留言和站内信是速卖通平台鼓励买卖双方沟通的渠道。买卖双方关于订单的沟通都放在订单留言里完成，一方面，可减少买卖双方沟通渠道的选择，避免错过重要信息。另一方面，订单留言是纠纷判责中参考证据的重要组成部分，可保证订单沟通信息的完整。当订单发生纠纷时，站内信和订单留言沟通记录的截图都可以成为有效的证据。

图 8-2 速卖通平台买家通过站内信联系卖家

图 8-3 速卖通平台卖家通过站内信回复买家

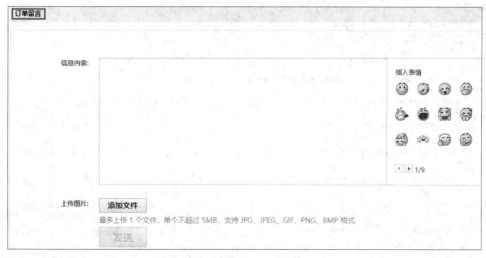

图 8-4 速卖通平台订单留言

亚马逊没有专门的聊天工具软件，当买家想对购买的商品进行咨询时，需要先在商品详情页找到卖家。单击"Sold By"后面的卖家名称，然后单击"Ask a question"向卖家咨询，如图8-5所示。

图 8-5　亚马逊平台客户留言

Wish 平台在买家后台设有"客户问题"版块，分为"未处理""已回复"和"已关闭"三种状态，如图 8-6 所示。卖家需在 48 小时内回复客户问题。如果超过时间，Wish 客服将介入并以用户利益为先解决问题。

图 8-6　Wish 平台"客户问题"版块

卖家可以单击"查看"按钮，在跳转页面中查看有关客户问题的所有信息。这是买家发送给卖家的有关于订单或产品的消息。卖家可以回复买家的客户问题，并在解决后将客户问题关闭，如图 8-7 所示。

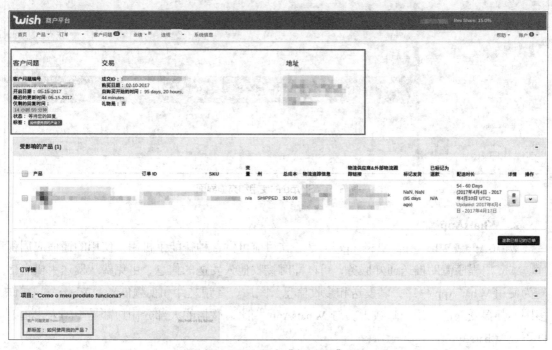

图 8-7　Wish 平台"客户问题"详情

（二）其他辅助工具

当企业普通客户成长为重点客户时，为了与客户保持及时畅通的联系，卖家必定会用到邮件、短信、电话或其他社交工具，包括 Skype、WhatsApp、Facebook、Twitter 等，如图 8-8 所示。

图 8-8　常用社交工具

1. Skype

Skype 是一款即时通信软件，具备视频聊天、多人语音会议、多人聊天、传送文件、文字聊天等功能。它可以与任何 Skype 用户进行免费通话，无论对方身在何处，也可以以低廉的费率拨打全球的手机和座机。

Skype 需要充值才可以使用，有点卡和套餐两种模式。充值成功后，在打开的拨号界面中直接输入电话号码，就可以拨打电话了，如图 8-9 所示。

图 8-9　Skype 的使用和充值界面

2. WhatsApp

WhatsApp（WhatsApp Messenger）是一款目前可供各种智能手机用户使用的通信应用程序。本应用程序借助推送通知服务，可以即时接收他人发送的信息，可免费从发送手机短信转为使用 WhatsApp 程序，以发送和接收信息、图片、音频文件和视频信息。WhatsApp 在许多国家都很受欢迎，用户基数大。与 WhatsApp 相比，微信的大部分用户都是中国人，辐射面不及 WhatsApp。

WhatsApp 是基于手机号码注册的。注册时，仅需要输入手机号码，并进行短信验证，就可注册成功。之后，WhatsApp 会搜索使用者手机联系人中已经在使用的人，并自动添加到其手机联系人名单里。跨境电子商务卖家只要把客户的联系方式以"国际区号+地区区号+手机号"的格式加入通讯录，然后保存、同步一下，就能和客户对话了。

3. Facebook

Facebook 是一个全球性社交网站，卖家在上面可以看到客户的动态，类似于 QQ 空间，还可以跟客户连线对话，建立群组等，功能很全面。卖家可能看到认识的人；将客户的朋友加为好友作为潜在客户；还可以搜索关键词，查找好友并添加。

4. Twitter

Twitter 允许用户将自己的最新动态和想法通过手机以短信息的形式发布给自己的"followers"（关注者）。Twitter 还可绑定 IM 即时通信软件。

二、跨境电子商务客服的工作流程

客户服务是消费者和商家之间的重要桥梁。品牌经营不仅需要过硬的产品质量和有策略的销售技巧，还需要有完善的客户服务体系。商家没有良好的客户服务，会影响消费者的满意度，也难以维持业务和产品销售。

跨境电子商务客服工作主要涉及三个环节——售前、售中、售后，且客服人员在不同阶段应具备不同的技能。

（一）售前

1. 解答客户咨询

跨境零售电商的商业本质是零售业的分支，而基于零售行业的特点，客户必然会对卖家提出大量关于商品和服务的咨询，所以客服人员解答咨询的工作主要分以下两大类。

（1）商品方面

通常在售前环节咨询的客户都是潜在客户，还处于挑选产品的过程之中。此时，客服及时、专业、有针对性的回答十分重要。否则，在竞争激烈的大环境下，客户会立刻选择离开，改选其他产品。可见，这一阶段的客服人员应十分熟悉本企业的产品，包括产品质量、规格、使用情况、产品特点等。此外，客服人员应该具有较强的理解能力，有针对性地回答客户的问题，若答非所问或者泛泛而谈，会导致客户感觉客服不专业而离开。

目前，我国出口跨境电子商务行业主要涉及的产品特点如下。

① 产品种类繁多。我国出口跨境电子商务行业相关产品种类从 3C、玩具，到服装、配饰、家居、运动等，涉及的品类不断丰富，基本已经覆盖国内外所有常见的日用消费品。

② 国外产品规格与国内差异较大。例如，服装尺码方面，有国际、美国、欧洲等尺码标准，与中国标准存在差异，表 8-1、表 8-2 展示了女装上衣和女鞋的尺码标准对照；电器设备的标准规范（简称"标规"）方面，欧洲、日本、美国电器产品的电压都与国内标规不同，如最简单的电源插头都有巨大的差异。

表 8-1　女装上衣尺码对照表

国际	美国	中国	欧洲	胸围（cm）	腰围（cm）	肩宽（cm）	适合身高（cm）
XXXS	0	145/73A	30～32	74～76	58～60	34	147～150
XXS	0	150/76A	32～34	76～78	60～62	35	150～153
XS	2	155/80A	34	78～81	62～66	36	153～157
S	4～6	160/84A	34～36	82～85	67～70	38	158～162
M	8～10	165/88A	38～40	86～89	71～74	40	163～167
L	12～14	170/92A	42	90～93	75～79	42	168～172
XL	16～18	175/96A	44	94～97	80～84	44	173～177
XXL	20～22	180/100A	46	98～102	85～89	45	177～180

表 8-2　女鞋尺码对照表

长度（厘米）	22	22.5	23	23.5	24	24.5	25	25.5	26
中国码（旧）	34	35	36	37	38	39	40	41	42
欧码	36	36 2/3	37 1/3	38	38 2/3	39 1/3	40	40 2/3	41 1/3
美码	6	6.5	7	7.5	8	8.5	9	9.5	10
英码	4	4.5	5	5.5	6	6.5	7	7.5	8

上述问题增加了客服人员在解决客户产品咨询问题时的难度。而售前客服人员的工作任务就是在客户提出任何产品问题时，都给客户做出完整、专业、准确的答复，提出可行的解决方案。

（2）服务方面

跨境电子商务行业的特点决定了其服务实现的复杂性。在购买之前，客户还会提出有关运输方式、海关申报、运输时间及产品安全性等问题，这就要求客服透彻掌握跨境电子商务的各个流程，包括产品开发、上架、交易处理、海关清关、跨境物流配送等各步骤如何运作。只有在客服人员熟悉各个流程的情况下，才能及时有效地解答客户的疑惑，促成客户下单。

2. 购买引导

在跨境电子商务的平台中，潜在客户进行产品比较和咨询后，可能已经对企业的产品感兴趣，在此过程中，由于有些客户可能是第一次购买，不熟悉平台操作，如不知道怎样下单、找不到自己想要的规格、付款不成功等。客服人员要帮助客户尽快熟悉平台和购买流程，耐心帮助客户解决他们的问题，达成交易，以免客户操作不成功而导致本次交易失败。总之，无论是在线服务还是邮件服务，客服对客户进行购买引导时要注意沟通礼仪、信息针对性强，要体现专业性，争取与客户达成交易。同时，如果经过沟通客户还是选择放弃购买，客服也要保持应有的礼貌，给客户留下好印象，保留一个潜在客户。如果经过沟通后成交了，也要再一次和客户核实收货地址等细节，说明一般正常的运输时间，确保货品准确、按时送达到客户手中。

此外，客服不要为了促成交易，而在不清楚公司规定的情况下，盲目或者草率地对客户提出的额外要求做出承诺，以免日后出现问题。根据"预期满意"理论，售前产品推荐要恰当，不要过度承诺，要合理管理好客户的预期，否则就算达成交易，也会引发客户一系列的不满意，进而损害企业形象。

> **小知识–"预期满意"理论**
>
> "预期满意"理论认为，客户购买产品以后的满意程度取决于购买前期望得到实现的程度。如果客户感受到的产品效用达到或超过购前期望，就会感到满意，超出越多，满意度越高；如果客户感受到的产品效用未达到购前期望，就会感到不满意，差距越大，不满就越大。

3. 及时登记汇总信息

售前客服在回答客户对产品、服务方面的咨询以及购买引导的过程中，与客户进行了较充分的沟通，对客户的情况有了更多了解。出于客户关系管理的要求，客服在每日工作结束前应该及时整理与客户的沟通信息，把有用的信息进行登记、录入，为后续进行客户的分类及服务打下基础。同时，如果在售前和客户沟通的过程中，产品没有满足客户需要，或者客户对产品提出了更多的要求，又或是客户提出了产品不如竞争对手的地方，客服应整理汇总相关意见，及时反馈给有关部门，促进企业产品开发的改进。

（二）售中

客户付款下单后，收到货物之前属于售中环节。客服应主动和客户核实收件人姓名、联系方式和收货地址等细节，说明运输方式和正常的运输时间，让客户有合理的收货预期。卖家发货后，客服应将发货及物流信息及时告知买家，提醒买家注意收货。

在售中环节，客服通常会遇到客户催促发货或没有及时收到货等情况。对于催促发货的情形，客服应及时给予客户合理的解释，并安抚客户，避免客户产生不愉快的心理而影响交易评价。针对没有及时收到货的情况，客服应及时查询物流相关信息，向客户反馈，告知客户当前的物流情况。客服可以到各个物流公司官网或全球物流查询平台来进行物流跟踪。

总之，在客户付款以后，交易还有发货、物流配送、收货和评价等诸多环节，卖家在交易过程中应与客户保持联系。让客户及时掌握交易动向，也给客户一种被重视的感觉，从而提高客户的购物满意度。此外，客服对于交易过程中出现的问题，应以推己及人的态度从客户的角度思考问题，及时并妥善处理。

（三）售后

售后服务就是在商品出售以后所提供的各种服务。客户的购后感受大体可分为三种：满意、一般或不满意。

小知识-购后感受和"认识差距"理论

客户的购后感受是指消费者对已购商品通过自己使用或通过他人评估，重新考虑购买的这种商品是否正确，是否符合理想等，从而形成的感受。

"认识差距"理论认为客户在购买和使用产品之后对商品的主观评价和商品的客观实际之间总会存在一定的差距，可分为正差距和负差距。正差距指客户对产品的评价高于产品实际和生产者原先的预期，产生超常的满意感；负差距指客户对产品的评价低于产品实际和生产者原先的预期，产生不满意感。

如果客户的购后感受是"满意"，客服应及时与客户沟通，并采用必要的激励措施，让客户留下使用评价，为产品的排序和曝光带来好的影响，也为后续客户的引流起到一定的正效应。但如果客户的购后感受是"一般"，甚至"不满意"，客服应有高度的智慧和方法处理并解决这类纠纷，消除客户的不满。客服能否妥善处理售后问题直接关系着客户体验，也影响着卖家账号的表现。那么，对于随之而来的各种售后问题及纠纷，我们该如何处理呢？

1. 及时处理客户投诉和纠纷

（1）了解客户纠纷原因

以速卖通平台为例，纠纷是指卖家发货并填写发货通知后，买家如果没有收到货物或者对收到的货物不满意，可以在卖家全部发货 5 天后申请退款（若卖家设置的限时达时间小于 5 天，则买家可以在卖家全部发货后立即申请退款），买家提交退款申请时纠纷即生成。

纠纷的种类主要分为"未收到货物"和"收到货物"两类。第一类属于物流问题，第二类属于产品问题。其中这两大类纠纷又可分为以下具体原因，如表 8-3 所示。

（2）对于客户纠纷及时反应

拖延会使客户的不满情绪加倍。因此，客服应第一时间安抚客户情绪，表达对客户情绪的理解，耐心倾听客户诉求。同时，要注意时差问题。客服应尽量选择客户在线时沟通，这样直接沟通更易解决问题。若因为时差原因不能及时反馈，也要尽快留言做出说明和解释。

表 8-3　速卖通平台的纠纷类型

纠纷类型	纠纷原因	已寄送	运输中	已签收
第一类：买家未收到货物	1. 海关扣关		√	
	2. 物流显示货物在运输途中		√	
	3. 包裹原件退回		√	
	4. 包裹被寄往或妥投在非买家地址			√
	5. 物流显示货物已经妥投			√
	6. 物流信息查不到或者异常	√		
	7. 买家收到货物后退货			√
	8. 买家拒签			√
第二类：买家收到货物但与约定不符	1. 货物与描述不符			√
	2. 质量问题			√
	3. 销售假货			√
	4. 虚拟产品			√
	5. 货物短装			√
	6. 货物破损			√

（3）选取恰当的沟通方式，做出跟进处理及反馈

每个国家或地区有不同的风俗习惯，每个人也有不同的性格特点，客服人员应通过言语的沟通和邮件的表述，去识别客户的特点。同时，客服人员应该学会从买家的文字风格判断买家的性格，然后根据买家的性格选取恰当的沟通方式，有效促进双方沟通顺利、有效地进行。由于时差原因，邮件、订单留言、站内信等书面沟通是常用的沟通方式，不仅能让买卖双方信息交流更加清晰、准确，也能够留下交流的证据。

（4）给出合理的解决方案

由于运输距离远、时间长、成本高，跨境电子商务的售后处理方案往往会比境内电商有更高的成本。最常见的纠纷处理方式就是重发货物或者退款等。优秀的售后客服应引导客户选择客户可以接受且成本较低的方案。下面列举一些情况。

案例一：订单已发货，但客户因某些原因需要修改地址并把新地址发送给卖家，要求卖家把产品发到新的地址。

处理方式：如果产品价格不是很高，卖家可考虑重发一个到客户的新收货地址。这是一种为避免后续客户纠纷无可奈何的做法。如果产品的价格过高，不建议卖家重发货，建议卖家和客户沟通，委婉地说明订单已发货，不便于修改地址，并请求客户谅解。此时，售中与客户确认订单信息的环节就显得尤为重要了，说明客服的工作已经做到位，也更容易得到客户的谅解。

案例二：订单已发货，客户不想要。

处理方式：有的物流方式如邮政渠道物流，可以免费退回退件，在这种情况下，客服可以

让客户拒签，然后退款。但有的物流方式（如商业快递）退货成本较高，甚至高于货值，建议尝试劝说其接受此商品，让对方不退货并给他退部分款项。

案例三：订单已发货，物流异常或延误，客户未收到货。

一般跨境电子商务平台都会要求卖家设置"承诺运达时间"，卖家可查询各物流渠道的运送时效，合理设置承诺运达时间。而物流商也有各自的承诺时间，若因物流商原因在承诺时间内未妥投而引起的限时达纠纷赔款，由物流商承担。因此，卖家在客户开启纠纷后，可确认物流是否异常。若货物超过了运送时效，需向客户道歉，给客户全额赔款或重新发货，请求客户谅解，再向物流商申请赔付。但经济类物流由于没有物流跟踪信息，卖家无法判断货物运送情况，遇到客户纠纷只能赔款，也无法得到物流赔付。因此，卖家应谨慎使用经济类物流。

案例四：客户对商品不满意。

先和客户道歉，请求对方谅解。客服可委婉表达，让客户提供问题产品的照片，如出现外观问题，可以具体跟客户说明，产品在发货前都经过仔细检查，一般是物流刮痕或者运输损坏，并表示愿意做出补偿；对于错发、漏发货的情况，卖家可以和客户协商退货或者做出补偿。

2. 客户评价管理

客户的评价对店铺和企业非常重要，差评不仅会拉低产品和店铺的评级，还会影响后续客户的购买，甚至会给企业形象带来负面影响。

面对差评，有的卖家立即联系客户，通过哀求、许诺甚至在客户拒绝时进行电话骚扰，但这样的做法只能引起客户反感，导致客户流失；有的卖家找"水军"①做虚假评价，将差评刷出首屏，不被客户直接看到，这种做法在短期内可能有效，但是虚假宣传的最终结果只能适得其反。因此，这些做法在运营中都不可取。随着跨境电子商务平台规则的不断完善，各平台对信用评级、评价也都有诸多限制和约束。针对商家刷单、刷好评，平台会给予处罚甚至永久封闭店铺。

跨境电子商务客服面对差评应及时分析差评的原因。出现差评的原因一般有产品质量问题，如图片与实物有较大差距；产品规格出错，和客户订单不符；货物短装、短件；出现额外的扣款；买家未收到货等类似问题。针对这些问题，客服应及时查找背后的原因，若的确是卖家原因或者物流原因，客服应该主动道歉，及时免费更换货物或者赔偿。若查找结果是客户问题，如使用方法不得当、规格误选、追求完美喜欢挑剔、忘记取货等一系列原因，客服应心平气和地倾听客户抱怨，然后在理解对方的基础上，慢慢引导对方释放情绪，之后再做出耐心解释，并请对方删除或修改差评。也可通过赠予打折券、贵宾卡等各种方式取得客户的谅解。如果遇到客户恶意差评，客服可以通过向跨境电子商务平台的相关部门进行申诉、反馈，请求帮助。

目前亚马逊平台支持客户对商品评论（Product Reviews）和卖家评级（Seller Feedback）做修改和删除，如图8-10所示。

---

① 水军被定义为一群在网络中针对特定内容发布特定信息的、被雇佣的网络写手，他们通常活跃在电子商务网站、论坛、微博等社交网络平台中。他们伪装成普通网民或消费者，通过发布、回复和传播博文等对正常用户产生影响。

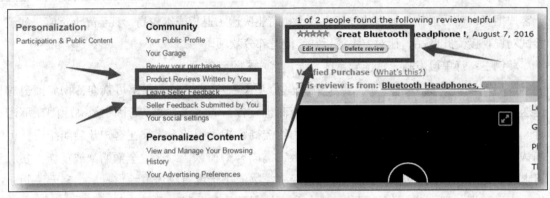

图 8-10 亚马逊客户评价修改和删除

eBay 平台在卖家坚持认为评价不准确或者不公平的情况下，会给予卖家与买家沟通、修改信用评价的机会。但每年仅能提出一定数目的修改信用评价要求，即每年每收到 1000 个信用指数，可提出 5 次修改信用评价的要求。只有解决有关交易问题或卖家认为买家不小心留下错误的信用评价，卖家才能提出修改信用评价的要求。每个交易仅能提出一次修改信用评价的要求。如果买家要求卖家提供刊登物品以外的商品或服务才愿意更改信用评价，卖家可向 eBay 举报此买家。

在 eBay "修改中差评" 页面，客选择选需要修改评价的订单，在 "Give the buyer a reason" 下方选择对买家提出要求的原因。客服提交后，修改中差评的请求会发送给买家。买家有 10 日的时间决定是否同意更改评价。如果买家同意修改，平台会指导买家进行相关的修改流程，一旦修改成功，原来的评价就不会显示在 eBay 上。如果买家拒绝修改，他们可以选择是否愿意告诉你拒绝的原因。如果买家在 7 日内未回复，系统会自动再次提醒买家。如果过了 10 日后，买家仍未做出任何回复，此次修改信用评价要求过期。

速卖通平台发现部分卖家在收到买家差评之后会联系买家进行评价修改，给买家在一定程度上带来骚扰，造成不良的体验，而事实上，平台发现卖家投入的这部分努力仅换来了极少数买家的评价结果修改，因此，速卖通平台于 2016 年 5 月 23 日正式关闭买家修改评价入口和评价投诉入口。当然，评价功能改动后，速卖通平台仍保留删除涉及人身攻击或者其他不适当评价的权利。

针对速卖通平台对评价系统的升级，卖家首先要尽量避免产生中差评，这就要求卖家做好产品和服务；其次，在中差评产生后，做好评价回复是一个很好的解释机会，使用得当可将差评变为一次正面的公司宣传。

第二节　跨境电子商务客户关系管理

一、客户价值评价

（一）客户价值的概念和特征

客户价值（Customer Value）是 20 世纪 90 年代以来西方营销学者和企业经理人共同关注的焦点，并被看作企业获得竞争优势的来源。企业的经营过程是一条价值链，因此可以将企业的活动看作一个创造价值的过程，客户价值是企业价值创造活动的出发点。

1. 客户价值的概念

目前学术界较认同的"客户价值"定义是由美国营销学教授罗伯特·伍德拉夫（Robert B. Woodruff）提出的。伍德拉夫通过实证研究，提出客户价值是客户对特定使用情景下有助于（有碍于）实现自己目标的产品属性的实效及使用结果的偏好与评价。

2. 客户价值的特征

通过以上对客户价值概念的分析，我们可以总结出客户价值具有以下三大特征。

（1）主观判断性

客户价值是客户通过接触企业提供的产品或服务后对企业产品的一种评价，是与企业提供的产品挂钩的。因此，客户价值是客户个人的主观判断。

（2）得失权衡性

客户感知价值的核心是客户对所得到的东西与所付出的东西的一种权衡，即利得与利失之间的权衡。

（3）层次性

客户的所得与所失比较复杂，都由很多具体的要素组成。分析客户价值往往要从产品的属性、属性带来的效用及期望结果等方面来考虑，具有层次性。

（二）客户细分

1. RFM 分类法

为了方便卖家对客户进行管理，差异化地对待客户，更有针对性地向客户营销，卖家需要进行客户细分。在众多客户细分的模型中，RFM 模型是衡量客户价值和客户创利能力的重要工具和手段。RFM 模型的主要思想是通过某个客户近期的购买行为、购买频率和消费金额三个指标来描述客户的价值状态。

（1）RFM 指标

① 最近一次消费（Recency），指客户上一次在店铺成交的时间和成交的产品的情况。理论上，客户购买的时间越近，对店铺的记忆程度越高。

② 消费频率（Frequency），指客户在限定时间内的消费次数。一般情况下，消费次数越多，说明客户的满意度越高。如果卖家始终保持优质的服务和产品，客户就非常容易产生黏性，对店铺的忠诚度也会越来越高。增加客户的购买次数意味着从竞争对手手中夺取市场份额。

③ 消费金额（Monetary），指单位期间内客户的消费总额。"帕雷托法则"（Pareto's Law）指出公司 80% 的收入来自 20% 的客户。这一法则告诉我们，当店铺成长到一定阶段后，应将有限的资源投给能给企业带来更大收益的客户，即花 80% 的精力去维护 20% 的优质客户。

（2）RFM 模型

卖家可以根据每个店铺的情况设定 RFM 的分段数值。一般情况下可划分为 3～5 段，R 值可以参考开店的时间、产品本身的特性、上架时间及运输周期，F 值可参考店铺的客户评价和购买频次，M 值则可参考产品单价。RFM 模型分值结构示例如表 8-4 所示。

表 8-4　RFM 模型分值结构示例

指标 得分值	R 值	F 值	M 值
5	R≤90 天	F≥5 次	1000 美元≤M
4	90 天<R≤180 天	F=4 次	500 美元≤M<1000 美元
3	180 天<R≤360 天	F=3 次	200 美元≤M<500 美元
2	360 天<R≤720 天	F=2 次	100 美元≤M<200 美元
1	720 天以上	F=1 次	M<100 美元

根据确定的 RFM 模型框架，卖家可针对每个客户的情况计算出 RFM 分值，如表 8-5 所示。例如，客户 Jack 最近一次消费的时间是 90 天前，对应的 R 值得分是 5；消费次数是 2，对应的 F 值得分是 2；消费金额是 98，对应的 M 值得分是 1，客户 Jack 的 RFM 总得分为 8。

表 8-5　RFM 模型应用示范举例

客户名称	R 值	F 值	M 值	R 得分值	F 得分值	M 得分值	RFM 总分值
Jack	90	2	98	5	2	1	8
Lily	388	3	769	2	3	4	9
Tom	600	3	280	2	3	3	8
Marry	166	2	666	4	2	4	10
Rose	788	3	182	1	3	2	6

通过上例可知，RFM 模型综合了 3 个指标来评判客户价值。RFM 模型通过客户的质量和价值衡量，筛选出优质的客户，可为卖家精细化营销和服务做准备。

2. 客户属性分类法

不同的客户群体对企业的价值不同。对于不同价值的客户，商家提供的商品、服务也不一样。前面介绍了识别客户价值，应用了最广泛的 RFM 客户细分模型，但是这个经典的模型却并非是万能的。在互联网时代，RFM 有很多局限性：RFM 模型适合快速消费品（简称快消）行业，即使用周期短、易重复使用的商品，对出售非易耗品且品类单一的商家不适用。此外，互联网时代强调客户和商家的互动，而传统的 RFM 模型是"静态"描述客户价值的方式。

在互联网时代，客户的购买行为和信息等属性都会被记录下来，这也给商家"衡量客户已有价值、挖掘客户潜在价值和需求，做客户细分"提供了依据。客户属性可以分为以下几类。

（1）自然属性

客户的自然属性如表 8-6 所示。

（2）行为属性

受成长环境、教育、经济、文化等因素的影响，客户的消费行为和方式也千差万别，如表 8-7 所示。

表 8-6　客户的自然属性

属性	属性描述和作用
联系地址	指客户填写的收货地址，包括地域和细分的行政区划[1]。不同地域的客户有着不同的文化特征，消费需求也存在较大差异。 此外，商家有时可以根据地址中的关键词来判断客户的职业，如地址中包含"学校""中学""大学"等，可以判断客户是学生或教师
联系电话	指客户填写的座机或手机号。联系电话是客户的隐私，一般客户不愿意被打扰，但紧急或特殊情况除外
联系邮箱	指客户填写的邮箱地址。不同的邮箱代表不同的客户人群。不同的邮箱类型，其功能也不一样，如客户是用公司邮箱和商家联系的，很可能是企业采购人员，要特别注意
性别	指客户的性别。女性和男性的消费习惯、商品偏好不同。一般来说，女性是家庭的日常购买决策者，可以结合其购买行为，推测并挖掘其购买能力。收集整理性别分布数据，能够给商品类目规划提供一些指导建议
年龄	指客户的年龄。不同年龄段的客户的消费水平、需求不同。了解不同年龄段客户的购买行为，为产品开发和营销提供数据支撑
生日	指客户生日。了解客户的生日可做到更好的关怀服务，如发送生日祝福短信或邮件、生日当天免邮等。若客户能把这种体验通过社交平台分享，对商家来说是一个良好的品牌形象推广机会

表 8-7　客户的行为属性

类别	属性	属性描述和作用
浏览行为	注册时间	指客户在跨境电子商务平台注册的时间。可衡量客户的潜在价值，如果客户注册时间久，说明是个成熟的网购客户；如果客户注册时间不久，可能对平台操作不太熟悉，需要客服帮助
	最后登录时间	指客户在跨境电子商务平台的最后一次登录时间。可衡量一个客户是否流失，若该客户距离上一次登录时间已很久远，说明客户流失或更换账号的可能性非常大
	咨询时间	指客户通过即时聊天工具、站内信等咨询的时间
	打开邮件次数	指客户打开邮件的次数。若客服给客户发送营销邮件而客户从未打开，说明这种营销方式效率很低
交易行为	购买的商品	指客户在店铺购买过的商品
	购买的商品数量	指客户在店铺购买过的商品数量
	客单价	指客户平均交易金额，客单价=总成交金额/购买次数。通过客单价可判断某个客户的购买能力
	下单时间	指客户在店铺拍下商品的时间，包括客户在店铺首次和末次下单时间
	付款时间	指客户在店铺下单后付款的时间，包括客户在店铺首次和末次付款时间。首次付款时间标志了客户正式成为店铺的"新客"。而末次付款时间可用来判断客户是否处于流失或睡眠状态，一般结合"购买次数"和"购买金额"做 RFM 分析

193

[1] 如美国的第一级行政区划是州，州的分治区即行政区划单位有县（County）、市（City）、乡（Township）、镇（Town）和特别区（Special District）。

类别	属性	属性描述和作用
售后行为	客户留言	指客户对订单的备注信息，可通过特定关键词查找有特定需求的客户
	客户评价	指客户对在店铺购买的商品和服务的评价
	退款	包括退款次数、比例、金额和商品
	中差评次数	指客户给本店铺和其他店铺的中差评次数

以速卖通平台为例，卖家可以查看交易客户的注册时间、购买商品的链接和数量、给卖家的评价等信息，如图 8-11 所示。

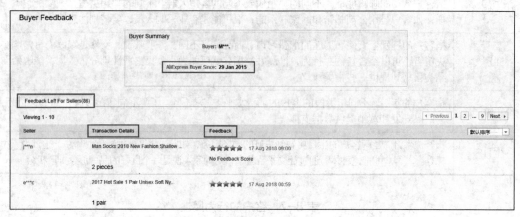

图 8-11　速卖通平台客户行为信息

针对不同的客户行为模式，卖家在客户维护过程中应采用不同的方式，如在同类商品中偏向选择价高的客户，一般注重产品质量和服务体验，针对这类客户，卖家应该更加注重对产品品质和服务的宣传；而针对那些容易给中差评或纠纷的客户，卖家应该尽力去了解客户真正的需求点，以便提升商品出服务，精益求精。

（3）个性化属性

如通过以上两类属性仍无法清晰地描述客户的特性，则可再追加一些更加个性化的属性，如表 8-8 所示。

表 8-8　客户的个性化属性

属性	属性描述
性格、喜好	小气、大方、啰唆、贪小便宜、爽快
商品属性	肤质、尺码、瘦胖，对颜色、材质的要求和喜好
促销属性	对包邮、赠品、满减、优惠活动的敏感度
服务属性	对物流、客户服务（如响应速度等）的要求
对商品的了解	客户对商品的了解程度由低到高可分为：了解、业余和专业
接触方式	邮件、短信、即时聊天、社交平台（如 Linkedin、Facebook）

想一想

某店铺销量较好的运动鞋，来自美国的客户对产品评价非常高，但来自巴西的客户对产品评价并不理想，请从国别和环境分析原因，并给出针对性的销售和服务建议。

3. 分级法

在跨境电子商务客户服务过程中，客服人员往往会面对众多询盘，此时要善于识别，学会判断询盘客户的真实意图。有的询盘客户单纯地想要地收集一些样品，并没打算实质购买；有的是广泛撒网，了解供应商信息，有的甚至可能是竞争对手打探消息，等等。客服应慢慢积累经验，学会识别真正有需求的客户，并发现客户的潜在需求。

跨境电子商务企业可以根据自身的实际情况设定分类标准，如是否有询盘、邮件沟通次数、购买次数，是否提供完整企业资料等。此外，可以以更形象的"电子卡"形式对客户进行分级，如普通卡、银卡、金卡、白金卡、钻石卡等，每个层级的客户可享受店铺不同级别的优惠。对客户的初次分级并不是一成不变的，企业应根据客户后期的购买情况不断"升级"，让客户感受到自己的付出受到了企业的重视，并能不断在后续购买中获得实惠。

此外，为了方便卖家识别客户，各个跨境电子商务平台对买家做了评级。以速卖通为例，客户等级制度是综合客户的购买行为、成交金额和评价情况等因素给每位客户设置不同等级，并做出相应标识。2015 年 7 月下旬开始，平台根据客户在 365 天内所获得的积分将客户划分为 A0～A4 这 5 个等级。客户可以通过以下三种渠道获得积分：成交的订单每 1 美元得 1 分；主动评价 1 次得 1 分；有成功购买记录的天数，每 1 天得 5 分。A0 代表新注册的用户，A1 代表积分为 1～100 的客户，A2 代表积分为 100～500 的客户，A3 代表积分为 500～2000 的客户，A4 代表积分大于或等于 2000 的客户，如图 8-12 所示。

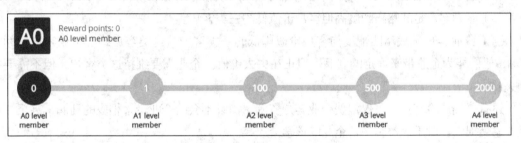

图 8-12　速卖通客户积分等级

二、客户识别与开发

（一）客户识别

客户识别就是通过一系列技术手段，根据大量客户的特征、购买记录等可得数据，找出谁是企业的潜在客户、客户的需求是什么、哪类客户最有价值等，并把这些客户作为企业客户关系管理的实施对象，为企业成功实施客户关系管理提供保障。客户识别的内容包括识别潜在客户和识别有价值的客户。

1. 识别潜在客户

潜在客户是指对企业的商品和服务有需求，但尚未与企业进行交易的客户，因此具有"尚未发现"的特点，是经营性组织机构的产品或服务的可能购买者，是企业应该尽力争取的客户。

企业发展过程中，无论客户满意度多高，只要存在竞争对手，必然会流失一部分客户。漏斗原理告诉我们，要想保证企业原有客户份额，流失的老客户需要用新客户来代替。新客户的加入，将大大提高企业的盈利水平。

在新客户的获取过程中，由于客服人眼需要花大力气和时间向新客户介绍其商品和服务，过程中可能要三番五次地和客户讨价还价，甚至还要接受客户试用企业产品的要求等，导致获取新客户的成本大大高于维护老客户的成本。若客服人员能够有效识别潜在客户，并有针对性地开展新客户公关，必将大大节省企业的新客户获取成本。因此，客户识别可以有效降低企业客户关系管理的实施成本，提升企业的竞争优势。

2. 识别有价值的客户

识别有价值的客户是指企业根据一定的标准，将企业的客户分类为高价值客户和中低价值客户，并为其提供差异化的服务。

在识别有价值的客户时，可从两个维度来进行：客户价值、客户与企业的战略匹配度。客户价值是客户购买、客户口碑、客户信息、客户知识、客户交易五种价值的总和。客户与企业的战略匹配度（Strategy Match，SM）是定位匹配、能力匹配、价值观匹配三个匹配度的总和。通过上述两个维度考量，客户可分为战略客户、利润客户、潜力客户及普通客户四类。

（1）战略客户是客户价值高、战略匹配度也高的一类客户。企业应该重点关注这类客户，与其保持长期稳定的关系。

（2）利润客户是客户价值高但战略匹配度低的一类客户。这类客户能够为企业带来可观的利润，可适当采取激励政策，提高其在企业购买产品或服务的份额。

（3）潜力客户是战略匹配度高但客户价值低的一类客户。

（4）普通客户是战略匹配度与客户价值都低的一类客户。这类客户约占企业客户份额的50%，他们能为企业带来一定的利润，但正在失去价值。企业需要维持这类客户，但不需要特别关照。

还有一类风险客户，不仅浪费企业客户资源，而且不会给企业带来相应的利润，甚至会让企业蒙受损失。对于这类客户，企业应该学会放弃。

（二）客户开发

客户开发通常是客服人员通过市场调查，初步了解市场和客户情况，与有实力和有意向的客户重点沟通的行为。客户开发是一项非常具有挑战性、开拓性和艰巨性的工作。下面介绍一些跨境电子商务平台适用的客户开发方法。

1. 利用搜索引擎开发客户

全球著名的搜索引擎主要有 Google、百度、MSN、Yahoo、Bing、Lycos 和 Altavista 等，每个国家或地区都有不同的搜索引擎。

利用搜索引擎搜索是跨境电子商务客户开发的有效办法之一。企业可根据产品类别进行搜索。例如，企业想出口 T 恤衫，而 T 恤衫属于服装，则可搜索"服装进口经销商"。在这些搜索结果中，能找到各地区服装进口商、采购商和经销商名录，如图 8-13 所示。

如果有语言优势，可以在目标市场国家或地区尝试使用当地的搜索引擎，会收到更直接、更佳的效果。企业可在搜索引擎中输入"directory+国家名称"和"yellow pages+国家名称"，然后再进入到 directory 或 yellow pages 里面去寻找客户，如图 8-14 所示。很多企业的官方网站都提供了自己的联系方式（邮箱和地址）。

图 8-13 百度中文搜索结果

图 8-14 百度英文搜索结果

对于跨境电子商务人员来说，各个搜索引擎网站前三页包含的信息内容和广告内容是最有价值的。若只使用其中一个，那将会错过许多市场机会。每个搜索网站每天会收录其他网站更新的信息，如买家在阿里巴巴上发布了新的采购信息，Google 几小时后就能搜索到这个采购信息（具体多少时间能被收录，要根据具体的搜索网站和被搜索网站决定），而这些最新收录的信息包含了很多商机。

2. 利用邮件开发客户

每个国家或地区都有自己的公共电子邮箱系统，每个公司几乎都有在国家或地区公共邮箱系统下的电子邮箱。要通过公共邮箱系统寻找各国或地区客户，必须了解各国或地区公共邮箱系统的规则，以便最大限度地利用规则通过互联网找到客户邮箱。下面介绍几种利用各国或地区公共邮箱系统设置规则，寻找潜在客户的方法。

（1）产品名称+通用邮箱后缀

@gmail.com、@hotmail.com、@aol.com 和@yahoo.com 是国际上最常用的邮箱。例如，要

寻找"children shoes"，可以分别输入 childrenshoes@gmail.com、childrenshoes@hotmail.com、childrenshoes@aol.com、childrenshoes@yahoo.com 进行搜索，并根据搜索结果筛选目标客户。

（2）产品名称+各国公共邮箱后缀

表 8-9 列举了各国或地区的公共邮箱，还是以"children shoes"为例，想查找日本客户，可搜索 childrenshoes@yahoo.co.jp 进行查找。

表 8-9　各国或地区公共邮箱

国家	公共邮箱后缀
美国	@aol.com,@netzero.net,@twcny.rr.com,@comcast.net,@warwick.net,@cs.com,@verizon.net
俄罗斯	@yandex.ru,@mail.ru
德国	@t-online.de,@gmx.net,@multi-industrie.de
法国	@wannado.fr,@mindspring.com,@excite.com,@club-internet.fr
英国	@cwgsy.net,@bitinternet.com,@sltnet.lk
澳大利亚	@bigpond.net.au,@westnet.com.au,@cairns.net.au,@gionline.com.au,@bigpond.com
日本	@candel.co.jp,@yahoo.co.jp
印度	@indiatimes.com,@vsnl.com,@wilnetonline.ne,@cal3.vsnl.net.in,@rediffmail.com,@sancharnet.in,@ndf.vsnl.net.in,@del3.vsnl.net.in
意大利	@libero.it,@xxx.meh.es
新西兰	@xtra.co.nz
新加坡	@pacific.net.sg,@fastmail.fm

（3）产品名称+进口商等+email

例如，选择合适的搜索引擎，搜索"children shoes importers email""children shoes distributors email""children shoes buyers email""children shoes suppliers email"。可以尝试多种方式搜索客户邮箱，其中 email 可以用@代替。

3. 利用社交媒体开发客户

企业可以充分利用社交媒体，结合其特点，开发跨境电子商务客户。社交媒体在第七章已做介绍，在此不再赘述。

三、客户流失及防御

流失客户是指那些曾经使用过产品或服务，由于对产品失去兴趣等种种原因，不再使用产品或服务的客户。美国学者托马斯·琼斯等人认为向客户提供卓越的价值是获得持续客户满意和忠诚的唯一可靠的途径。而人们通常假定在客户关系中，满意是达到客户保持的关键。客户满意度越高，客户保持度也越高。

客户流失主要集中在售后服务出现问题之后，客户抱怨、投诉均得不到有效解决的情况。对于老客户而言，其本身积累了一定的购物经验，有一定的使用感受。通常情况下，他们会在下一次购买时与上一次购买体验进行比较，若产品性能、服务与上一次购买相比差别不大或更好，会选择重复购买；但如果存在明显不足，可能转而选择其他的产品。对于新客户来说，若第一次购买的产品与企业所宣传的存在较大差异，且在使用过程中出现的问题得不到解决，客户就会转而选择性能更好、服务更佳的产品。客户流失的过程如图 8-15 所示。

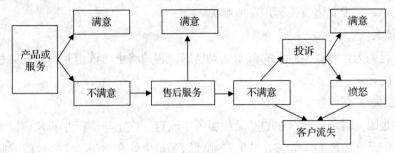

图 8-15　客户流失的过程

（一）客户流失的原因

客户流失的原因有很多种，归纳起来主要有内部因素和外部因素两大类。

1. 内部因素

① 产品因素。客户在同等条件下追求更高质的商品和服务。一旦竞争对手提供了比我方企业更好的产品和更优的服务，客户自然会转向竞争对手。

② 服务因素。客服人员在客户与企业之间起着重要的桥梁作用。企业做客户服务工作时要注意在细节处下功夫，在客户关怀上下功夫。客户与企业是由利益关系纽带牵连在一起的，但也不能忽视了情感这条纽带的重要作用。企业在一些细节上的疏忽往往会导致客户的流失。企业应当认真倾听客户的意见，给予及时、妥善的解决，并将处理的结果反馈给客户，让他们感到自己受到了尊重。通过多种渠道建立有效的建议收集和反馈机制，帮助企业有效地与客户进行沟通和交流。

③ 企业形象因素。不良的企业形象会大幅降低客户的信赖感。企业应该以优质的商品和服务、良好的企业文化、完善的售后服务机制和积极进取的企业目标来赢得客户的信赖，从而减少客户流失。

2. 外部因素

① 客户因素。有些客户由于对产品或服务期望太高，而与实际的消费体验形成心理落差，产生了不满情绪而流失。此外，由于客户消费的多样化、多层次化、复杂性和非理性，因此不排除客户尝试其他企业的产品或服务的可能。

② 竞争者因素。竞争者通过正当或不正当手段建立了某种竞争优势，吸引或挖走客户。

（二）客户流失的类型

基于以上对客户流失原因的分析，可以将客户流失分为自然流失、需求变化流失、趋利流失和失望流失四种类型。

1. 自然流失

客户的自然流失不是人为因素造成的，如客户破产、身故、移民或迁徙等，使客户无法再享受企业的产品或服务。这样的客户流失是不可控制的，是一种正常范围内的损耗。自然流失所占的比例很小。

2. 需求变化流失

客户需求变化流失是由于客户自身需求发生了变化而导致的客户流失。伴随着科技进步和社会习俗的变化，需求变化流失客户在所难免。

3. 趋利流失

趋利流失是因为企业竞争对手的营销活动诱惑，客户终止与该企业的客户关系，而转变为企业竞争对手的客户。

4. 失望流失

失望流失是因为客户对该企业的产品或服务不满意，终止与该企业的客户关系。失望流失的具体原因可能是多方面的，如该企业的产品或服务价格偏高，产品主要性能或服务不足，企业处理投诉不及时或不恰当，等等。

（三）客户流失的防御策略

客户流失的原因不同，客户挽留的成功概率和挽留的价值也不同。企业应根据客户流失的具体原因选定挽留客户的方法。一般来说，因自然消亡原因或需求变化原因造成的客户，企业的挽留策略是无效的，因此不适合被选为挽留对象。而趋利流失的客户和失望流失的客户有可能挽留成功，因此适合被选为挽留对象。其中，重点挽留对象是失望流失的客户。但对有实力的企业来说，如果需求变化流失的客户群对企业的生存和发展非常关键，也可以通过扩展业务范围或研发创新产品等方法加以挽留。下面介绍客户流失的几种防御策略。

1. 围绕平台规则开展的店铺经营策略

我们在经营店铺的过程中，不仅需要重视客户的需求，更需要熟练运用平台规则。以速卖通为例，平台规则规定店铺产品排名或成交量很大程度上取决于客户的交易体验。自产品发布至客户下单前这一阶段，客户的交易体验主要体现在客户的需求和喜好，企业若能围绕客户需求开发和发布产品，就能获得更高曝光度，从而获得更高的点击量，成交机会也更大。成交之后，客户的交易体验主要体现在客户的满意度，若产品获得客户很高的评价和较少的问题反馈，会提高店铺的信用评分并能潜移默化地影响其他客户的购买行为。

2. 围绕客户生命周期开展营销策略

跨境电子商务买卖双方的关系与普通交易有一定的差异。通常情况下，买卖双方的关系会经历关系形成、关系发展、关系稳定、关系破裂、关系恢复或关系结束一系列过程，其中关系形成到关系稳定阶段经历的时间相对较长。而跨境电子商务中买卖关系的建立始于交易开始阶段，且很容易随着时间的推移而淡化，即交易开始就进入了活跃期，随之是沉默期、睡眠期、流失期、消亡期，如图 8-16 所示。因此，企业要建立风格化、差异化的店铺，给客户留下深刻的印象，引导客户收藏店铺，把握客户的每一笔订单，做好特色产品和高品质服务。

3. 构建客户的忠诚度维护策略

构建客户的忠诚度需要获得客户的好感，进一步加强客户黏性，可以从以下三方面入手。

① 加强互动性沟通。初始阶段，客服一般通过聊天工具、站内信、订单留言与客户建立联系。当普通客户成长为重点客户时，客服需要与其保持及时、畅通的联系，应运用邮件、短信、电话或其他辅助工具，如 Skype、WhatsApp、VK、Facebook、Twitter 等。

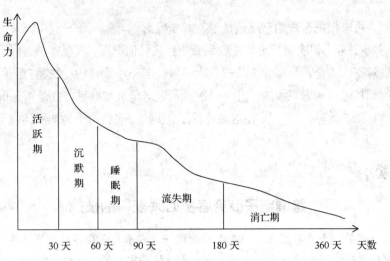

图8-16 跨境电子商务买家与卖家关系的生命周期

② 重视客户反馈。及时关注客户评价非常重要。以速卖通为例，客户的中差评会影响产品的质量得分和卖家服务等级，从而影响产品的排名和销量。由于各种因素，卖家往往很难做到让客户100%满意，但应积极主动地向客户征求意见或反馈，如包装是否变形，产品设计是否有缺陷，客户是否满意等。

③ 预测客户需求。了解客户的风俗习惯、地理概况、气候状况，根据客户的购买行为总结其经常购买的产品类别和购买能力，通过与客户的日常沟通获取更多的销售渠道、销售对象，以及当前的流行趋势和元素，主动提供定制化产品及精细化的服务，以提升客户的忠诚度。

实 训　售后纠纷处理

【实训目的】

了解跨境电子商务售后纠纷产生的原因，掌握售后纠纷处理的技巧和方法，以便更好地服务客户。

【实训内容和步骤】

假如你是某跨境电子商务平台的售后客服人员，收到客户投诉称未收到商品。针对这种情况，请回答下列问题。

（1）售后纠纷处理流程的原则有哪些？

（2）商品未收到的原因一般有哪些，分别应该如何处理？

实训提示：

产生纠纷之后，一定要把握住以下几点：第一，确认客户提出的问题；第二，抓紧时间联系客户，了解投诉的细节；第三，积极沟通，提出合理方案，尽量协商一致；第四，在响应期内回复纠纷（拒绝、答应或调整方案）。

商品未收到的情况包括以下原因。

① 包裹无跟踪信息。若采用的跨境物流方式不提供挂号服务，则会出现此种情况。此时客服可向客户提供发货时间和预计到货时间供其参考，安抚客户，并请他耐心等待。若超过一定

期限仍未收到，可以根据客户的意愿选择退款或重发。

② 包裹显示签收，但卖家投诉说未收到货。在这种情况下，客服人员应联系物流公司找到签收信息，核对签收人是否与邮件上的收货人一致。若不一致，应尽快将查到的签收信息截图发给客户，询问其是否认识签收人，并再一次确认运送地址和联系方式是否正确等。

③ 用户填写的运送地址有误。在这种情况下，货物一般会由于地址不详或不正确无法成功投递而被退回。

【同步阅读】

跨境电子商务客服必须获得的技能

巴西是速卖通的一个重要站点，但是巴西物流一直以来都是令各位卖家头疼的事情。针对这个问题，阿里巴巴速卖通大学以客服技巧为切入点，提高客户的满意度，减少纠纷带来的影响。

一、从订单环节入手做好客服

要减少纠纷，客服要从订单环节入手并注意多方面的细节。一方面要从源头避免纠纷，另一方面要提高物流表现。

订单处于平台验款与资金未到账环节，客服应主动发送邮件，解释平台验款与付款的时间差及原因，防止资金审核时间较长引起客户误会；发货前，客服应主动询问地址、联系方式是否完整、正确；确认个人税号或者公司税号[①]，以减少货件丢失或扣关等情况的发生；当货物在物流途中时，客服应主动告知客户包裹状态，并定期更新，避免客户临近收货确认日期而开启纠纷；针对包裹运输可能超时的情况，客服应主动为客户延长收货时间，避免客户未收到货物而系统已默认收货、打款，导致纠纷；包裹成功投递后，客服应让客户及时确认收货，建议客户留好评，以缩短回款周期。

处理巴西客户的订单要特别注意以下问题。

（1）巴西客户往往喜欢使用Boleto付款，但Boleto不能网上实时到账，每笔交易一般需要等2～7天。所以在Boleto付款方式下的"未付款"订单，不要急于催付，因为客户可能已完成付款。

（2）针对商业快递或者大金额的邮政包裹一般都要跟客户询问税号。使用邮政渠道，扣关可能性相对较小。另外，以个人名义寄送的包裹不要夹带售后卡，避免被海关判定为商业行为。

（3）巴西客户的收货心理预期是60天，注意参考物流公司的承诺时效来设置运费模板。一般客户在60～90天的运输期就会开启投诉，注意要积极跟进物流信息，对每一个未收到货的客户应主动延长收货时间。利用第三方软件查询货物妥投情况，若已妥投，提醒客户确认收货并进行好评邮件营销。

除了以上方面外，客服在日常工作中要对订单进行查询并分类。对于查询不到的订单要特别重视，一般情况要退款，因为一旦被投诉，店铺就会被冻结7天。

二、从纠纷环节入手做好客服

1. 处理未收到货类纠纷

向客户强调海关扣关的问题。客户以"货物被海关扣关"为由提交的纠纷，平台会要求客

---

① 从2006年3月开始，巴西海关对进口包裹进行100%的查验。所有寄到巴西的包裹类货品，无论价值和重量多少，填写运单和发票（INVOICE）时务必注明收件方在当地登记的税号。如果未按上述规定在运单和发票上注明增值税号码，巴西海关将自动退回货件到发件地，退回的费用将由寄件人支付。

户提供扣关证明，并根据货物被海关扣关的原因裁定责任方。如果是由于假货、低报货值、缺少发票、报关单等原因被扣管或被海关直接销毁，则是卖家责任；如果是客户不清关，则是客户责任，但需要物流公司出具的官方证明。

若物流显示妥投，在客户提交纠纷后，速卖通平台会通知卖家提交举证材料，包括物流底单、物流信息截图、妥投证明等能够证明物流状态的证据。

若核实确认客户确未收到货，卖家应与客户有效沟通、及时回应，在可承受范围内给客户重新发送货物或使用其他替代方案。

2. 处理收货后与约定不符类纠纷

如遇货物短装，应先确认情况，如不存在短装的情况，可提供单件产品重量照片、订单包裹重量照片、发货底单和物流出具的包裹重量证明来响应纠纷。

若客户对货物质量或其他不满，要注意客户心理变化，与客户进行友好协商，提前考虑好解决方案。尽量引导客户保留订单，同时也满足客户一些其他需求作为补偿。当客户提出退款要求时，尽量引导客户达成部分退款，努力做到"尽管货物不能让客户满意，态度也要让客户无可挑剔"。

交易过程中的有效信息都要保留下来。一方面，如果出现纠纷，可将相关信息提供给客户进行协商；另一方面，如果纠纷上升到平台仲裁，可及时充分地举证，有助于平台裁决。

客服是一种修行，希望每个客服人员都能通过不断学习各种技巧来改善物流表现和客户体验。

（来源：雨果网）

【本章小结】

随着跨境电子商务的兴起，一个全新的职业——跨境电子商务客服悄然兴起。跨境电子商务客服在店铺推广、产品销售及售后客户维护上起着不可替代的作用。

本章第一节是跨境电子商务客服概述，重点介绍了跨境电子商务客服工具和跨境电子商务客服的工作流程，包括售前、售中和售后。第二节介绍了跨境电子商务客户关系管理，主要分析了客户价值评价标准、客户识别与开发方法，以及客户流失及其防御。

【同步测试】

1. 单项选择题

（1）下列关于跨境电子商务客服人员需要具备的素质说法错误的是（　　）。

    A. 了解境外消费者网络购物的消费理念和文化

    B. 有关知识产权和法律知识以本国为准

    C. 熟悉跨境电子商务平台的运营规则

    D. 具备"当地化/本地化"思维

（2）RFM分析法的主要思想是通过某个客户近期的三个指标来描述客户的价值状态。下列不属于RFM分析法的指标的是（　　）。

    A. 购买动机　　　　B. 购买频率　　　　C. 消费金额　　　　D. 购买行为

（3）下列关于跨境电子商务在线客户争议解决方案说法错误的是（　　）。

    A. 让客户体会到卖家解决争议的诚意　　　B. 真正了解订单争议的来龙去脉

    C. 积极正面引导客户的负面情绪　　　　　D. 不问任何原因，直接全额退款

（4）按客户流失原因分析，可以将客户流失分为自然流失、需求变化流失、趋利流失和失望流失四种类型，下列情况属于趋利流失的是（   ）。

    A. 由于企业竞争对手的营销活动诱惑，客户终止与该企业的客户关系

    B. 客户破产、身故、移民或迁徙等，使客户无法再享受企业的产品或服务

    C. 客户自身的需求发生了变化导致的客户流失

    D. 因对该企业的产品或服务不满意，客户终止与该企业的客户关系

（5）跨境电子商务中买卖关系的建立始于交易的开始阶段，且很容易随着时间的推移而淡化。简单地说，从交易开始，就进入了（   ），随之是沉默期、睡眠期、流失期、消亡期。

    A. 导入期   B. 活跃期   C. 饱和期   D. 成熟期

2．多项选择题

（1）跨境电子商务在线客服的工作职能包括（   ）。

    A. 帮助客户了解产品信息   B. 解决客户在选择产品时遇到的问题

    C. 与客户实时交流沟通   D. 解决一些客户就订单方面的纠纷

（2）跨境电子商务客服工作流程中容易出现的问题包括（   ）。

    A. 不理解网站英文说明，导致客户产生焦躁心态

    B. 遇到问题时，解决方案单一或者由客户提出

    C. 行文沟通技巧欠缺，惹怒客户导致一星差评

    D. 无证据的敷衍回复加剧客户的烦躁情绪

（3）关于售后的正确引导，以下描述正确的是（   ）。

    A. 做好货物的运输跟踪

    B. 定时给客户汇报，并为二次销售做准备

    C. 客户收到货后，如满意，立即进行二次销售或者寻求转介绍客户

    D. 客户收到货后，如不满意，应根据实际情况，尽力配合解决

（4）跨境电子商务老客户流失的原因包括（   ）。

    A. 产品质量不稳定   B. 产品缺乏创新度

    C. 客户遇到新"诱惑"   D. 客户的自然流失

（5）跨境电子商务客服工具包括站内信或订单留言以及其他辅助工具。下列属于跨境电子商务客服其他辅助工具的有（   ）。

    A. Skype   B. WhatsApp   C. Facebook   D. PayPal

3．简答和分析题

（1）跨境电子商务的"客户服务"和传统外贸模式下的"客户服务"有哪些异同点？

（2）跨境电子商务客户开发的方法有哪些？请选择其中一种方法尝试操作。

（3）什么是 RFM 分类法？该分类方法有何意义？

（4）客户服务对于跨境电商来说是一个必不可少的环节，客户服务可以创造产品或服务的差异化，提高企业的核心竞争力，延长产品的生命周期并且产生附加价值。观看视频资源"Callnovo 全球客服案例"，思考并回答：Callnovo 是一家什么公司？Callnovo 能为企业提供什么服务？该案例体现出了它的哪些核心竞争力？